2017-2018年中国工业和信息化发展系列蓝皮书

The Blue Book on the Development of World Industry (2017-2018)

2017-2018年
世界工业发展
蓝皮书

中国电子信息产业发展研究院　编著

主　编 / 宋显珠

副主编 / 秦海林　陈永广

人民出版社

责任编辑：邵永忠
封面设计：黄桂月
责任校对：吕　飞

图书在版编目（CIP）数据

2017－2018年世界工业发展蓝皮书／中国电子信息产业发展研究院编著；宋显珠 主编. —北京：人民出版社，2018. 9
ISBN 978－7－01－019818－7

Ⅰ. ①2… Ⅱ. ①中… ②宋… Ⅲ. ①工业发展—研究报告—世界—2017－2018 Ⅳ. ①F414

中国版本图书馆 CIP 数据核字（2018）第 216906 号

2017－2018年世界工业发展蓝皮书

2017－2018 NIAN SHIJIE GONGYE FAZHAN LANPISHU

中国电子信息产业发展研究院 编著

宋显珠 主编

人民出版社出版发行

（100706 北京市东城区隆福寺街 99 号）

北京市燕鑫印刷有限公司印刷　新华书店经销

2018 年 9 月第 1 版　2018 年 9 月北京第 1 次印刷

开本：710 毫米×1000 毫米 1/16　印张：15

字数：240 千字　印数：0,001—2,000

ISBN 978－7－01－019818－7　定价：60. 00 元

邮购地址　100706　北京市东城区隆福寺街 99 号

人民东方图书销售中心　电话（010）65250042　65289539

前　言

2017年，全球经济呈现回暖向好态势，发达国家工业复苏势头良好，发展中国家经济企稳回升，世界工业发展整体保持稳步增长态势，全球外国直接投资和跨国并购交易增速大幅下滑，主要经济体贸易增速大幅提升。

党的十九大报告提出了“我国经济已由高速增长阶段转向高质量发展阶段”的重要论断，强调建设现代化经济体系，必须把发展经济的着力点放在实体经济上，加快建设制造强国。为跟踪研究世界工业发展的最新态势，借鉴主要国家工业发展的经验教训，赛迪智库世界工业研究所组织编撰了《2017—2018年世界工业发展蓝皮书》。本书全面梳理和总结了2017年世界工业的发展情况，从区域、行业、企业、热点等角度入手，对2017年世界工业总体情况、主要经济体发展状况、重点行业发展态势、典型企业市场表现以及年度热点事件等进行了全面阐述，分析了世界工业领域存在的重点和难点问题，并对2018年世界工业的发展趋势进行了展望。

2017年，随着技术的进步和内需增强，全球制造业PMI值一直处于50的景气荣枯分界线以上，连续12个月实现温和扩张，扩张幅度明显增大。三季度全球制造业增速达到4.5%，为过去5年的最高值。预计2018年世界工业仍将维持稳中向好态势，全球制造业PMI指数将保持50以上，制造业扩张动能有所增强。

发达经济体经济复苏势头平稳，制造业复苏态势良好。受私人投资提速、贸易赤字减少等因素拉动，美国制造业延续持续复苏态势，生产持续扩张；受内需拉动，欧盟国家经济保持复苏态势，各经济体工业整体呈现平稳增长；日本经济在出口强劲增长的带动下工业持续向好。受各国政策的推动和投资刺激，预计2018年，发达经济体工业生产普遍好转，工业生产将实现小幅增长。

新兴经济体经济增长总体保持相对高速增长。得益于大宗商品价格回升和市场多元化等因素影响，金砖国家整体工业发展形势良好，贸易增速大幅上升，新能源、电子商务等新兴产业快速发展，工业发展后劲增强。随着企业投资和市场需求的增长，预计2018年新兴经济体工业生产将持续复苏。

经历了2016年的低谷之后，2017年非洲经济迎来了触底反弹。据国际货币基金组织预测，2017年撒哈拉以南非洲经济增速约为2.6%，较2016年1.3%的增长率有所复苏。东非依旧是非洲增长最快的地区，2017年经济增长率达到5.4%。随着全球经济一体化和“一带一路”倡议的持续推进，国际产业合作日益深入，预计2018年不发达国家工业生产将保持快速增长。

分行业看，全球装备制造行业增长强劲，以自动化、机器人和数字产品为代表的中高端制造业发展迅猛，三季度增速高达6%。全球电子信息产业宏观环境延续企稳回暖态势。除美国电子市场出货量略有衰退外，其他各国与2016年相比均呈现不同程度增势。全球原油价格稳定上涨，化学品产量增速提高。与整体制造业相比，消费品行业增长呈现分化态势。2017年三季度，消费品各子行业中，仅食品与饮料、纺织、木材加工、基本药物产品和医疗器械增速高于整体制造业，烟草、服装、皮革与鞋帽、造纸、印刷与出版、橡胶与塑料、家具与其他制造业增速均低于整体制造业。

本书最后还梳理了影响全球工业发展的十大热点事件，包括美国退出TPP、英国启动“脱欧”程序、“一带一路”国际合作高峰论坛举行、美国通过减税法案、IBM研制出50位量子比特的计算机等，通过对事件背景、内容和影响的深入阐述，进一步明确了这些事件对全球和中国工业发展带来的机遇与挑战。

囿于时间和自身水平，本书还有很多不足之处需要继续完善，希望广大读者给予批评和指正。

赛迪智库世界工业研究所

2018年4月

目　录

前　言 …………………………………………………………………… 1

综　合　篇

第一章　世界工业发展状况 …………………………………………… 3
　第一节　世界工业总体状况 ………………………………………… 3
　第二节　区域发展总体情况 ………………………………………… 10
　第三节　重点行业发展情况 ………………………………………… 15

区　域　篇

第二章　美国 ……………………………………………………………… 21
　第一节　发展概况 ………………………………………………… 21
　第二节　产业布局 ………………………………………………… 24
　第三节　政策动向 ………………………………………………… 25
　第四节　发展趋势 ………………………………………………… 34
　第五节　企业动态 ………………………………………………… 36

第三章　欧盟 ……………………………………………………………… 38
　第一节　发展概况 ………………………………………………… 38
　第二节　重点国别 ………………………………………………… 51

第四章　日本 ……………………………………………………………… 71
　第一节　发展概况 ………………………………………………… 71
　第二节　产业布局 ………………………………………………… 75

第三节　政策动向 …… 79
第四节　发展趋势 …… 82
第五节　企业动态 …… 84

第五章　金砖国家 …… 87
第一节　巴西 …… 87
第二节　印度 …… 91
第三节　俄罗斯 …… 96
第四节　南非 …… 101

第六章　拉美 …… 105
第一节　发展概况 …… 105
第二节　重点国别 …… 108

第七章　韩国 …… 114
第一节　发展概况 …… 114
第二节　产业布局 …… 118
第三节　政策动向 …… 119
第四节　发展趋势 …… 121
第五节　企业动态 …… 122

第八章　中国台湾 …… 126
第一节　发展概况 …… 126
第二节　产业布局 …… 128
第三节　政策动向 …… 130
第四节　发展趋势 …… 131
第五节　企业动态 …… 133

行 业 篇

第九章　原材料工业 …… 137
第一节　石化化工行业 …… 137

第二节 钢铁行业 …… 139
第三节 有色金属行业 …… 142
第四节 建材行业 …… 146
第五节 稀土行业 …… 148

第十章 装备制造业 …… 154
第一节 产业发展概况 …… 154
第二节 行业发展趋势 …… 160
第三节 主要国家和地区情况 …… 162

第十一章 消费品工业 …… 168
第一节 总体态势 …… 168
第二节 主要国家和地区情况 …… 169
第三节 主要国家重点行业情况 …… 171

第十二章 电子信息产业 …… 178
第一节 发展概况 …… 178
第二节 重点行业发展情况 …… 178
第三节 发展特点 …… 183

热 点 篇

第十三章 美国退出 TPP，未来走向增添变数 …… 189
第一节 事件背景 …… 189
第二节 事件进展 …… 190
第三节 主要影响 …… 191

第十四章 英国启动“脱欧”程序 …… 192
第一节 事件背景 …… 192
第二节 事件进展 …… 193
第三节 主要影响 …… 193

第十五章　“一带一路”国际合作高峰论坛举行 …… 195
第一节　事件背景 …… 195
第二节　事件进展 …… 195
第三节　事件影响 …… 197

第十六章　多国公布禁售燃油车时间表 …… 198
第一节　事件背景 …… 198
第二节　事件进展 …… 199
第三节　未来影响 …… 199

第十七章　造假丑闻接连不断，“日本制造”走下神坛 …… 201
第一节　事件背景 …… 201
第二节　事件进展 …… 201
第三节　事件影响 …… 202

第十八章　美国通过30年来最大规模减税法案 …… 203
第一节　事件背景 …… 203
第二节　事件进展 …… 203
第三节　未来影响 …… 204

第十九章　厦门会晤“金砖+”为全球发展注入新活力 …… 206
第一节　事件背景 …… 206
第二节　事件进展 …… 206
第三节　未来影响 …… 207

第二十章　中俄国际商用飞机有限责任公司在上海成立 …… 208
第一节　事件背景 …… 208
第二节　事件进展 …… 208
第三节　未来影响 …… 209

第二十一章　IBM研制出50位量子比特的计算机 …… 210
第一节　事件背景 …… 210
第二节　事件进展 …… 210

第三节 未来影响 …………………………………………………… 211

第二十二章 勒索病毒攻击事件冲击全球网络安全 ………………… 212
第一节 事件背景 …………………………………………………… 212
第二节 事件进展 …………………………………………………… 212
第三节 未来影响 …………………………………………………… 213

展 望 篇

第二十三章 主要机构对世界工业的预测综述 ………………………… 217

第二十四章 世界工业发展面临的形势 ………………………………… 219
第一节 多国加息预期可能产生新的债务危机 ……………………… 219
第二节 结构性矛盾突出仍然制约世界工业产能提升 ……………… 220
第三节 新一轮工业革命重塑全球制造业竞争格局 ………………… 220
第四节 全球大宗商品价格渐趋稳定，有利于扩大生产 …………… 221
第五节 “逆全球化”阻碍全球贸易复苏进程 ……………………… 221

第二十五章 世界工业发展趋势特点 …………………………………… 222
第一节 世界工业增长明显加速，制造业扩张动能有所增强 ……… 222
第二节 主要经济体工业生产普遍好转，分化态势有所缓解 ……… 222
第三节 智能化转型推动全球先进制造业加快发展 ………………… 224
第四节 全球直接投资将略有增长，“一带一路”沿线国家成为新的投资热土 …………………………………………………… 224
第五节 多边贸易体制面临冲击，全球贸易不确定性增加 ………… 225
第六节 跨国并购重组加速，全球制造业梯队转移日益明显 ……… 226

后 记 ……………………………………………………………………… 227

综 合 篇

第一章　世界工业发展状况

2017 年，全球经济逐步回暖，全球工业发展保持稳步增长，复苏动能增强。全球需求强劲，消费品、原材料、装备制造等重点行业发展态势良好，增速较上年有很大提升。全球外商直接投资和并购交易额大幅下滑，全球贸易增速加快。受全球经济回暖、融资环境良好和外需增长等因素影响，主要发达国家工业增速显著提振，新兴经济体制造业保持稳步增长，最不发达经济体工业增长加快，出口增速大幅提升，吸引外资能力增强。随着互联网、大数据、云计算、物联网、人工智能等新一代信息技术的快速发展，全球步入数字化时代，制造业互联网化进程加速，不断催生出新业态、新商业模式和新经济成分，推动制造业生产方式不断向数字化、网络化和智能化转型。

第一节　世界工业总体状况

一、全球制造业保持稳步增长

2017 年，世界经济延续复苏态势持续向好。据国际货币基金组织（IMF）预测，2017 年全球经济增长约 3.6%，为近 10 年来最快经济增长速度。受全球经济增速回升和贸易投资拉动等因素影响，2017 年全球工业发展步入稳步增长阶段。全球制造业 PMI 值一直处于 50 的景气荣枯分界线以上，连续 12 个月实现温和扩张，全年 PMI 平均值为 53，该值显著高于上年，扩张幅度明显增大。其中，2017 年 12 月，全球制造业 PMI 指数由 11 月份的 54.1 升至 54.5，为全年最高水平，显示全球制造业复苏势头强劲。联合国工业发展组织发布的《2017 年第三季度全球制造业增长报告》显示，2017 年前三个季度，全球制造业产值同比分别增长3.7%、4.2%、4.5%，平均增速达到过去6年来同时期新高。但受“逆全球化”风潮、贸易保护主义抬头及全球地缘政治等因素影响，未来全球工业增长仍将面临着一系列不稳定性和不确定性。

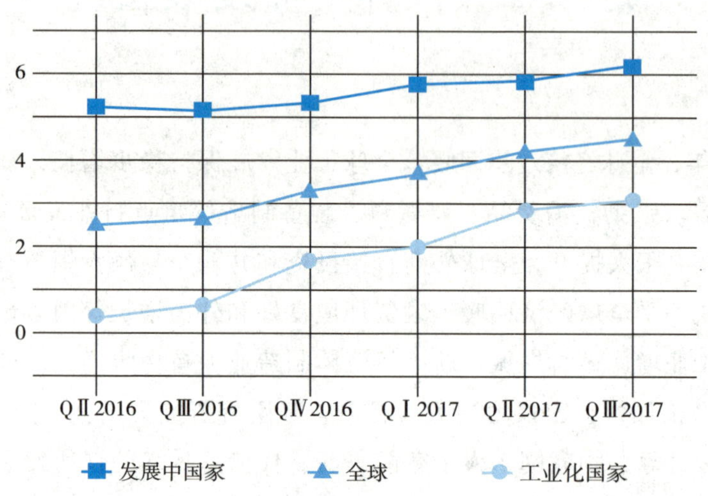

图1－1　全球制造业产值季度同比增速

资料来源：联合国工发组织，2018年2月。

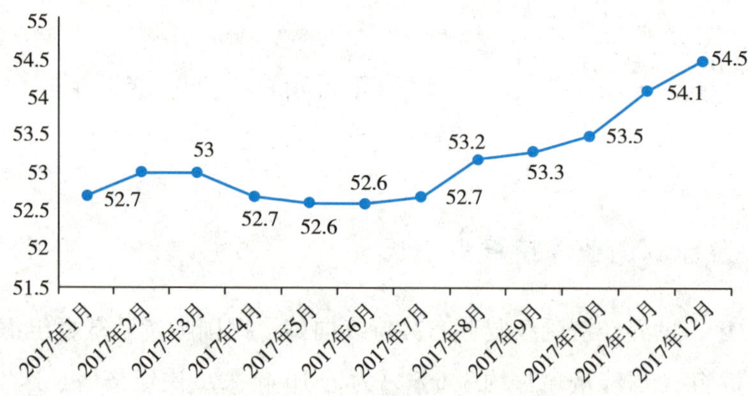

图1－2　2017年1—12月全球制造业PMI值

资料来源：摩根大通，2018年2月。

二、发达经济体制造业增速显著提振

2017年，全球主要发达经济体工业复苏势头强劲。美国加快促进制造业回归，大幅降低企业税负，制造业实现了快速增长。美国供应管理协会

（ISM）公布的数据显示，2017 年美国 PMI 均值高达 57.54，显示出美国制造业保持较快增长趋势，其中，12 月份美国制造业 PMI 值从 11 月份的 58.2 升至 59.3，创一年来最高；在良好的融资环境和内需推动双重驱动背景下，欧元区制造业整体表现强劲，欧洲制造业保持稳步扩张态势。12 月，欧元区制造业 PMI 为 60.6，较上月高出 0.5，其中，产出分项指数从上月的 61 上升到 62.2，新订单分项指数从 61.4 上升到 61.5，创 2000 年 4 月以来最高。在政策刺激及需求回暖的作用下，日本制造业实现增长。2017 年，日本制造业 PMI 均值为 52.85，比上年上升 2.87 点，制造业整体处于扩展态势。2017 年三季度，日本大型制造业企业信心指数为 9.4，环比上升 12.3 个点，创 2007 年 9 月以来的最高水平。

图 1－3　2017 年 1—12 月主要发达经济体制造业 PMI 值

资料来源：Wind 数据库，2018 年 2 月。

三、新兴经济体制造业增速整体有所提升

2017 年，新兴经济体制造业整体呈稳步增长态势。金砖国家中，除南非制造业有一定下滑外，其他国家的制造业均呈现稳步扩张态势。其中，在宽松货币政策和经济刺激计划推动下，俄罗斯和印度制造业扩张强劲，全年制造业 PMI 均值分别为 51.99 和 51.37，制造业保持较强的增长态势；虽然印度尼西亚和墨西哥等新兴经济体的制造业增速有所放缓，但全年平均指数水平仍保持在 50 以上，表明这些国家制造业仍保持温和增长。2017 年，中国规模

以上工业增加值同比增长 6.4%，2015 年该数值为 6.0%，达到近年最好水平。

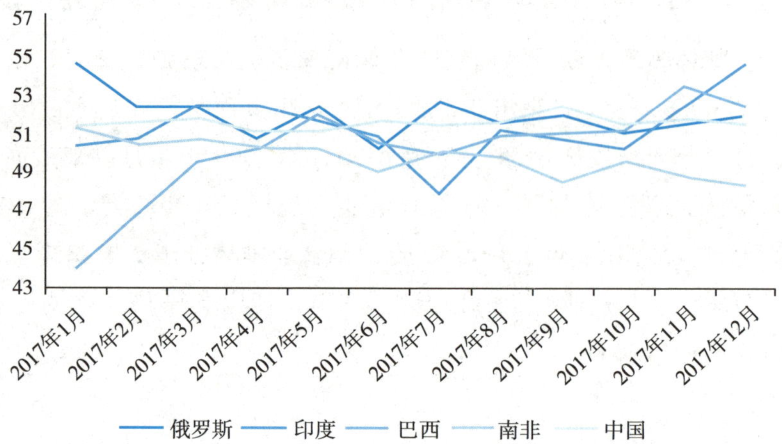

图 1－4　2017 年 1—12 月主要新兴经济体制造业 PMI 值

资料来源：Wind 数据库，2018 年 2 月。

四、制造业智能化转型加速

随着互联网技术的快速发展，互联网和制造业融合日益加深，人工智能逐步进入人们视野，并加速向产业链各环节渗透。据前瞻产业研究院发布的《人工智能行业市场前瞻与投资分析报告》预计，2018 年全球人工智能市场规模将达到 2697.3 亿元，复合增长率达到 17.0%。在研发设计领域，美国欧特克公司推出的 Fusion360 和 Netfabb3D 打印软件，基本实现了机器进行系统自主研发设计功能；在生产制造领域，日本 NEC 公司推出的机器视觉检测系统，具备了机器检测识别功能；在市场营销领域，美国亚马逊商城可以直接向用户推荐个性化服务；在产品服务领域，日本小松机械实现了机器进行现场智能作业。人工智能技术向制造领域广泛渗透，极大地提高了制造企业效率，推动制造业智能化转型。

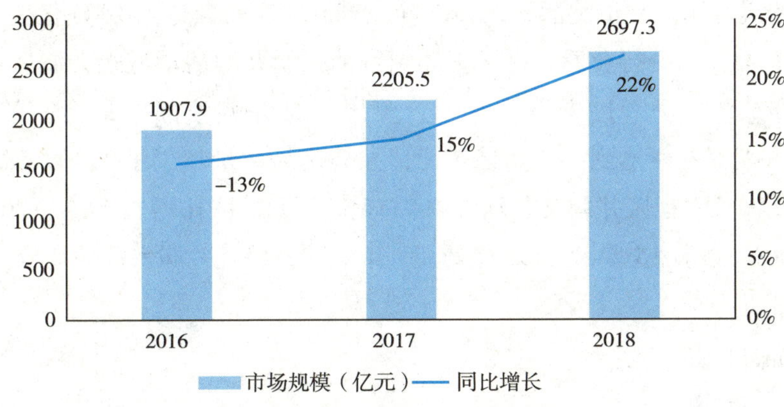

图 1－5　全球人工智能市场规模预测

资料来源：前瞻产业研究院。

五、新技术新产业发展迅猛

随着新能源、新材料等领域科学技术不断取得新突破及消费需求升级，企业越来越关注消费者多样化、个性化需求，新技术、新产品、新业态不断涌现，成为促进全球制造业增长的新动能。5G、虚拟技术、云技术、机器学习、物联网等正在逐渐从概念变为现实，促进制造业生产方式发生变革，以消费者为中心的新兴产业不断涌现。在新能源汽车领域，2017 年的全球电动汽车销量达到 122. 3 万辆，较 2012 年的 12. 2 万辆实现了巨大提升；在 3D 打印领域，2017 年上半年，全球 3D 打印机出货 18 万台，同比增长 38%；在工业机器人领域，根据国际机器人联合会（IFR）预测，2017 年全球工业机器人预估出货为 346800 台，市场增长超过 35%；在可穿戴设备领域，IDC 预测，2017 年全球可穿戴终端市场的出货量整体增长 10%，达到 1. 154 亿部。

六、全球跨国并购交易增速下滑较大

受欧美等国家不断强化对外国直接投资监管政策和法律等因素影响，全球跨境并购交易额和交易数量整体下滑幅度较大。联合国贸发组织（UNCTAD）统计数据显示，2017 年全球跨境并购交易额约为 6660 亿美元，下滑速度为 23%。其中，发达国家跨境并购下滑 30%，约 5530 亿美元。发展中国家跨境并购活动依然活跃，2017 年全球并购交易额达到 1000 亿美元，同比上升了 44%。分行业看，自然资源领域的跨境并购活动低迷，制造业跨境并购逐步放缓。汤森路透数据显示，美国仍是并购浪潮中最活跃的地区，2017 年并购交易额达到 14000 亿美元，并购交易数量超过了 12400 宗，创下历史新高。亚太地区并购交易额达到 9116 亿美元，同比增长 11%。2017 年，中国企业达成跨境交易额 1405 亿美元，继续保持跨境并购大国的地位。

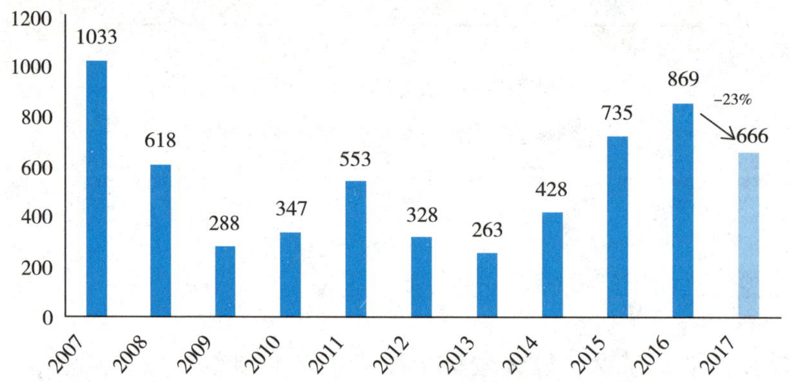

图 1-6　2007—2017 年全球跨境并购交易额情况（单位：十亿美元）

资料来源：UNCTAD，2018 年 2 月。

七、全球外国直接投资大幅下滑

2017 年，全球外国直接投资呈现大幅下滑态势。全球外国直接投资（FDI）同比下滑 16%，从 2016 年的 1.81 万亿美元降至 1.52 万亿美元。据 UNCTAD 发布的《全球投资趋势监测报告》，2017 年流入发达经济体的外国直接投资大幅下滑，降幅为 27%，约为 8670 亿美元，是全球外国直接投资下滑的主要原因。其中，美国依然是最大的 FDI 流入国，流入美国的外国直接投资约为 3110 亿美元；流入欧洲地区的外国直接投资额约为 3970 亿美元，同比下降 27%；流入北美的外国直接投资额约为 3300 亿美元，同比下降 33%。与此同时，流入发展中经济体的外国直接投资额约为 6530 亿美元，同比增长 2%。其中，流入亚洲地区的外国直接投资额为 4590 亿美元，同比增长 2%；流入拉美和加勒比地区的外国直接投资总额约为 1430 亿美元，同比增长 3%；流入非洲的外国直接投资额约为 490 亿美元，同比下降了 1%。

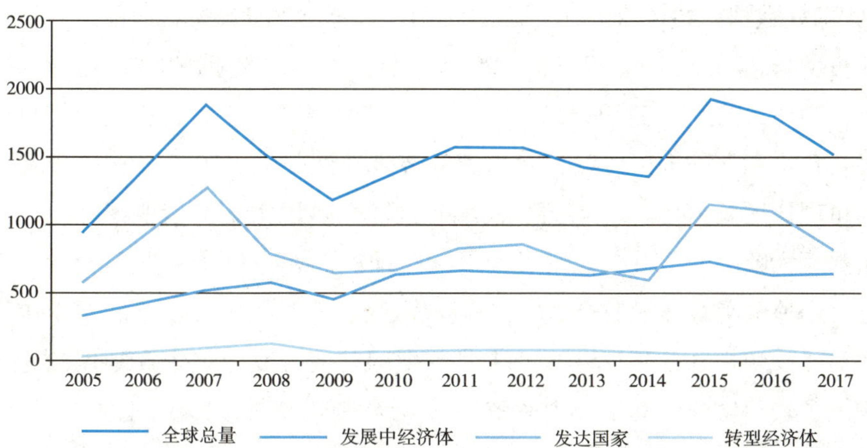

图 1 –7　2005—2017 年全球和集团经济体外国直接投资流入量（单位：十亿美元）

注：不包括加勒比地区的离岸金融中心。

资料来源：UNCTAD：《全球投资趋势监测报告》，2018 年 2 月。

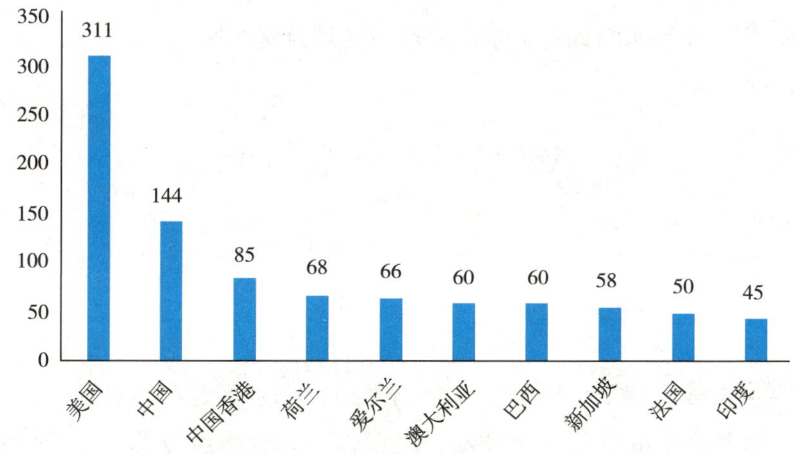

图 1 –8　2017 年全球前十大外商直接投资经济体（单位：十亿美元）

资料来源；UNCTAD；《全球投资趋势监测报告》，2018 年 2 月。

八、全球贸易增速大幅提升

2017 年，全球贸易告别低迷态势步入加速增长。2018 年 2 月，荷兰经济政策研究局公布的数据显示，2017 年全球商品进出口总量同比增长 4.5%，是国际金融危机以来最快增速。主要国家贸易形势普遍向好，复苏势头强劲。

根据 WTO 数据，2017 年前三季度，美国出口增速高于6%，而前两年该值标都为负增长，2015 达到 -7.3%。2017 年前三季度，欧盟进出口增速均在7%以上，2016 年欧盟的进出口增速接近零，其中德国、法国和意大利进口增长明显。日本和韩国进出口增长对本国经济带动性很强，2017 年前三季度，韩国出口同比增长18.5%，创历年同期新高。金砖国家中的俄罗斯和巴西进出口贸易额大幅提升，有效推动了经济回暖向好。在“一带一路”建设下，我国进口增速显著高于全球平均水平，与沿线国家、美国、欧盟和日本等地区的贸易额大幅提升。2017 年 1—11 月，中国对美日欧等国家和地区的进出口均实现了较快增长，其中，中欧贸易总额为3.78 万亿元，同比增长16.2%；中美贸易总额为3.58 万亿元，同比增长16.5%；中日贸易总额为1.86 万亿元，同比增长13.8%；中国与东盟贸易总额为3.15 万亿元，同比增长18.4%。反映全球贸易活跃程度的波罗的海干散货指数，2017 年下半年以来（BDI）增势显著，2017 年9 月22 日越过1500 点，2017 年12 月12 日达到1743 点，创近4 年来新高，显示出全球贸易回升势头强劲。

第二节　区域发展总体情况

一、发达经济体

2017 年，发达经济体经济复苏势头平稳，经济增速明显提高。受私人投资提速、贸易赤字减少等因素拉动，美国经济延续持续复苏态势，经济持续扩张；受内需拉动，欧盟国家经济保持复苏态势，各经济体整体呈现较强增长；日本经济在出口强劲增长的带动下经济持续向好。

（一）制造业复苏态势良好

受内需旺盛、宽松的全球货币政策及投资拉动等多因素影响，2017 年发达经济体的工业生产复苏态势良好。2017 年1—11 月，美国制造业新增订单同比增速为4.1%，工业产出指数月均增长1.8%，显示美国工业发展趋势向好。2017 年，欧元区全年制造业 PMI 一直处于50 的枯荣线以上，综合 PMI

均值56.4，为2006年以来最佳水平，其中，德国和法国等核心国家制造业实现持续加快增长；受外需旺盛等因素影响，2017年日本制造业PMI连续16个月保持在50的荣枯分水岭上方，12月份日本制造业PMI为54.0，创2014年2月以来新高。日本大型制造业企业信心指数12月份上升至25点，达到2006年12月以来新高。

（二）贸易出口增速大幅提升

2017年，受全球经济走强、内需增长等因素的影响，发达国家进出口贸易增速加快。美国商务部（DOC）数据显示，2017年美国出口额达2.33万亿美元，同比增长5.5%；进口额增长6.7%，达创纪录的2.9万亿美元。日本财务省公布数据显示，日本2017年出口额3604.8亿元，同比增长12.2%，进口总额4163.62亿元，同比增长7.9%。欧盟统计局数据显示，2017年欧盟28个成员国商品出口总额为18785亿欧元，增长7.7%，商品进口总额为18535亿欧元，增长8.2%。欧元区19国2017年商品出口总额为21929亿欧元，增长7.1%，商品进口总额为19548亿欧元，增长9.7%。

（三）就业形势持续改善

2017年，发达国家制造业就业形势良好，就业市场持续改善。自2017年3月以来，美国失业率一直保持在5%以下，12月失业率降至4.1%，创2008年以来历史新低。美国劳工部公布的数据显示，2017年美国新增非农就业人数约210万，连续第7年新增非农就业人数超过200万。根据欧盟统计局数据，2017年一季度欧盟和欧元区就业人数加速增长，分别达到2.342亿人和1.548亿人，环比增幅均为0.4%。2017年12月，欧元区19国失业率为8.7%，与上月持平，低于2016年同期的9.7%，维持在近9年低位。由于经济不断好转，日本当前正面临着劳动力短缺加剧的严峻形势，日本总务省发表的统计数据显示，2017年日本完全失业率达到2.7%，是自1993年11月以来，时隔24年的最低纪录。

二、新兴经济体

2017年，新兴经济体经济增长总体保持相对高速增长。国际货币基金组织（IMF）2017年10月发表的《世界经济展望》预测，2017年新兴市场和发展中国家经济增长率为4.6%，高于2016年4.3%的增速。新兴经济体的增速依然领先于全球经济总体增速，超过发达经济体增速的2倍。但随着全球贸易投资保护主义及国内政治形势不稳定、地缘政治风险等因素影响，工业发展面临的不确定性增强。各国为积极面对各种风险和挑战，已经采取了加大政府投资、积极扩大内需、促进工业快速发展、推动产业转型升级和广泛开展经贸合作等一系列刺激经济发展的有力措施。

（一）工业增长强劲

2017年，得益于汽车行业增长、外商投资增强等因素拉动，金砖国家整体工业发展形势良好。2017年巴西工业同比增长2.5%，是2013年以来首次出现增长，也是2010年以来工业增长率最高的一年，全年共吸引外国直接投资总额达603.45亿美元，同比上升12.26%。2017年俄罗斯工业生产增长1%，其中，2017年1—11月，俄罗斯轻型轿车和商务车的销售量达到143万辆，同比增长11.7%。韩国产业通商资源部的统计数据显示，2017年韩国以申报额为准的外国人直接投资为229.4亿美元，同比增长7.7%，创历史新高，且连续3年超过了200亿美元，而对制造业的投资同比增长41.2%，达72.5亿美元。

（二）贸易增速大幅上升

受大宗商品价格回升和市场多元化等因素影响，新兴经济体的贸易增速大幅上升。2017年，巴西出口总额为2177.4亿美元，同比分别增长18.5%，进口总额为1507.4亿美元，同比分别增长10.5%，外贸顺差达670亿美元，同比猛增40.5%，创1989年公布外贸数据以来历史新高。根据韩国产业通商资源部发布的数据，2017年韩国出口额为5739亿美元，同比增长15.8%，创历史最高纪录；进口额为4781亿美元，同比增长17.7%，实现贸易收支顺差958亿美元。据印度商业信息统计署统计，2017年1—9月，印度货物进出口额为5495.1亿美元，同比增长20.5%，其中，出口额为2225.1亿美元，增长12.9%；进口额为3270.0亿美元，增长26.2%。2017年俄罗斯出口总额达3537亿美元，同比增长26%，进口总额达2379亿美元，同比增长24%。

（三）绿色产业发展迅猛

新兴经济体顺应由传统模式向绿色工业转型的趋势，出台了一系列鼓励措施大力发展绿色工业。作为重要光伏原材料的硅储量丰富国，巴西正利用自身的独特优势，积极发展新能源产业，并逐步采取低息贷款、减税等鼓励措施吸引光伏产业投资。巴西政府计划到2024年将其光伏发电装机规模增至7吉瓦，约占总发电量的3.3%，到2050年，这个比例有望升至18%。2017年7月，俄罗斯制定了数字经济规划，将在关键经济领域推广使用高技术，并实现一系列目标，包括到2025年97%的家庭用上宽带网络（100兆比特/秒），所有百万人口城市覆盖稳定的5G以上网络。在新能源领域，我国《能源发展“十三五”规划》提出，“十三五”时期非化石能源消费比重提高到15%以上，天然气消费比重力争达到10%，煤炭消费比重降低到58%以下，清洁低碳能源将是我国“十三五”期间能源供应增量的主体。

三、最不发达经济体

经历了2016年的低谷之后，2017年非洲经济迎来了触底反弹。据国际货币基金组织预测，2017年撒哈拉以南非洲经济增速约为2.6%，较2016年1.3%的增长率有所复苏。东非依旧是非洲增长最快的地区，2017年经济增长率达到5.4%。世界银行发布的全球经济展望报告显示，2017年埃塞俄比亚经济增长预期为8.3%，坦桑尼亚为7.2%，科特迪瓦和塞内加尔分别达到6.8%和6.7%。近些年，发达国家和发展中国家在贸易、交通运输、援助、电力和其他基础设施的建设等领域加强同非洲各国之间的经济合作，不断加大投资力度。随着国际合作水平的不断提升及自身中产阶级队伍的不断壮大，非洲各国国内居民消费能力不断提高，市场潜力慢慢显现，地区经济增长后劲将会越发充足。

（一）工业增长潜力较大

大多数非洲国家目前还处于前工业化阶段，工业增长潜力较大。非洲国家制造业结构单一，工业基础薄弱，主要出口原油、天然气、矿产等初级产品，经济对外依赖性较强。其中，汽车、机械设备、电子产品等工业制成品严重依靠进口。随着非洲自身发展潜力的不断释放，非洲工业发展潜力较大。联合国工发组织报告显示，2017年非洲最不发达国家的制造业增速约为4%。拥有较低的劳动力成本、灵活的制造能力和日益扩大的市场的马来西亚、泰国、印度尼西亚、越南等东盟国家制造业正在崛起，有望在2020年跻身全球15个最具制造业竞争力的国家。

（二）出口增速大幅上升

由于全球大宗商品触底反弹、货币政策宽松及需求市场回暖等有利因素影响，2017年非洲地区的出口增速呈现大幅上升态势。据阿尔及利亚统计局统计，2017年1—6月，阿尔及利亚货物进出口额为412.2亿美元，同比增长8.5%。其中，出口180.0亿美元，同比增长26.3%；进口232.2亿美元，同比下降2.1%。肯尼亚国家统计局公布的数据显示，2017年1—8月肯尼亚贸易逆差达到73.72亿美元，同比增长39.5%，其中，进口额为111.9亿美元，同比增长23%，出口额为38.18亿美元，仅增长0.2%。据毛里求斯统计局统计，2017年上半年，毛里求斯进口额约为26.7亿美元，同比增长10%，出口额约为12.55亿美元，同比增长1.6%。

（三）吸引外资能力增强

根据UNCTAD公布的全球投资报告，2017年非洲地区吸引外商投资额有望达到650亿美元，同比增长10%。美国依然是非洲FDI最大来源国，其次是英国、法国、中国、南非、意大利和印度等国家。中国作为非洲最大的贸易伙伴国之一，2017年中非双边贸易额大幅上升。中国海关统计数据显示，中非双边贸易总额为1700亿美元，同比增长14.1%，超出中国同期外贸总体增幅2.7个百分点。其中，对非出口额为947.4亿美元，增长2.7%，对非进口额为752.6亿美元，增长32.8%。由于与欧盟的经济伙伴关系协定、三方自由贸易协定、洲内自由贸易区等政策优势，未来非洲将吸引更多外商直接投资。

（四）新兴产业发展较快

随着非洲地区社会逐渐稳定，以及当地政府对新兴产业发展的高度重视，2017年，非洲新兴产业迎来较快发展。电信基础设施的不断发展和中产阶级的兴起，使得电子商务成为当前非洲地区发展最快的行业。管理咨询公司McKinsey发布的报告显示，到2025年，非洲电商年销售额将达到750亿美元。在新能源领域，摩洛哥政府计划到2030年可再生能源发电占比提升到52%。尼日利亚政府长期致力于将创新太阳能产品加入到如远程医疗办公室、写字楼、救援中心和零售中心等先进的经济体系中。尼日利亚对于可再生能源的不懈追求，代表了非洲能源产业的未来发展方向。

第三节 重点行业发展情况

一、原材料工业

2017 年，全球经济摆脱了低迷状态，原油价格稳定上涨。一年来，全球化学品产量增速提高，同比增长 2.7%，较 2016 年增速增加 0.5 个百分点。全球炼油能力增长缓慢，仅亚太炼油能力有所增长，中东、北美、南美和西欧均有所下降。

分区域来看，2017 年，美国化学品产量增长 0.8%。据欧洲化工理事会统计，欧盟化学品产量在 2017 年增长 3%。德国化学工业协会的数据显示，德国化学品产量增长了 2.5%。2017 年，国际油价稳中有增，大庆、布伦特、WTI 原油价格分别由年初的 50.04 美元/桶、54.67 美元/桶和 52.38 美元/桶上涨到年底的 57.29 美元/桶、64.06 美元/桶和 57.95 美元/桶。受原油价格上涨及供需关系影响，主要化工产品价格震荡上行，部分产品波动较大。

从重点行业发展来看，在钢铁行业，2017 年 1—11 月，全球粗钢产量略有下降，纳入统计的 66 个国家粗钢产量为 15.4 亿吨，同比增长 4.2%，扣除中国后，全球粗钢产量 7.7 亿吨，同比增长 5.1%。在有色金属领域，2017 年，全球铜市场供应短缺 21.3 万吨，全球矿山铜产量 2019.0 万吨，同比减少 1.3%，全球原铝市场供应短缺 141.4 万吨，较上年缺口增大 64.4 万吨，2017 年，全球铅市场供应短缺 43.4 万吨。在建材行业，2017 年，全球建材市场迎来一定范围的复苏，中国仍是世界水泥产量第一大国，2017 年水泥产总产量为 23.2 亿吨。

二、装备制造业

随着技术的进步和行业智能化趋势加快，世界制造业发展趋势强劲。

2017 年全球制造业增速明显，三季度增速达到 4.5%，为过去 5 年的最高值。从细分领域看，以自动化、机器人和数字产品为代表的中高端制造业发展迅猛，三季度增速高达 6%。机器人领域，根据国际机器人联合会（IFR）预计，2017 年，全球工业机器人销量较 2016 年增加 15%—17% 左右，国内工业机器人增速达 30%；增材制造领域，2017 年全球增材制造产值有望达到 80 亿美元。根据国际数据公司（IDC）最新报告，全球 3D 打印技术相关支出在 2018 年预计将达到 120 亿美元，比 2017 年支出增长 19.9%；全球新能源汽车产业蓬勃发展，各大车企均已把新能源列入企业发展的既定战略。2017 年 12 月，全球新能源汽车市场销量创下历史新高，交付量超过 17 万辆，同比涨幅达到 67%，纵观全球新能源汽车市场发展，中国市场遥遥领先。2017 年，中国新能源汽车产业规模持续扩大。全年新能源汽车产量 79.4 万辆，销量 77.7 万辆，连续三年居世界首位。在船舶领域，2017 年 11 月，全球新船成交量为 6216 万 DWT、2079 万修正总吨（CGT），合计 533.5 亿美元，比上年同期分别上升 115%、78%、54%。

三、消费品工业

2017 年，受全球经济回暖和内需增强等因素影响，全球制造出现恢复增长态势。在此背景下，全球消费品工业整体增长疲软。

与整体制造业相比，消费品行业增长呈现分化态势。2017 年第三季度，消费品各子行业中，仅食品与饮料、纺织、木材加工（不含家具）、基本药物产品和医疗器械增速高于整体制造业，增速分别为 3.3%、3.1%、2.9%、3.4% 和 4.6%。烟草、服装、皮革与鞋帽、造纸、印刷与出版、橡胶与塑料、家具与其他制造业增速均低于整体制造业，特别是烟草、印刷与出版两个行业，增速为负，同比分别下降 8.0% 和 1.0%。

相比于 1、2 季度，3 季度消费品行业增速变化趋势亦整体呈现分化态势。与 1 季度相比，3 季度除食品与饮料、皮革与鞋帽、医疗器械增速上升，分别增加 0.9、0.2 和 0.7 个百分点，其他行业增速均逐步下滑，特别是烟草、纺织、印刷与出版，分别同比下降 4.6、1.8、1.6 个百分点。

与上年相比，2017 年第三季度除纺织、皮革与鞋帽、木材加工（不含家具)、医疗器械五个行业增速分别高于上年同期 0.5、1.2、0.7、0.5 和 1.4 个百分点外，其他行业增速均低于上年同期。

表 1-1　2016—2017 年前 3 季度全球主要消费品行业产出同比增速

行业	2016Q1	2016Q2	2016Q3	2016Q4	2017Q1	2017Q2	2017Q3
食品与饮料	2.4%	3.0%	3.6%	3.1%	2.4%	2.3%	3.3%
烟草	1.0%	3.5%	-1.5%	8.9%	-3.4%	-2.6%	8.0%
纺织	2.9%	3.0%	2.6%	2.8%	4.9%	3.8%	3.1%
服装	2.7%	3.0%	3.6%	1.8%	2.1%	1.9%	0.8%
皮革与鞋帽	1.4%	1.0%	0.3%	0.9%	1.3%	1.4%	1.5%
木材加工（不含家具）	1.9%	1.6%	2.2%	2.9%	3.7%	3.5%	2.9%
造纸	0.1%	1.2%	1.7%	1.5%	1.8%	0.7%	1.0%
印刷与出版	-0.5%	-0.8%	-0.8%	-0.6%	0.6%	-0.1%	-1.0%
橡胶与塑料	2.8%	2.9%	3.4%	2.8%	2.6%	2.0%	1.7%
基本药物产品	5.7%	4.4%	5.0%	4.5%	4.8%	4.3%	3.4%
医疗器械	3.4%	4.5%	3.0%	0.9%	3.9%	3.0%	4.6%
家具及其他制造业	4.6%	4.5%	5.4%	3.9%	3.9%	1.9%	1.6%
整个制造业	2.8%	2.5%	2.7%	1.9%	2.1%	2.2%	2.4%

资料来源：UNIDO，2018 年 1 月。

四、电子信息产业

2017 年，受全球经济回暖复苏等利好因素影响，全球电子信息产业宏观环境延续企稳回暖态势。除美国电子市场出货量略有衰退外，其他各国与 2016 年相比均呈现不同程度增势。美国市场计算机及电子产品出货量月均值 26990.82 亿美元，略低于 2016 年的 27003.25 亿美元，但产值方面仍占据电子信息市场规模的主导地位；西欧市场整体保持增长，但英国“脱欧”带来的不确定性犹存，据德国电子技术和电子工业中央协会估算，2017 年德国电子行业生产增长为 1.5%，法国电气和电子设备机械制造指数均保持在 103 左右，相较 2016 年略有提升；韩国电子元件、无线电、电视机和通信器材制造业指数均值 121.9，远超过 2016 年均值 118.48；印度计算机、电子和光学产品的制造 WPI 均值 109.63，超过 2016 年均值 108.36；日本电子产业月均产值 9828.1920 亿日元，超过 2016 年均值 9354.4517 亿日元。韩国、印度等新兴国家在电子信息领域具备较强实力或较快增速，在全球电子信息产业格局中的地位不断增强。

表 1-2　2016—2017 年全球 PC 厂商单位出货量估算值　（单位：千台）

企业	2017 年出货量	2017 年市场占有率（%）	2016 年出货量	2016 年市场占有率（%）	2016—2017 年增长率（%）
惠普	55162	21.0	52734	19.5	4.6
联想	54714	20.8	55951	20.7	-2.2
戴尔	39871	15.2	39421	14.6	1.1
苹果	19299	7.4	18546	6.9	4.1
华硕	17967	6.8	20496	7.6	-12.3
宏碁	17088	6.5	18274	6.8	-6.5
其他	58435	22.3	64683	23.9	-9.7
总计	262537	100	270106	100	-2.8

资料来源：Gartner，2018 年 1 月。

注：以上数据包含台式机、笔记本电脑与顶级 ultramobile 机型，但不包括 Chromebook 和 iPad。所有数值均根据初步研究结果所推算出，最终估计值可能有所变动。本统计数据依据销售至渠道的出货量而得出。部分数值因四舍五入并未计入总数。

从各细分领域情况来看，在计算机领域，2017 年全球个人计算机销售量超过 2.625 亿台，较 2016 年的 2.7 亿台下滑 2.8%，全球销量降中趋稳，集中度维持高位；在智能手机领域，2017 年全球智能手机出货量增长 5%—9%，排名前十的厂商贡献了全球四分之三的出货量。据 Counterpoin 数据，2017 年第三季度苹果在智能机行业的利润份额降到了 60%，而中国品牌智能机利润率占比达到 12%，并首次在利润额上突破 15 亿美元；在家用视听领域，2017 年第三季度全球液晶电视出货量 5499 万台，季增 16%，年增 4%；而下半年强劲销量仍难根本上扭转全年销量降势，预计全年电视出货量约 2.1 亿台，降幅 4.2% 左右；在集成电路领域，2017 年全球半导体市场增幅为 9.4%，全球半导体销售额涨幅 22.2%，其中存储器市场增势迅猛，营收成长 64%；在 LED 产业，2017 年第三季度全球智能手机 OLED 显示屏的市场规模达 47 亿美元，较上年同期的 36 亿美元增长 30%，AMOLED 电视面板出货量从 2017 年开始将以 42% 的复合年增长率保持增长，到 2023 年出货量将超过 1000 万片。

区 域 篇

第二章　美　　国

第一节　发展概况

作为当前全球规模最大的工业化国家，美国工业门类齐全，体系完整，主要包括钢铁、化工、石油、飞机、汽车、造船、机械、电力、采矿、冶金、制药、食品等传统工业部门，同时也包括微电子、计算机、宇航、新材料、新能源等新兴工业部门，其中电子电器、光电、宇航、生物制药、清洁能源等居世界领先水平。

美国2018年2月ISM PMI为60.8，预期58.6，创2004年5月以来新高。该指数连续第17个月走高，显示出美国制造业的持续扩张。前值为59.1。美国总体经济表现实现连续106个月增长。

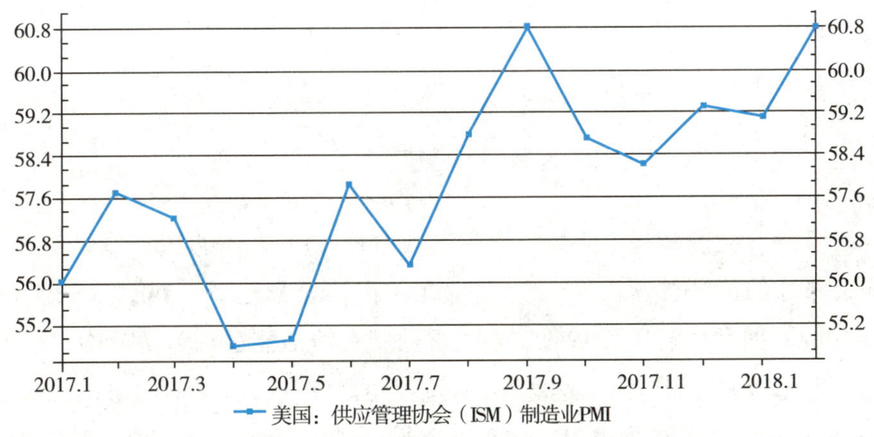

图2－1　2017年1月—2018年2月美国ISM制造业PMI

一、传统工业增长局面实现反转

2017年，美国传统工业部门的增长形势同往年相比呈现反转态势，以往产量下滑的行业如钢铁、煤炭、原油行业产量出现显著增长，而汽车行业销量则结束7年的连续增长。2017年，美国钢产量0.82亿吨，进口量、出口量分别为0.36亿、0.10亿吨。与2016年相比，2017年美国主要钢铁产品的产量都有了显著增长。其中，石油专用管材产量增长了196%，线管产量增长了63%，标准管产量增长了40%，机械管产量增长了30%，热轧钢筋产量增长了23%，冷轧板产量增长了16%，薄板和带材（剥除所有其他金属涂层）产量增长了14%，热镀锌薄板和带钢产量增长了10%。2017年，美国煤炭产量7.86亿短吨（约合7.15亿吨），比2016年增加5733.7万吨，增长7.9%。预计2017年美国煤炭出口总量为9500万短吨（约合8636万吨），同比增加3472.9万短吨，增长58%。2018年1月，美国原油产量平均为1002万桶/日，比2017年12月增加了10万桶/日，预计2018年将达1006万桶/日，将刷新美国原油年均日产量纪录。石油钻井数量同样大幅增加。截至2月17日当周，美国石油钻机数量环比增加7座至798座，创下新高，与2017年同期相比增加201座。2017年，美国市场汽车总销量为1724.59万辆，同比下滑1.8%，结束了7年的连续增长。失业率持续回落和消费者信心维持高位将促使汽车需求增长，但贷款利率上升会增加消费者购车成本，预计2018年美国汽车销量可能会进一步下滑。

二、新兴工业投资增加风投活跃

2017年，美国新兴工业部门投资出现增长，风投十分活跃。2017年，全球绝大部分的清洁能源采购行为发生在美国，总量达2.8GW，且较美国在2016年的同期水平上升了19%。在签署的所有清洁能源购电协议中，最引人注目的当属苹果公司与内华达能源公司签署的总量达200MW的协议，用于购买Techren光伏项目的发电量，这是迄今为止美国企业与电厂之间签署的规模最大的购电协议。2017年全年，美国风险投资活动依然十分活跃，全年总投资额842亿美元，创下互联网泡沫破灭以来最高水平。受到虚拟货币、区块链等概念驱动，风投投资于互联网金融领域的活动重新升温。资金更多地集中到规模最大、排名最前的初创公司，头部效应更为明显。2017 年，独角兽初创公司（估值在 10 亿美元以上）获得的投资金额同样创下历史纪录，总共吸引了 191 亿美元投资，占当年全部风投投资额的 23%，而投资于独角兽公司的投资数量仅占全部投资总数的不到 1%。

三、制造业创新投资力度持续加大

制造业为美国提供了接近 17% 的就业机会，对美国的经济振兴具有举足轻重的作用。2008 年国际金融危机以来，美国先后通过加大资助制造业扩展伙伴关系（MEP），推动“先进制造伙伴”（AMP）等计划不断增加对美国制造业的投资。根据美国经济分析局（BEA）的数据，制造业部门的研发投入所占比例超过所有私营部门的四分之三，比任何其他部门都更加驱动创新。制造业部门的研发投入从 2000 年的 1262 亿美元增长到 2014 年的 2299 亿美元。根据最新的数据，制药业占所有制造业研发投入的三分之一，在 2014 年的投入为 749 亿美元，航空航天、化工、计算机、电子，以及汽车和零部件也都在研发投入中占重要地位。在此背景下，以国家制造业创新网络（NNMI）为代表的公私合作成为制造业复兴的驱动力。自 2012 年 3 月提出以来，NNMI 建设持续发展，“制造美国”（Manufacturing USA）项目下 14 个创新中心覆盖了当前先进制造业的多个热点领域，其运作取得初步成功。

四、贸易逆差达到 9 年最高水平

出口在美国经济复苏中具有关键的作用。2017 年，美国商品和服务贸易进口额为 28953 亿美元，出口额为 23293 亿美元，全年贸易逆差 5660 亿美元，创 2008 年以来新高。其中，对中国和爱尔兰的贸易逆差均为历史新高。美国贸易逆差增加主要是国内需求旺盛导致进口增加，美国企业从海外购置设备扩大生产也是原因之一。大量美国公司在海外组装商品再进口至美国，这是导致美国商品贸易失衡的重要原因。其中，2017 年美国对华贸易出口增加 148 亿美元至 1304 亿美元，主要是原油和民用飞机引擎及部件；对华进口增加 430 亿美元至 5056 亿美元，主要是手机、家庭用品和电脑等。2017 年美国对华贸易逆差为3752亿美元。

五、就业大幅改善但问题仍存

2017年美国的就业状况出现明显改善。美国劳工部（DOL）发布的数据显示，美国2017年12月非农部门新增就业岗位14.8万个，失业率连续三个月维持在4.1%，新增就业岗位主要来自医疗、建筑和制造等行业。其中，医疗行业12月新增3.1万个就业岗位，建筑行业新增3万个就业岗位。2017年全年一共新增206万个就业岗位。其中，制造业、采矿业和伐木业的表现优于其他行业，三个行业成功扭转了2016年的颓势。不过，工资仍处于较低水平，12月平均时薪较上年同期增长2.5%，与上年11月持平，但是低于2007—2009年经济衰退前逾3%的涨幅。随着税改法案获得通过，美国经济有望在2018年延续增长势头，这将进一步促进工资增长以及就业岗位数量增加。

第二节　产业布局

美国工业的分布大体上分为三大地区。在东北部，所属14个州的面积仅占国土面积的8%，却集中了50%的制造业、80%的钢产量和90%的汽车产量。在西部，航空、造船、电子和导弹等工业部门工业产值占全国工业产值的10%。在南部，石油、化工、造船和军工等工业部门工业产值占全国工业产值的20%。

美国工业的分布呈现出由东向西向南发展的历史趋势。西起密西西比河，东至大西洋沿岸，南起俄亥俄河和波托马克河，北至密歇根湖、伊利湖和安大略湖岸以南，以及新英格兰南部的东西狭长地带被称为美国的制造业带，是美国工业发展最早的地区。战后，在西部太平洋沿岸的加州，一些与军事有关的新兴工业部门，如造船、飞机、导弹、电子、汽车装配等得到巨大发展。南部得克萨斯等州的产油区，逐步发展成为重要的石油化工中心。20世纪70年代以来，经济和人口出现南移现象。被称为阳光地带的南部和西部工业发展较快，其速度大大超过东北部地区。近年来，越来越多的传统制造业开始向成本更低的美国南部地区集聚，美国南部地区制造业呈现快速发展势头。

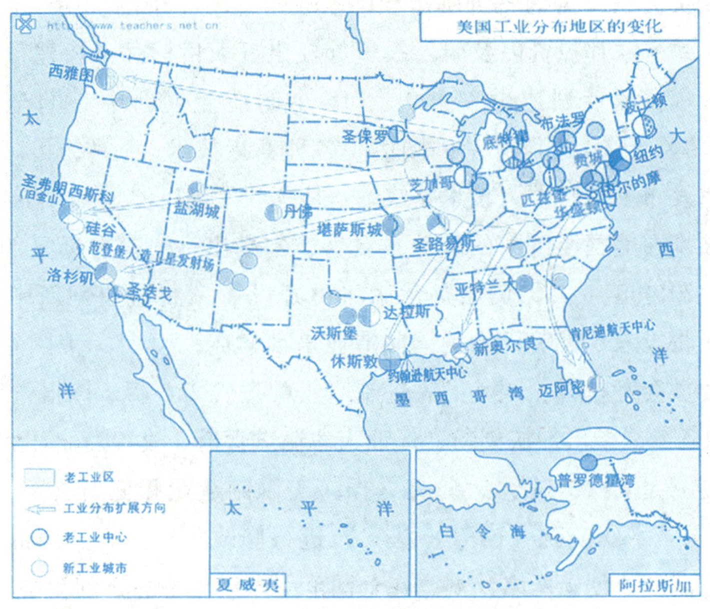

图 2 – 2　美国工业分布地区的变化

资料来源：赛迪智库整理，2018 年 3 月。

第三节　政策动向

一、政策概述

2008 年国际金融危机之后，为促进美国经济复苏，奥巴马政府把重点放在重振制造业上，推出了一系列政策措施。2009 年 4 月，奥巴马首次提出重振制造业战略构想；11 月，再次提出美国“再工业化”战略；12 月，发布《重振美国制造业框架》，美国重振制造业战略正式开始。2010 年 8 月，发布《制造业促进法案》，从 7 个方面破解制造业发展难题。2011 年 2 月，发布

《美国创新战略：确保经济增长与繁荣》，提出了未来一段时期推动美国创新的战略规划和措施；6 月，提出“先进制造伙伴计划”，加强对新兴制造技术的投资，提高美国制造业的全球竞争力。2012 年 2 月，美国总统执行办公室国家科技委员会在“美国先进制造业国家战略计划”中围绕中小企业、劳动力、伙伴关系、联邦投资以及研发投资等提出五大目标和具体建议。2013 年 2 月，奥巴马表示计划建设一个包含 15 个制造业创新中心的全国性网络（NNMI），专注于 3D 打印和基因图谱等各种新兴技术；3 月，美国白宫科技政策办公室发布了《机器人技术路线图：从互联网到机器人》，总结了机器人和自动化技术在美国经济中的战略重要性，勾勒出一个富有远见的研究和开发路线图。2014 年 1 月，奥巴马承诺将再开设 4 家制造业创新中心；4 月，奥巴马宣布将投入 6 亿美元为美国制造业培训学徒；10 月，美国先进制造业联盟指导委员会发布《振兴美国先进制造业》报告 2. 0 版，该报告为 2011 年 6 月报告的延续，指出加快创新、保证人才输送管道、改善商业环境是振兴美国制造业的三大支柱；11 月，通过《振兴美国制造业和创新法案 2014》，对《国家标准与技术研究院（NIST）法案》进行修改，授权商务部部长在 NIST 框架下实施制造业创新网络计划，在全国范围内建立制造业创新中心；12 月，奥巴马在“总统出口委员会”会议上宣布，将投入近 4 亿美元支持“学徒计划”以及新建 2 家制造业创新中心。2015 年 7 月，奥巴马授权创建名为“国家战略计算项目”（NSCI）的超级计算机研究项目。该项目旨在将美国的能源部（DOE）、国防部（DOD）和国家科学基金会（NSF）在内的多个部门的科研资源结合起来，开发首台百亿亿次超级计算机；10 月，美国国家经济委员会和科技政策办公室联合发布了新版《美国国家创新战略》。该战略于 2009 年首次发布，2011 年进行过修订，2015 年的新版战略提出了维持美国创新生态系统的新政策。2016 年 5 月和 6 月，美国白宫科技政策办公室（OSTP）相继成立了美国国家科学技术委员会（NSTC）机器学习与人工智能小组委员会（MLAI）和网络与信息技术研发（NITRD）人工智能专门工作组，并于 2016 年 10 月重磅推出这两个新领导部门分别完成的《为未来人工智能做好准备》报告和《国家人工智能研发战略规划》。2016 年 12 月，又跟进发布了一份关于人工智能的报告——《人工智能、自动化与经济》。2017 年 9 月，美国国会众议院通过了《自动驾驶法案》，以“提高安全、增加老人和残障人员的流动性，以及确保美国在自动驾驶技术领域的前沿地位”为立法目的，是美国联邦层面第一个为确保自动驾驶安全、创新、发展、测试和运行的立法。2017 年 12 月，美国总统特朗普正式签署涉及 1.5 万亿美元的《减税与促进就业法案》，此乃美国最近 30 年来最大规模减税行动。税改案将公司税率从 35% 大幅降至 21%，企业海外回流利润的所得税率从 35% 下降到 15.5%—8%，并全面下调了个人所得税率。

表 2－1 2009—2017 年美国重振制造业的重要政策

时间	标题	主要内容	对制造业重要影响
2017.12	减税与促进就业法案	将公司税率从 35% 大幅降至 21%，企业海外回流利润的所得税率从 35% 下降到 15.5%—8%	企业通常会选择税率更低的地区开办，而美国 21% 的税率使其具备较强的竞争力，再加上海外汇回利润税率下降，有助于改善美国的制造业
2017.9	自动驾驶法案	核心条款包含：（1）联邦和州政府的职责划分，明确美国国家公路交通安全管理局（NHTSA）负责规范自动驾驶汽车的设计、建造和性能，州政府则负责汽车的登记、牌照颁发、事故责任和保险等事项；（2）授权 NHTSA 根据特殊情况批准 2.5 万辆自动驾驶汽车在道路上测试，并在三年内将该数量逐步提高到 10 万辆；（3）授权 NHTSA 获取自动驾驶汽车安全数据以更新和发展有关安全标准，要求汽车制造商制定消费者隐私保护计划，明确告知消费者将如何收集、使用和分享乘客的数据	以“提高安全、增加老人和残障人员的流动性，以及确保美国在自动驾驶技术领域的前沿地位”为立法目的，是美国联邦层面第一个为确保自动驾驶安全、创新、发展、测试和运行的立法
2016.10	美国国家人工智能研发战略规划	规定了一个高水平框架，该框架可用于确定人工智能所需要的科学和技术并追踪研发投入的进度并最大化投入的影响。确定了联邦资金资助的人工智能研发的优先顺序，该顺序考虑了人工智能对社会和全世界的长期转型的影响和人工智能近期的能力	推动人工智能发展并释放企业和工人的创造潜力，确保美国在人工智能的创造和使用中的领导地位

续表

时间	标题	主要内容	对制造业重要影响
2015. 10	美国国家创新战略（2015 版）	包括三大创新要素和三大战略举措。三大创新要素是投资创新生态环境基础要素、推动私营部门创新、打造创新者国家，三大战略举措是创造高质量就业岗位和持续经济增长、推动国家优先领域突破、建设创新型政府	重点聚焦先进制造、精准医疗、脑计划、先进汽车、智慧城市、清洁能源和节能技术、教育技术、太空探索、计算机新领域等九大战略领域
2014. 11	振兴美国制造业和创新法案	实施制造业创新网络计划，在全国范围内建立制造业创新中心	加快美国制造业的技术创新及商业应用的步伐
2014. 10	振兴美国先进制造业 2. 0 版	为美国的先进制造业发展总结了三大支柱：加快创新、保证人才输送管道及改善商业环境	保证美国先进制造业良好的发展势头
2014. 4	“学徒计划”	资助社区学院和雇主合作，设立适应未来工作需要的培训项目。投入学徒培训扩大计划	培训包括高级制造业、信息技术和医疗等行业所需的高级技术工人
2013. 3	美国机器人技术路线图	强调机器人技术在美国制造业和卫生保健领域的重要作用	提出了未来 5—15 年制造业机器人所要解决的关键能力
2012. 3	美国制造业创新网络计划	计划建设一个包含 15 个制造创新中心的全国性网络，专注于 3D 打印和基因图谱等新兴技术	利用高科技全面提升美国制造业，将美国转变成全球的高科技中心
2012. 2	美国先进制造业国家战略计划	围绕中小企业、劳动力、伙伴关系、联邦投资以及研发投资等提出五大目标和具体建议	促进美国先进制造业的发展
2011. 11	美国制造业复兴计划	从投资、贸易、劳动力和创新等方面提出了促进美国制造业复兴的四大目标及相应的对策措施	确定美国保持制造业全球竞争力的路径
2011. 6	“先进制造业伙伴关系计划”	创造高品质制造业工作机会以及对新兴技术进行投资	提高美国制造业全球竞争力
2011. 2	美国创新战略（2011 版）	新的创新战略提出了五个新的行动计划	在美国重点优先领域实现突破

续表

时间	标题	主要内容	对制造业重要影响
2010. 8	制造业促进法案	大规模投资清洁能源、道路交通，改善宽带服务，削减企业部分关税	破解制造业发展难题
2009. 11	美国“再工业化”战略	促进制造业增长，让美国回归实体经济	推动美国制造业回归
2009. 9	美国创新战略（2009 版）	注重国家创新基础架构建设，鼓励有效创业的竞争市场，推动国家重点项目取得突破	充分发挥创新潜力，促进新就业、新企业和新产业

资料来源：赛迪智库整理，2018 年 3 月。

二、重大政策简析

（一）重振美国制造业框架

2009 年 12 月，美国政府发布《重振美国制造业框架》，从七个方面设计了重振制造业的政策框架。第一，为工人提供更多提高劳动技能的机会，提高劳动生产率。第二，为新技术研发进行大规模投资，创造有利于技术扩散的商业环境。第三，为制造业投资建立稳定而有效的资本市场。第四，发挥制造业和社区之间的良性互动作用，促进社区集聚和创新，为大规模制造业特别是汽车制造业的发展建立良好的基础。第五，投资于先进交通基础设施，改善电力、网络、通信等基础设施。第六，打开国外市场，为制造业产品创造更大规模的需求。第七，改善制造业所处的税收、金融等商业环境。

《重振美国制造业框架》从理论出发，结合制造业发展的特点，提出了具有针对性的政策措施，是美国重振制造业政策措施的纲领性文件。

（二）制造业促进法案

2010 年 8 月，美国政府发布《制造业促进法案》，从七个方面破解制造业发展难题，即：改善培训教育系统，使工人获得必要的劳动技能；为创造新技术和新的商业操作规范而进行投资，鼓励不能立即投入商业运营的基础性研究，保护知识产权；为商业投资提供稳定而有效的资本市场，资助中小企业，加强金融监管，使金融业服务实体经济；建设产业集群，完善产业结构，帮助相关地区和工人实现转型；投资于包括交通电池、高速铁路和下一代信息和通信技术在内的先进交通和信息基础设施；确保美国商品在国内和国际市场上拥有销路和公平的竞争环境；改善商业环境，使法律、税收和监管机制利于美国制造业的发展。

《制造业促进法案》使《重振美国制造业框架》成为正式法律条文，对大型和小型制造企业的发展都起到推动作用，进而带动美国经济的复苏。

（三）美国创新战略（2011版）

2011年2月，美国政府发布《美国创新战略：确保经济增长与繁荣》，提出了未来一段时期推动美国创新的战略规划和措施。新的创新战略对2009年发布的《美国创新战略：推动可持续发展，创造高水平就业》进行了深化与升级。从“创造就业”到“确保经济增长和繁荣”，这一措辞上的变化体现了美国政府对创新的重视和实施创新战略的决心。

美国创新战略的实施，以及知识产权政策的变革，将直接推动技术的进步，确保美国继续处于技术革命的前沿，这为美国继续占领制造业的高端领域提供了重要的技术支撑。

（四）美国制造业创新网络计划

2012年4月，美国时任总统奥巴马建议设立全美制造业创新网络（NNMI），包括投资10亿美元建立15家制造业创新中心（IMI），通过加强研究机构与制造企业之间的合作，为美国创造更多的就业机会，从而提振美国经济。截至2015年12月，美国已经建成了7家制造业创新中心，正在建设中的有2家。

研究机构的研究重点放在大规模制造技术、降低成本和商业化风险上，已经确立的研究领域包括：一是开发碳纤维复合材料等轻质材料，提高下一代汽车、飞机、火车和轮船等的燃料效率、性能以及抗腐蚀性。二是完善3D打印技术相关标准、材料和设备，以实现利用数字化设计进行低成本小批量的产品生产。三是创造智能制造的框架和方法，允许生产运营者实时掌握来自全数字化工厂的“大数据流”，以提高生产效率、优化供应链，并提高能源、水和材料的使用效率等。

（五）机器人技术路线图

2013 年 3 月，白宫科技政策办公室（STPO）发布《机器人技术路线图：从互联网到机器人》。路线图强调了机器人技术在美国制造业和卫生保健领域的重要作用，同时也描绘了机器人技术在创造新市场、新就业岗位和改善人们生活方面的潜力。

路线图是对 2009 年路线图的修订，主要包括五部分，分别是制造业机器人路线图、医疗机器人路线图、服务机器人路线图、空间机器人路线图以及国防机器人路线图。

其中制造业机器人路线图提出，未来 5—15 年要解决的关键能力包括重构装配、自主导航、绿色制造、灵巧操作、供应链整合与设计、纳米制造、非结构化环境感知、本质安全、教育和培训等。为了取得这些关键能力，制造业机器人需要加强学习和适应、控制和计划、感知、人机交互、建模与陈述以及“云”机器人与自动化制造等方面的技术研发。

（六）振兴美国先进制造业 2.0 版

2014 年 10 月，美国先进制造业联盟（AMP）指导委员会发布《振兴美国先进制造业》报告 2.0 版，提出了加快创新、保证人才输送管道、改善商业环境三大战略。

在促进创新方面，将在增加美国竞争力的新型制造技术领域大量增加投资。国防部、能源部、农业部及航空航天总局等政府部门将向报告所建议的复合材料、生物材料等先进材料、制造业所需先进传感器及数字制造业方面加大投资，总额超过 3 亿美元。政府提供先进设备，部门与科研机构、高校联动，设立联合技术测试平台等方式促进创新发展。

在确保人才梯队方面，美国劳工部设立 1 亿美元“美国学徒奖金竞赛”，以促进新的学徒模式发展，在先进制造业等领域产生规模效应。先进制造业指导委员会的成员已经开始进行学徒制试点，并为参加学徒制培训战略项目的雇员发放指导手册。

在改善商业环境方面，政府决定推出新工具及一项 5 年的初始投资，促进供应链上的小型制造企业的创新。商务部的制造业扩展联盟项目每年为 3000 个以上美国制造商服务，该项目将于未来 5 年内投资 1.3 亿美元资金，帮助小型制造企业发展新技术，推广新产品。

（七）振兴制造业和创新法案

2014 年 11 月，经由美国国会众议院修改通过了《振兴美国制造业和创新法案 2014》，将对《国家标准与技术研究院（NIST）法案》进行修改，授权商务部部长在 NIST 框架下实施制造业创新网络计划，在全国范围内建立制造业创新中心。

法案明确了制造业创新中心重点关注纳米技术、先进陶瓷、光子及光学器件、复合材料、生物基和先进材料、混动技术、微电子器件工具开发等领域。2014—2024 财年商务部和能源部资助金额分别不超过 0.5 亿和 2.5 亿美元。

法案还授权商务部部长设立国家制造业创新网络计划办公室，职责包括对计划的监管、开发和定期更新战略计划、向公众公开项目情况、作为网络的召集人。该办公室还需将现有的制造业扩展伙伴关系（MEP）计划纳入到制造业创新网络计划中，确保中小企业参与。

（八）美国创新战略（2015 版）

2015 年 10 月，美国国家经济委员会（NEC）与白宫科技政策办公室（STPO）发布新版《美国创新战略》。此前，美国政府先后分别于 2009 年、2011 年发布《美国创新战略》。在 2015 版《美国创新战略》中，政府已经确定了新的政策，以支撑创新生态系统，给所有美国人提供好处。

2015 版《美国创新战略》承认联邦政府在投资美国创新基本要素、激发私营部门创新、赋予全国创新者权利方面的重要作用。此外，该战略描述了如何通过三套战略计划扩建这些重要的创新要素。这三个战略计划重点为创造高质量就业岗位和持续经济增长、推动国家优先领域突破及建设创新型政府服务大众。

（九）国家人工智能研发战略规划

2016 年 10 月，美国时任总统奥巴马在白宫前沿峰会上发布报告《国家人工智能研发战略规划》。这是全球首份国家层面的 AI 发展战略计划。作为对该报告的补充和延续，12 月，美国白宫又跟进发布了一份关于人工智能的报告——《人工智能、自动化与经济》。这份最新的报告认为：应对人工智能驱动的自动化经济，是后续政府将要面临的重大政策挑战。下一届政府应该制定政策，推动人工智能发展并释放企业和工人的创造潜力，确保美国在人工智能的创造和使用中的领导地位。

奥巴马称人工智能战略规划将成为美国新的“阿波罗登月计划”。该规划旨在运用联邦基金的资助不断深化对 AI 的认识和研究，从而使得该技术对社会产生更加积极的影响，减少其消极影响。

（十）自动驾驶法案

2017 年 9 月，美国国会众议院通过了《自动驾驶法案》，目前，该法案尚未正式成为法律，仍有待美国参议院的表决和总统的签字。

《自动驾驶法案》以“提高安全、增加老人和残障人员的流动性，以及确保美国在自动驾驶技术领域的前沿地位”为立法目的，是美国联邦层面第一个为确保自动驾驶安全、创新、发展、测试和运行的立法。《自动驾驶法案》将取代州政府对自动驾驶汽车设计、建造和运行制订的任何更低或不一致的要求。该法案有四个核心关注点：保护消费者、促进创新、提高流动性和推动技术研发。

（十一）减税与促进就业法案

2017 年 12 月，美国总统特朗普正式签署涉及 1.5 万亿美元的《减税与促进就业法案》，此乃美国最近 30 年来最大规模减税行动。税改法案将公司税率从 35% 大幅降至 21%，企业海外回流利润的所得税率从 35% 下降到 15.5%—8%，并全面下调了个人所得税率。

总体来说，税改使税率下降、税基扩大，可以扩大消费基数，提振美国国民消费，同时增加企业利润，拉动就业增长，从而带动美国经济更快复苏。

税改法案鼓励大量滞留海外的利润回流，能起到减少产业流失、扩大征税税基的作用。从更深层次讲，将引发跨国公司的全球布局和投资策略变化。

第四节　发展趋势

一、经济增速加快，贸易摩擦加剧

根据国际货币基金组织（IMF）2018年1月的预测，相比2017年10月，IMF将美国2018年和2019年的增速预估值分别大幅上调0.4和0.6个百分点至2.7%和2.5%，其中，美国税改政策实施成为最重要的助推器。预计美国的税收政策变化将刺激经济活动，短期影响主要来自公司所得税降低带来的投资增长。预计在2020年之前，税收政策变化对美国经济增长的影响都将是积极的，到2020年累计影响达到1.2%。但是，美国经济增长也存在风险。最为突出的是国际贸易摩擦常态化、高频化的趋势可能加剧，对全球贸易的影响不容小觑。特朗普的贸易保护主义倾向较浓，上任以来退出“跨太平洋伙伴关系协定”（TPP），启动重谈北美自贸协定（NAFTA），试图利用美国的强势地位，借助双边谈判为美国在全球贸易中争夺更大利益。

二、工业互联网将加快发展

国际金融危机以来，美国提出了“再工业化”（Reindustrialization）的战略，试图借助网络和数据的力量提升整个工业的价值创造能力。2012年2月，通用电气（GE）提出了“工业互联网”（Industrial Internet）的概念，并在医疗和航空等领域迅速推出9个工业互联网项目。2014年3月，思科、IBM、英特尔、AT&T等企业参与进来，同通用电气一同组建了工业互联网联盟（IIC），目的是要实现物联网（IoT）标准化。2015年6月，IIC发布工业互联网参考架构（IIRA），为工业互联网系统的各要素及相互关系提供了通用语言。2017年1月，IIC宣布发布1.8版。根据咨询机构IoTAnalytics的统计，全球工业互联网平台数量超过150个，预计2021年工业互联网平台市场规模将达到16.44亿美元。根据埃森哲和GE的评估，2030年工业互联网全球产值将达15万亿美元，到2050年则将达到50万亿—80万亿美元（目前全球工业总产值为 32 万亿美元）。预计 2018 年，IIC 将在全球开展更多的工业互联网落地项目。

三、汽车业迎来生态大变革

汽车业是美国制造业的重要支柱。在电动汽车领域，通过《美国复兴和再投资法案》（ARRA）、《美国清洁能源与安全法案》（ACESA）、新的燃油经济性标准（CAFE）以及调整各类电动汽车的税收优惠等措施，引导汽车工业将重心转向插电式混合动力汽车（PHEV）和纯电动汽车（BEV）。截至 2017 年底，美国电动汽车（含插电混动）共有 166070 辆，约占美国当年汽车市场份额的 1%。但是，由于 2017 年底的税改法案使得 7500 美元的电动汽车联邦税费减免会在接下来的 1 年半时间里逐步取消，预计会对美国市场上电动汽车的销量带来不利影响。在无人驾驶汽车领域，美国加州车辆管理局（DMV）表示，2018 年 4 月起，远程监控的无人驾驶汽车将可以在加州道路上进行测试。在此之前所上路的无人驾驶汽车，都需要安全员坐在方向盘后面时刻监测车辆状态。但是从 4 月开始，真正的无人车将会开始上路，安全员可以远程对车辆进行监控。预计 2018 年美国无人驾驶汽车将迎来大发展。

四、传统能源出口力度加大

美国总统特朗普上台后一直大力支持传统能源的发展。美国正加快成为全球能源体系中的重要战略棋手，加大能源出口力度也是特朗普政府“能源主导权”政策的体现。美国的出口受到天然气和石油产量激增的推动，比如水力压裂，将水、沙子和化学物质输送到地下，以压裂页岩，并允许碳氢化合物流动。随着天然气出口的扩大，美国将超越其传统的北美市场，原油出口量增加，汽油等精炼产品的出口仍保持强劲。美国能源信息署（EIA）预计，美国原油和液体油产量将持续增长至 2042 年，而天然气产量将继续上升至 2050 年。液化天然气（LNG）将主导美国的出口。EIA 预计，到 2050 年美国仍将是煤炭净出口国。预计到 2050 年，美国的能源消耗仅增长 0.4%，而预期的经济增长率为 2%。按此预测，2022 年将是 1953 年以来美国能源出口首次超过进口的一年。

第五节　企业动态

根据2017年7月发布的《财富》世界500强排行榜（Fortune Global 500），美国上榜公司数量相比2016年减少2家，目前为132家，位居全球第一位。

位列前十的美国公司分别为：

1. 沃尔玛（Wal－Mart Stores）

2. 伯克希尔－哈撒韦公司（Berkshire Hathaway）

3. 苹果公司（Apple）

4. 埃克森美孚（Exxon Mobil）

5. 麦克森公司（McKesson）

6. 联合健康集团（UnitedHealth Group）

7. CVS Health公司（CVS Health）

8. 通用汽车公司（General Motors）

9. 美国电话电报公司（AT&T）

10. 福特汽车公司（Ford Motor）

中小企业一直是美国经济发展与创造就业的引擎，对于美国的经济与社会发展发挥着决定性作用。在过去的20多年里，小企业创造了美国超过三分之二的新增就业岗位，2800万家小企业雇佣了6000万美国人，占私人部门劳动力的50%。

1953年，美国政府出台了《小企业法》，并依法成立了美国小企业管理局（SBA）。1958年，美国国会通过了《小企业投资法案》，批准成立小企业投资公司（SBIC），向新兴创新型小企业提供私募股权与长期债权资本，由SBA负责监督管理。针对科技型中小微企业技术创新市场化支持不足等问题，美国推出了一系列政府公共财政专项资金，其中最为著名的是美国SBA小企业创新研究计划（SBIR）和小企业技术转移计划（STTR），它们促进了美国在前沿学科的领先地位，成为全世界效仿的成功典范。

自2008年国家金融危机以来，美国出台多项给小企业减税的法案和小企业融资扶助政策。2010 年 9 月，美国国会通过了《2010 年小企业就业法案》。该法案强化了美国联邦小企业管理局（SBA）的传统贷款项目，并推出两个新的融资项目：各州小企业信贷计划（SSBCI）和小企业贷款基金（SBLF）。2011 年 2 月，美国联邦小企业管理局（SBA）发布了《2011—2016 年度战略》，出台可操作的政策评估指标体系，并且在绩效评估工作和运行机制上下功夫，真正推动中小企业迅速发展。2011 年 9 月，美国推出的就业促进法案提出要对中小企业的工资所得税进行减免。2012 年 4 月，美国出台了《2012 年促进创业企业融资法》，该法案旨在通过放宽金融监管要求来鼓励美国小微企业融资，扶植企业成长并创造就业机会，为美国中小企业的成长提供了更加宽松的市场空间。美国非常重视小企业创新，而股权融资无疑为小企业提供了新的平台。2015 年 10 月，美国证券交易委员会（SEC）通过了《就业法案第三章》（JOBS ACT Title III），作为一项旨在鼓励创新融资的众筹股权投资法案，首次允许普通投资者通过股权投资创业公司，并下调了股权融资企业的信息披露要求。2017 年 12 月，美国总统特朗普正式签署涉及 1.5 万亿美元的《减税与促进就业法案》，将税赋转由合伙人缴纳企业的最高税率从 39.6% 减为 29.6%，这对中小企业很有利，特别是雇员很少但资本投入很高的企业。

全美独立企业联盟（NFIB）调查显示，2018 年 2 月，美国 NFIB 中小企业乐观程度指数为 107.6，预期 107.1，前值 106.9。这意味着小企业主对经济表现出“前所未有的信心”，乐观指数继续创下新高，2 月份上升 0.7 点，至 107.6，高于 107.1 的预期，这是其 45 年历史上的第二高水平，仅次于 1983 年的 108.0。

第三章　欧　　盟

第一节　发展概况

欧盟是世界上最具影响的区域一体化组织，集政治经济实体于一身，属全球经济发达地区之一。欧盟工业占国民经济比重虽有所下降，但仍然较大，主要工业部门包括机械、化工、汽车、船舶、飞机、电子等。2017 年，欧盟经济继续保持稳步增长，为近十年以来经济增长最佳时期，整体经济增长水平超越美国，欧洲债务危机对欧盟经济造成的打击正逐步减弱。与此同时，英国“脱欧”公投后带来的不稳定预期对英国经济造成了不利影响。本章将介绍欧盟在 2017 年的经济发展总体特征、企业发展情况和重点国家的经济发展情况。

一、现状特点

（一）经济保持良好增长势头

欧盟近年逐渐摆脱欧债危机阴影，经济保持连续增长，2017 年经济增长率进一步提升，已成为近十年来经济增长最好时期，特别是保加利亚、波兰、罗马尼亚、拉脱维亚、匈牙利、比利时、捷克等国的增速较快，其中罗马尼亚和保加利亚全年各季度增速实现了超过 10% 的高速增长。2017 年法国经历了总统大选，2018 年初德国总理默克尔成功连任，欧盟成员国政策有了更大的延续性。与此同时，英国“脱欧”程序的启动、难民危机等政治因素仍然是欧盟经济发展面临的诸多不确定因素，能否处理好这些问题成为决定欧洲经济未来稳定发展的关键。

欧盟统计局数据显示，2017 年全年欧元区 19 国和欧盟 28 国 GDP 增长率达到

2.5%；2016 年，该增长率分别为 1.8% 和 1.9%。该增长率已经达到欧盟近十年来最高，超过 2017 年美国 2.3% 的增长率。特别是在 2017 年第四季度，欧盟成员国中的多个国家实现了超过了 5% 的增长率，整体经济形势表现了强劲的增长。2017 年，欧盟全年保持了较低的通货膨胀率，其中，2017 年 7 月欧盟通货膨胀指数为 1.5%，成员国中爱尔兰、塞浦路斯通货膨胀指数为负值，芬兰、保加利亚通胀率小于 1%。2017 年 5 月，法国总统马克龙上任后积极推动欧盟改革，希望为欧盟经济一体化注入新的活力，他提出“设立欧元区财长”和“欧元区财政联盟”等改革举措，如果这些举措得到德国等欧盟成员国的支持，将有助于欧元区经济发展和欧洲金融财政政策的协调一致。

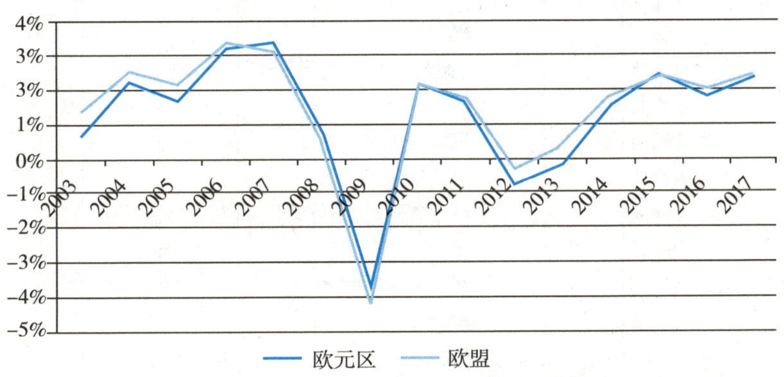

图 3－1　欧盟 28 国、欧元区 19 国的 GDP 增长

资料来源：欧盟统计局，2018 年 3 月。

从欧盟成员国来看，2017 年第三到第四季度，欧盟成员国中的大部分国家国内生产总值都实现快速增长，各国经济表现出明显的上升趋势，与 2016 年同期相比，欧盟各成员国中 GDP 实现增长的数量增多，增速大多处在 5% 到 7% 之间。2017 年第三季度，罗马尼亚、保加利亚增速最快，达到约 19% 和 12%，立陶宛、斯洛伐克、希腊和拉脱维亚均超过 5%，德国增速为 3.3%，法国有小幅下降。罗马尼亚 2017 全年 GDP 增速接近 7%，连续三年成为欧盟经济增速最快国家。欧洲央行宽松的货币政策为欧元区经济增长发挥了重要作用，但未来仅靠货币政策推动增长的模式无法长期实行，欧盟经济还需要找到可持续性的增长动力。欧洲社会在过去一年中经历了英国“脱欧”、意大利宪法公投和法德大选等众多事件，对于欧元区经济增长造成了很大的考验，但是从 2017 年数据来看，目前欧洲经济仍保持着稳定增长，欧盟各国失业率进一步下降。欧盟经济事务官员表示，对2018年欧盟经济保持增长较有信心。

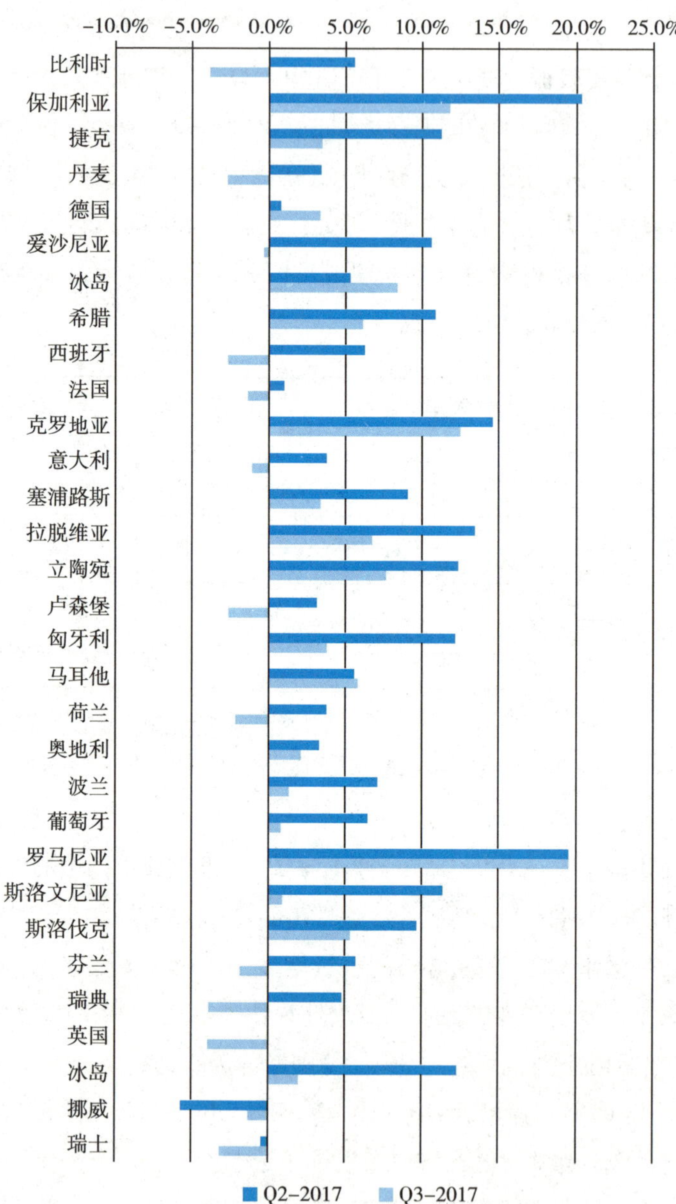

图3-2 2017年第二和第三季度欧洲31国GDP增速对比

（包括欧盟28成员国与挪威、冰岛、瑞士）

资料来源：欧盟统计局，2018年3月。

欧洲经济专家认为英国“脱欧”将会对欧盟经济造成一定影响，但英国经济将受到更加重大的影响，经济成本高企，投资和消费市场缩减，经济增长必然会遭受冲击。欧盟须作为更加团结、统一的市场应对全球经济和贸易等政策的变化，以此来实现经济长期稳定增长。法国总统提出的欧委会改革，将有利于欧盟在数字基础设施、安全、能源等共同政策上达成一致。

（二）工业发展水平稳步提升

欧盟工业在经历多年“去工业化”发展后，近年来随着传统工业在新技术的推动下转型提升，工业发展已然成为拉动经济的重要部门。欧盟各国重新重视工业发展，试图使工业和技术创新成为经济社会发展的新动力，继续保持欧洲在全球的竞争力。欧洲统计局数据显示，从产出角度看，欧盟最大的经济部门仍是工业，工业占总价值增值（GVA）的19.3%，其次是公共管理、防务、教育、健康等（19.1%），批发零售、交通、旅店和食品（18.9%），以及房地产（11.2%），专业科技服务（10.9%）。欧盟在最新的工业政策战略中提出将工业增加值占GDP比重提升至20%。在就业方面，工业行业就业比重多年来持续下降，但近两年工业行业重新成为创造就业的重要部门，波兰工业部门2016年创造了35万个就业岗位。在欧盟最新出台的欧盟工业政策战略的推动下，工业在未来有望迎来更大提高。Markit数据显示，2017年欧元区制造业扩张非常明显，整体水平超过上一年，特别是在2017年底制造业PMI达到60.6的历史新高水平，1月到12月平均值为57.4，高于2016年的52.5。

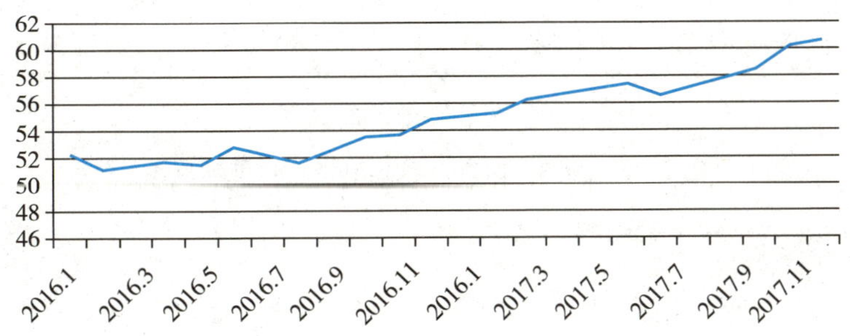

图3-3 欧元区制造业PMI（2016年1月到2017年12月）

资料来源：Markit，2018年3月。

分国家看，德国、捷克、爱尔兰等国制造业发展均处于较高水平，其中德国制造业PMI屡创新高，西班牙、法国等国制造业也好于预期。与此同时，2017年全年欧盟制造业产能利用率水平也高于上年，平均产能利用率达到82.75%的水平。

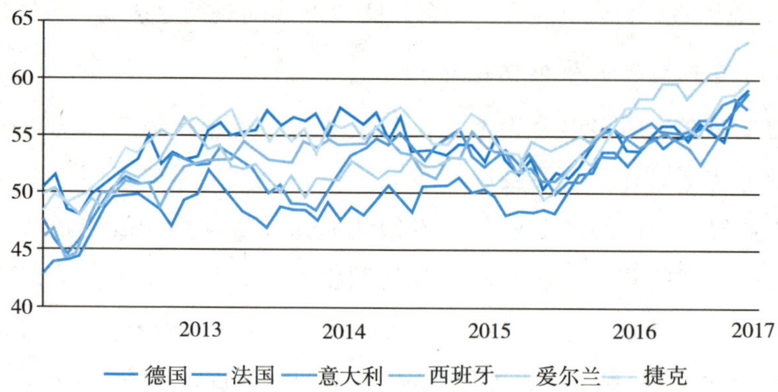

图3－4　2013—2017年欧元区主要国家制造业PMI值

资料来源：Markit，2018年3月。

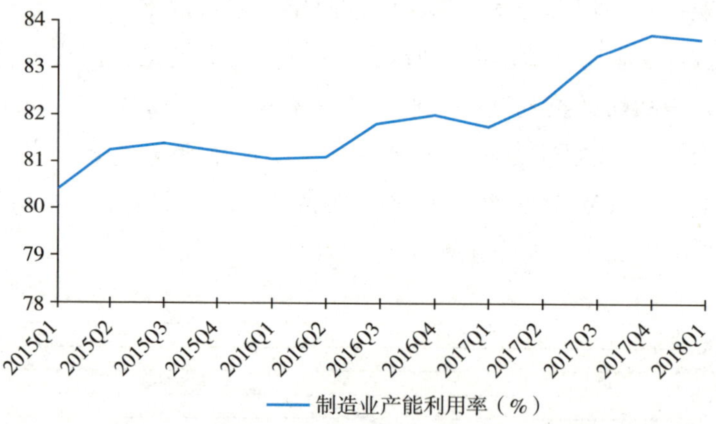

图3－5　2015—2017年欧盟制造业产能利用率

资料来源：欧盟统计局，2018年3月。

（三）创新实力继续保持领先地位

近两年，国际金融危机对欧盟经济造成的影响已经慢慢消退，欧盟目前仍然是世界领先的经济体之一。欧盟中特别是德国、法国、荷兰等核心国家在技术、人才、管理、品牌等方面优势依然明显。《2017—2018年全球竞争力报告》中显示，欧盟核心成员国的国际竞争力依旧十分强大。瑞士和荷兰、德国、瑞典、英国和芬兰5个欧盟国家位列2017年全球国家竞争力排名前10位，瑞士（非欧盟国家）连续9年成为全球最具竞争力国家。

在欧委会发布的“2017全球企业研发投入排行榜”中，德国大众汽车仍位于首位，研发投入高达137亿欧元，谷歌母公司Alphabet、微软、韩国三星电子、美国英特尔以及中国华为分别位于第2—6位。排名前百名的企业中欧盟成员国占比较大，其中德国13家，荷兰4家，法国和瑞士各3家，在总调查的2500家企业中欧盟企业占567家，仅次于美国的821家。此外，欧盟委员会还发布了《2017年欧洲创新指数记分牌》。该报告对欧盟整体及各成员国10个创新维度的27项创新指标进行了评估并计算出分数，报告指出，得益于人力资本和创新环境的改善，欧盟内部的创新绩效不断增强。瑞士、瑞典、芬兰和丹麦仍然处在创新排名的第一梯队。此次报告中，还对欧盟以外的竞争对手进行了分析，包括澳大利亚、中国、金砖五国、日本、韩国和美加两国进行了对比分析。报告指出，中国创新指数增速最快，增长率高于欧盟7倍，中国在企业创新研发方面优势明显，但在整体教育水平和商业研究等方面仍然较弱。

2017年12月，欧盟统计局发布了2016年度研发支出统计数据。2016年，欧盟28个成员国研发支出总计超过3000亿欧元，研发强度（研发支出占当年GDP的比重）为2.03%，与2015年持平。2016年，欧盟产业部门仍然是其研发支出的主要部门，占研发总量的65%，其次是高等教育（23%）、政府部门（11.2%）和私营非营利机构（1%）。其中，除塞浦路斯、立陶宛、拉脱维亚这三个国家的高等教育研发支出占比最大以外，其余国家都是产业部门领先。

（四）中资企业并购青睐欧洲市场

欧盟是全球优质企业的聚集地。研究显示，从2000年到2016年，中国对欧洲的直接投资高达1013亿元，而中国企业最青睐的投资目的国是德国、英国、法国、意大利和葡萄牙。随着欧盟经济的不断复苏，欧盟企业正在进一步恢复活力，企业未来的发展前景将更为改善，因此国际资本大幅涌入欧洲。

其中，投资增速最快的领域包括物流交通、基础设施建设、机械制造、装备制造、能源、消费商品等领域。2016 年，这些领域资本流增速与 2013—2015 年期间相比增长 15% 以上。2016 年，中国资本在欧洲的对外直接投资主要在法国、德国和英国。

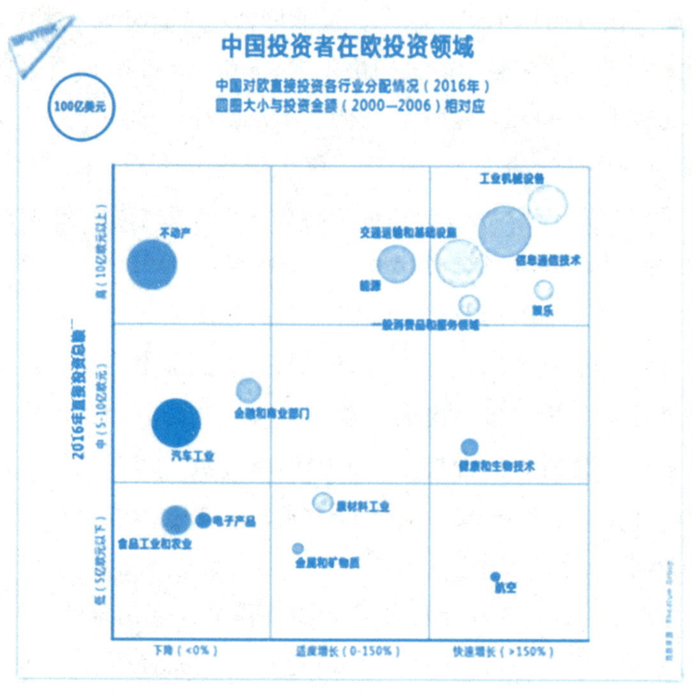

图 3－6　2016 年涨幅/2013—2015 年均增幅

资料来源：德国墨卡托中国研究中心（MERICS），2017 年。

（五）就业情况进一步改善

欧盟就业率数据连续三年得到改善，强大的就业创造能力也为欧盟经济复苏带来了动力。2017 年，欧盟统计局数据显示，欧元区和欧盟 28 国失业率分别为 9.1% 和 7.6%。欧盟委员会预计欧元区 2018 年的失业率将降至 9% 以下。目前，欧盟失业率仍高于国际金融危机之前水平，与此同时，欧盟青年工作者失业率水平要高于平均水平。

近两年，欧盟失业率有所下降，但与其他国家或地区相比较，欧盟总体失业水平仍然较高，2017 年美国失业率约为 4.1%，俄罗斯为 5.2%、日本为 2.8%。捷克、德国、马耳他、匈牙利和波兰等多个国家失业率低于 5%，而西班牙、塞浦路斯、芬兰和拉脱维亚仍处于高于 8% 的水平，其中西班牙失业率高达 17.2%。此外，欧盟内部各国就业形势的差距逐渐缩小，欧盟大部分国家的失业率都有所下降。

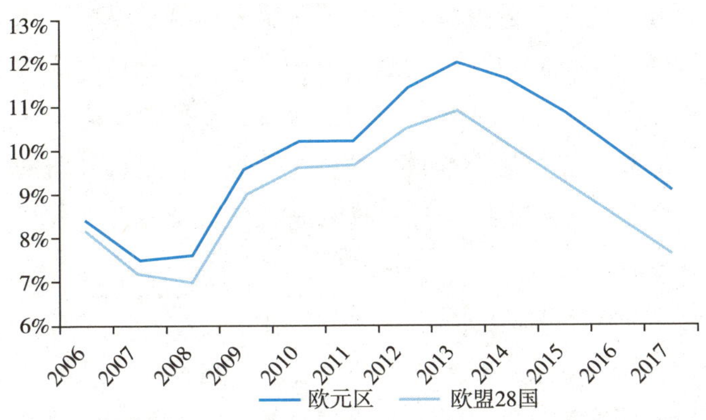

图 3－7　欧盟 28 国历年失业率（2006—2017）

资料来源：欧盟统计局，2018 年 3 月。

二、政策动向

自 1990 年提出的“开放与竞争环境下的工业政策”之后，欧盟曾经出台了大量的工业发展政策和工业发展战略，这些工业发展政策和战略巩固了欧盟在世界工业中的领导地位。一方面，这些策略为欧盟各国创造了良好工业发展环境，极好地促进了创新、人才流动、行业标准制定等；另一方面，在激烈的国际经济竞争中，降低了各成员国独自建设工业体系的难度和风险，有效提升了区域的整体协同发展能力。近年来，由于意识到先进制造业体和数字经济的重要性，欧盟不断加强对制造业和信息产业的重视，各国纷纷出台了促进工业发展的政策和战略。2016 年，欧盟出台了数字化欧洲工业计划，欧盟针对智能制造、工业互联网等新兴概念梳理了欧盟各成员国的政策计划，提出要加强数字市场的建设。2017 年，欧盟委员会出台了“欧委会工业政策战略”，该战略是近年来欧盟工业领域出台的新的战略举措。

（一）总体战略

21 世纪以来，欧盟先后制定了三个具有战略意义的中长期工业发展规划。

2017 年 9 月，欧盟委员会提出了“欧盟工业政策战略”，将现有的和新出台的横向及部门行动方案纳入到了综合的工业战略中。

1. 欧盟工业政策战略

2017 年 9 月，欧盟委员会新出台的“欧盟工业政策战略”提出设立每年的行业日（Industry Day）以及高级别工业圆桌会议。这些将成为具体产业和民间社会未来产业政策行动的指引。9 月 13 日，欧委会主席让·克洛德·容克（Jean Claude Juncker）在其年度国情咨文中表示：希望欧盟的工业更加强大，更具竞争力，提出的新的“工业政策战略”将帮助行业在创新、数字化和脱碳方面成为世界领军者。

欧盟工业政策战略要点包括：

（1）加强行业网络安全的全面一揽子计划。包括建立欧洲网络安全研究能力中心，以支持网络安全方面技术和产业能力的发展，以及所有成员国认可的整个欧盟范围的产品和服务认证计划（于 2017 年 9 月 13 日通过）。（2）关于非个人数据自由流动规则的建议，使数据能够跨国界自由流通，有助于实现工业现代化并创造一个真正的欧洲共同数据空间（于 2017 年 9 月 13 日通过）。（3）关于循环经济的一系列行动，包括塑料战略和改善可再生生物资源生产以及生物基础产品和生物能源（2017 年秋季）的转化措施。（4）一套使知识产权框架现代化的举措，包括关于执行知识产权指令情况的报告，以及关于标准关键专利（2017 年秋季）的平衡、明确和可预测的欧洲许可证框架的沟通。（5）一项旨在改善欧盟公共采购的举措，包括为当局规划大型基础设施项目（2017 年秋季）提供明确指导的自愿机制。（6）将技能议程（Skills Agenda）扩展到新兴重点行业，如建筑、钢铁、造纸、绿色技术和可再生能源、制造业和海运业（2017 年秋季）。（7）可持续金融战略，更好地让私人资本流向可持续发展投资（2018 年初）。（8）一项关于均衡进步的贸易政策和用于筛选可能对安全或公共秩序构成威胁的外商直接投资的措施（于 2017 年 9 月 13 日通过）。（9）关键原材料修订清单，欧委会将继续确保欧盟制造业供给的安全、可持续和可负担（于 2017 年 9 月 13 日通过）。（10）关于清洁、竞争和互联交通的新建议，包括收紧汽车和货车的二氧化碳排放标准，支持部署充电基础设施的替代燃料基础设施行动计划，以及促进自动驾驶的行动计划（2017 年秋季）。

在容克上任之初，曾将欧盟“再工业化”作为首要目标之一，并要确保至2020年工业占欧盟GDP的比重上升至20%。欧盟内部对该政策看法不一，欧企协会和欧洲汽车制造协会对欧盟的计划表示支持，认为政策体现了欧委会认识到欧盟综合工业战略的重要性。但欧盟地区委员会主席兰贝斯表示，容克设立的目标很难在现有资源下实现，认为欧盟需要更强有力的预算来实现该目标。

2. 数字化欧洲工业计划

2016年，为推进欧洲整体的数字化进程，欧盟提出了数字化欧洲工业（Digitising European Industry）计划，它主要强化了三种技术对欧洲工业的影响，分别是物联网（IoT）、大数据（Big Data）和人工智能（AI）。由于此前欧盟成员国都有自己的先进制造业计划，如德国的“工业4.0”国家战略，斯洛伐克的智能工业国家级计划，以及法国“新工业法国”国家政策，为提升欧洲、国家及地区的制造业计划，完善政策协同性，提升欧洲整体竞争力，该政策应运而生。

数字化欧洲工业计划具体内容主要是强化数字创新中心（Digital Innovation Hubs，DIH），通过遍布欧盟成员国的数字创新中心，提供数字时代的基础设施，提升各个行业的创新能力。欧盟在推动诸如云计算及大数据技术的时候，比较强调高性能计算（High Performance Computing，HPC）和量子计算（Quantum Computing）。欧盟也将5G、云计算、物联网、数据技术和网络安全等五个方面的标准化工作作为了重点。

3. 欧洲2020战略

继“里斯本战略”之后，欧盟加快了统一发展战略的制定。2010年，欧盟委员会发布了第二份十年经济发展规划，即“欧洲2020战略”，提出欧盟未来十年的发展重点和具体目标。将智能型增长、可持续增长和包容性增长作为欧盟发展的重点，提出提高就业比例、提高研发投资、降低碳排放、提高民众教育程度和减少贫困五个方面的具体目标，并制定了一系列的旗舰计划，辅助“欧洲2020战略”的有效实施，全方位提升欧盟竞争力。此后，欧盟于同年制定了“全球化时代的统一工业政策”，从改善工业发展环境、强化欧盟内部的统一市场、新工业创新政策、加强资本国际化、促进工业现代化等方面，确定了欧盟在全球化时代统一的工业发展框架。

表 3-1 “欧洲 2020 战略”梗概

核心目标	20—64 岁劳动力人口就业比提高到 75%
	欧盟 GDP 的 3% 投入研发领域
	减少 20% 二氧化碳排放量，增加 20% 可再生能源使用，节约 20% 的能源消费
	未完成基础教育成人比例降低到 10% 以下，受过高等教育年轻人比例提升到 40%
	贫困线以下人口比例减少 25%。
配套计划	“创新型联盟”计划
	“流动青年”计划
	“欧洲数字议程”计划
	“欧洲资源能效”计划
	“全球化时代的产业政策”计划
	“新技能和新就业”计划
	“消除欧洲贫困平台”计划

资料来源：赛迪智库整理，2018 年。

（二）最新相关重大政策简析

1. “WiFi4EU”计划

2017 年 6 月，欧盟委员会、欧洲议会、欧洲理事会达成一致，要在所有成员国部署公共 Wi-Fi 网络，从而方便欧盟居民和游客在公共区域接入免费的 Wi-Fi 网络。这项名为“WiFi4EU”的计划旨在于 2020 年前在欧盟所有村庄、城市的中心区域提供免费的无线互联网接入网络。计划中定义的公共区域包括公园、广场、公共建筑、图书馆、医疗中心、博物馆等。据估算，要在欧盟范围内 6000—8000 个城市建设公共 Wi－Fi，在设备和服务方面将需要 1.2 亿欧元（约合 9.2 亿元人民币）。

2. 欧洲联合研究中心（JRC）发布《2016 全球风能发展报告》

2017 年 4 月，欧洲联合研究中心（JRC）正式发布了《2016 全球风能发展报告》，对全球风能的市场发展、技术趋势和欧盟在相关方面的进展等进行了分析。报告显示，2015 年全球风能产能达到 430GW，比五年前翻了一番多。在技术进步方面，更长的风轮叶片、升级的发电机和更高的塔柱成为主要趋势。

3. 机器人和人工智能研究报告

2017 年 3 月，欧洲议会投票接受了由欧洲议会法律事务委员会在关于机器人和人工智能的详细报告中所提出的诸多监管建议。建议主要侧重于责任、机器人对劳动力的影响、开发商的道德行为守则，以及建立欧洲机器人和人工智能机构等问题。报告承认通过正确的指导，机器人可以用来改善人们的生活，提高整个社会发展水平，建议建立一个“欧洲机器人技术和人工智能机构”，为各国政府提供指导。欧洲议会成员还要求为了安全和隐私权，欧盟委员会需要为机器人技术的研究人员和开发人员制定道德行为守则。该守则用于为参与开发和使用机器人和人工智能技术的人员提供指南。

4. 一般数据保护法案

2016 年 4 月，欧洲议会通过了《一般数据保护法案》（General Data Protection Regulation，GDPR），该法案定于 2018 年 5 月生效。法案标志着欧盟对个人信息的保护和监管进一步加强。法案共 11 章 99 条，取代 1995 年的《欧盟数据保护指令》，被称为是最为严格的个人数据保护法案。该法案的使用主体扩展到了境外企业，对于违规的处罚也更为严厉，对个人数据加大了保护力度。随着该项法案实施，可能会对相关企业提高合规成本，同时也会对数据商业价值开发等造成一定的阻碍。法案的通过受到了一定的质疑。

三、发展趋势

（一）工业生产增速将有所放缓

2017 年，欧盟工业数据显示出明显的复苏之势，工业生产指数、产能指数、制造业 PMI 等多项指标均呈现出大幅扩张，不断突破历史最高纪录。从 2018 年最新欧盟工业生产指数来看有所下滑，但工业生产增长的趋势仍然不变，只是增速不会一直保持高速增长，而是会有所放缓。欧元集团主席和欧盟委员会主席均预测表示，欧洲经济正处在上升阶段，经济增长更具韧性，对于风险的抵抗能力不断增强。欧盟为延续经济增长，短期内应该会继续执行宽松的货币政策，但同时也开始进行经济的结构性改革。英国“脱欧”公投显示出欧盟内部分歧的声音越来越大，未来各国将会致力于留在欧盟内部，促进欧盟经济体的协调统一，同时将英国退出带来的影响和损失降到最低。

2018 年初，欧盟制造业 PMI 和欧元区整体工业仍处在扩张区域，但扩张力度有所收缩。在欧盟新工业政策战略等相关政策的推动下，欧盟工业和就业水平将不断朝有利方向发展。欧盟同时也会关注美国在工业产品贸易政策方面的保护主义措施，尽量利用规则来争取对自身有利的关税豁免待遇。

（二）数字化智能制造将成为欧盟工业主导

欧盟委员会在最新提出的工业政策战略中，提到了加强网络安全和个人数据自由，数字化将成为推动欧盟经济发展的重要概念，欧委会也已宣布要在 2018 年起草与人工智能相关的法案。由此可见欧盟重视数字化和智能化方面的发展，也愿意通过出台相关政策措施来引导科技和产业朝着健康有序的方向发展。2017 年，欧洲委员会出台新一轮支出方案，其中涉及了未来 3 年内共计 300 亿欧元的出资，通过这笔资金来寻求并支持应对社会挑战与创新的新方案，通过新的动力来促进欧盟经济增长和社会发展。欧盟明确在汽车产业中要加快对车联网和自动驾驶技术的部署，从而确保汽车等欧盟国家的优势产业能够保持竞争力。公共交通自动化对于欧盟发展意义重大，也是工业与信息技术相互合作的重要领域。欧盟要保持各国在新技术的测试及应用中相互协调，共同研究安全性、数据隐私、责任等伴随着工业智能化和数字化而来的相关问题。

（三）绿色工业成为欧盟经济发展特色

欧盟历来重视工业的节能降耗，在绿色工业领域积累了许多的实践经验。2017 年，欧盟国家电力行业的绿色发展增长快速。其中风能、电能和太阳能的发电量增加了 12%，欧盟约 1/3 的电能来自绿色能源。此外，在食品、家电等领域，欧盟执行着严格的环保标准，为欧洲整个的环境保护起到了有益的作用。欧盟各国鼓励企业在绿色工业方面的投资与创新，并且已经培育出一大批该工业领域的领军企业。欧洲汽车制造商在推动电动汽车发展上也不遗余力，计划建立超快速电动汽车充电网络。包括宝马、大众、福特和戴姆勒等在内的汽车制造商联盟计划在欧洲建立约 400 个充电站，以实现未来电动汽车在几分钟内完成快速充电。新型 350 千瓦充电器将比特斯拉现有充电设备强大三倍，从而打破特斯拉在电动汽车领域的垄断地位。

第二节 重点国别

一、德国

（一）发展概况

德国是全球工业化历史最长、工业化水平最高的国家之一，工业在国民经济中的地位十分重要。总体来看，产业结构层次高、创新能力强、产品品质高和外向型是德国工业的核心特点。制造业是德国工业的核心，德国制造业则代表着全球制造业的最高水平，以机械制造业为例，德国机械制造业的31个部门有17个占据全球领先地位。近些年，工业增加值占经济总量的比重保持在20%左右，高于法国、英国10%左右的水平，德国制造业向全球市场提供的产品技术先进、质量过硬，已形成了巨大的出口规模。

2008年国际金融危机之后，受欧盟经济持续低迷影响，德国经济也呈现波动下滑。2012—2013年德国经济明显放缓，自2013年第三季度起，德国制造业开始缓慢复苏，到2015年底保持缓慢增长的态势。2016年德国经济实现了较快发展，经济增速为1.9%。2017年，德国经济继续保持稳步增长，经济增速为2.2%，创下近6年来最高经济增速。德国联邦统计局数据显示，德国投资支出、私人消费、公共支出分别增长3.5%、2%和1.4%。进出口方面分别增长5.2%和4.7%。在经历了全球经济增长放缓、大众排放丑闻、欧洲移民危机和巴黎恐袭等重大事件后，德国经济逐渐显示出平稳增长势头，表明德国作为欧洲最大经济体，具备了很强的抗风险性和恢复能力。

具体而言，2017年德国工业发展情况具有以下几个特征。

1. 工业生产保持稳定增长

德国工业联合会发布的预测显示，2017年，德国制造业生产预计增长3%。德国工业此前已经保持连续5年的增长，今年将继续保持稳定增长的势头。2017年，德国制造业PMI全年都处在较高的水平，其中，9—12月均超过60，处于严重扩张区域。工业生产指数也保持了很高的水平。从行业来看，德国机械行业、制药行业和汽车行业都保持了快速增长。

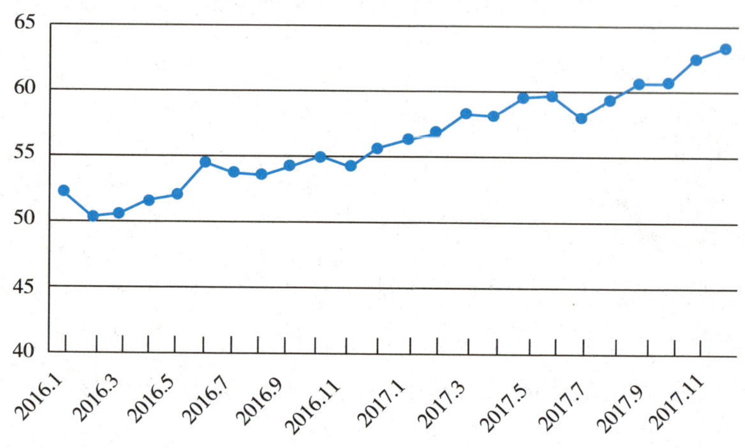

图3－8 德国制造业PMI

资料来源：Markit，2018年。

2. 德国积极推动工业物联网发展

在德国“工业4.0”战略引领下，众多德国工业企业纷纷尝试采用传感器和工业物联网软件来提高生产效率。德国慕尼黑的埃森哲创新中心是目前欧洲唯一的工业物联网实验室，对于工业物联网的实践与应用有着重要的推动作用。2017年，德国邮政同中国华为公司达成了基于物联网的创新合作项目，新技术的研发和应用在未来将提高德国邮政的自动化能力。此外，多家德国工业企业建立针对工业物联网的策略联盟，力图在“工业4.0”下实现更加优质高效的解决方案。

3. 就业情况为历史最好水平

德国政府历来重视国内就业水平，同时也鼓励有利于创造就业的行业和企业在德国发展。国际金融危机过后，尽管德国经济增速下降，但就业人数却逆势达到创纪录的4160万，平均失业人数比2011年减少近8万，就业形势非常乐观。2012年以后，在欧盟经济形势好转的带动下，德国就业人数实现稳步增长，2013年同比增长为0.6%，2014年为0.9%。

德国联邦劳工局统计数据显示，2017年德国全年失业率为近4年新低，企业对劳动力的需求旺盛，失业率为5.7%，失业人口比2016年减少15.8

万，总失业人口为253.3万，这一数据已经是1990年东西德统一以来的最好数据。

4. 科技创新实力持续增强

经济合作与发展组织（OECD）和德国欧洲研究中心（ZEW）最新研究报告显示，德国的整体创新实力正在继续增强，目前德国创新水平已处国际领先地位，在新产品和工艺改进方面，德国已经做出了较大投入，然而创新活跃的企业数量却在下降。报告显示，数字经济和社会、可持续经济和能源、创新型职业领域、健康生活、智能交通以及公民安全已成为研发潜力巨大的领域。① 2017年，德国通过多项举措支持创新型企业发展。其中，德国联邦经济部通过的“投资—针对风险资本的补助”项目，将帮助初创型企业获得来自私人投资者的投资。该项目中，经由德国联邦经济与出口控制局（BAFA）认证的具有创新能力以及补助资格的初创型企业，将会被纳入德国联邦经济部项目网站数据库中。此外，德国复兴信贷银行还将成立子公司投入共计20亿欧元支持德国技术创新型企业。

（二）产业布局

由于历史发展和资源禀赋的原因，德国各地区的工业区域布局情况存在一定差异。相对而言，西部和南部等原西德地区发展水平较高，但总体区域分布基本上处于相对均衡的水平，这主要归功于德国在实施产业布局政策方面所采取的财政补贴政策，促进了德国产业布局的合理化发展。德国既有由上而下的纵向财政转移支付制度，也有如统一税等由原联邦德国的较富裕的州补助原民主德国较贫穷州的横向财政转移支付制度，纵横两种财政补贴制度对德国产业区域布局的均衡发展起到了重要作用。

1. 汽车和汽车配件工业

宝马、奥迪、保时捷、博世和戴姆勒造就了慕尼黑和斯图加特的汽车产业；沃尔夫斯堡、汉诺威的经济完全取决于大众公司的经营状况；在卡塞尔的大众公司工厂为当地吸引了无数的供应商；黑森州的吕塞尔斯海姆市拥有欧宝公司，科隆市则存在着福特公司；福特、博世等国际汽车企业均在萨尔

① 《2016科技与创新展望报告》和《创新调研报告》，经济合作与发展组织（OECD）和德国欧洲研究中心（ZEW）。

州设有工厂，汽车及配件制造业是该地区经济发展的动力之一，已经成为该州经济发展的最重要支柱。由于大众公司在东部摩泽尔河畔建厂，茨维考地区已经成为汽车及相关产业集聚地。

2. 电气工业

电气行业主要集中在德国南部。西门子公司主要集中在慕尼黑地区和纽伦堡—埃尔朗根地区，也是德国电气工业的重点地区。慕尼黑作为西门子公司总部所在地，集中了公司绝大部分通信设备制造业务；同时也是西门子全资子公司欧司朗（OSRAM）和家电制造商博世—西门子总部所在地。纽伦堡—埃尔朗根地区则集中了西门子的自动化、医疗设备和能源等业务。由于汽车工业对小型发动机和各种调节器需求的持续增长，大批中间产品制造企业聚集在斯图加特和曼海姆所在的莱茵内卡地区，形成了又一个电气行业产业群。

3. 机械设备制造工业

德国机器及装备制造业企业集中分布在斯图加特周边地区，这个区域集中了德国三分之一的机器制造企业。其中，机床业集聚效应明显。巴登符腾堡州拥有通快、因代克斯、埃马克等行业巨擘，占全国产值超过50%，首府斯图加特及周边地区共有110多家机床企业。斯图加特展览中心每年举办超过60个专业展览会，包括：斯图加特国际金属加工展览会（AMB），斯图加特国际机器视觉展览会（Vision），斯图加特激光材料加工系统解决方案展览会（Lasys），斯图加特表面处理及涂装技术展览会（O&S），斯图加特国际电池与能源储存技术展览会（BATTERY + STORAGE）等。另外两个工业大州巴伐利亚州和北威州分别占全国产值的1/6和1/7。

4. 新兴产业

制药业、医疗设备、物流管理、研发和航空航天业在德国许多地区已经呈现良好发展势头。在斯图加特及周边地区汇集了从基础理论研究到应用，从产品生产到物流管理为一体的产业链。法兰克福/达姆斯达特地区是德国制药业的传统地区，图宾根/图特林根地区是德国医疗设备制造业传统地区。传统的法兰克福、汉堡、慕尼黑和柏林等物流中心，主要是依靠航空、铁路、水运中心优势发展起来的。近几年，鲁尔区的多特蒙德市从一个老工业城市发展成为新的物流中心，吸引了众多物流企业，物流业已经成为该市的一个支柱产业。

（三）政策动向

德国采取社会市场经济模式，也称为政府引导型市场经济。其主要特点是，自由竞争与政府控制并存、经济杠杆与政府引导并用、经济增长与社会福利并重。德国利用国家宏观调控政策对其工业的成功有着重要影响。下面是近年来德国政府出台的比较重要的工业相关政策措施。2017 年，德国出台多项工业领域相关政策，包括自动驾驶法案、千兆网络计划等在内，支持德国工业朝着自动化、数字化方向发展。

表 3－2　近年来德国工业相关政策措施

时间	标题	主要内容
2017. 10	航空航天 2030 战略	德国经济部和德国航空航天中心最近发布了德国航空航天 2030 战略（DLR 2030）。该战略将通过 10 个新的横向项目和 1 个新的横向领域——数字化来实施
2017. 7	自动驾驶 汽车法案	德国政府出台了历史上首部自动驾驶汽车法案。该法案允许自动驾驶汽车上路测试，还为此设立了诸多准入规定。
2017. 3	汉诺威宣言	宣言主要内容为，在物联网（IoT）和人工智能（AI）等尖端技术上，日德两国将共同推进制定国际标准规格和进行研究开发。
2017. 3	国家千兆 网络计划	德国联邦交通与数字基础设施部（BMVI）公布了一项战略计划，将于 2025 年投资 1000 亿欧元（约合 1067 亿美元）用于部署高性能国家宽带网络
2016. 10	数字化教育 战略 2030	德国政府推出了数字型知识社会的教育战略，作为全面促进德国数字化教育的行动框架，内容涉及 5 个重点行动领域
2016. 5	电动汽车 补贴计划	德国内阁通过了一项总额为 10 亿欧元（约合 11.3 亿美元）的补贴计划，为购买新电动汽车和建设全国范围的充电网络提供补贴
2016. 3	数字化 战略 2025	德国经济能源部发布《数字化战略 2025》，总结了《数字化行动议程（2014—2017）》框架下实施的一系列重要计划与措施
2015. 4	新的德国 “工业 4.0”平台	在之前三大行业协会组建的“工业 4.0”平台的基础上，将在更为广泛的包括政治及社会领域在内的基础之上建立一个新平台，并且在研究主题和组织结构上都将有新的定位

续表

时间	标题	主要内容
2013.4	德国“工业4.0”	主要分为两大主题，一是“智能工厂”，重点研究智能化生产系统及过程，以及网络化分布式生产设施的实现；二是“智能生产”，主要涉及整个企业的生产物流管理、人机互动以及3D技术在工业生产过程中的应用等
2012.7	生物精炼路线图	加强生物技术研发创新，推进传统化学工业的转型

资料来源：赛迪智库整理，2018年3月。

（四）企业动态

2017年，德国企业活力和竞争力进一步增强，企业在营收和利润方面均表现较好。在2017年7月发布的《财富》世界500强企业排行榜显示，共有29家德国的企业入围，数量比上年增加了1家。

表3-3　2017年德国进入全球500强企业　　单位：（百万美元）

公司名称	排名	营业额	利润额	公司名称	排名	营业额	利润额
大众公司	6	240263.8	5937.3	德国联邦铁路公司	212	44849.8	768.6
戴姆勒股份公司	17	169483.0	9428.4	德国大陆集团	213	44841.5	3099.1
安联保险集团	34	122195.9	7611.5	蒂森克虏伯	224	43589	328.6
宝马集团	52	104129.7	7589.4	意昂集团	231	42213.4	-9344.4
西门子	66	88419.1	6050.5	采埃孚	263	38888.2	949.9
博世公司	76	80869.4	2155.3	Talanx公司	302	35100.6	1003
德国电信	77	80831.8	2958.1	汉莎集团	303	35011.1	1964
Uniper公司	91	74406.8	-3557.5	德国艾德卡公司	309	34193	356
慕尼黑再保险公司	109	68699.6	2853.1	德国中央合作银行	327	32635.7	1623.4
德国邮政	117	65786.8	2918.3	费森尤斯集团	335	32161.3	1761.6
麦德龙	123	64853.3	665.0	PHOENIX PHARMAHANDEL公司	403	26976.1	135.4
巴斯夫公司	126	63641.4	4485.3	SAP公司	443	24397.2	4031.9
拜耳集团	174	52568.6	5010.6	贺利氏控股集团	457	23793.4	—
德意志银行	189	48876.2	-1550.4	途易	499	21655.4	1151.7
莱茵集团	195	48203.8	-6249.1				

资料来源：赛迪智库整理，2018年。

宝马公司（BMW）成立于1916年，总部位于德国慕尼黑，是享誉全球的豪华车制造公司，也是世界汽车行业中最为知名的跨国公司之一。宝马公司的前身是一家飞机引擎制造厂，逐步发展成为以高端轿车为主，同时生产飞机引擎、越野车和摩托车的大型制造集团。宝马车系众多，包括小型汽车、小型轿跑、中型汽车/轿跑、大型汽车/轿跑、豪华车、混合动力车等。2017年，宝马汽车销售量创历史新高，销量增长4.2%，为209万辆。宝马近年来也在积极推动电动汽车的研发和销售，在2017年底曾宣布成立新的电池技术中心，用来整合电池研发技术。预计2018年电动汽车销量将大幅增加。

采埃孚公司是全球汽车行业最为重要的合作伙伴和零配件供应商之一，主要产品包括传输、转向、底盘系统等汽车零配件。总部位于德国弗里德里西港市，集团目前拥有约137000名员工，在全球近40个国家设有约230个分公司。2016年，采埃孚销售额达到352亿欧元。采埃孚公司作为一家以技术为核心的公司，非常重视汽车零部件技术的研发，每年约有6%的销售额被投入到研发中。

SAP公司首次进入《财富》世界500强，该公司于1972年成立，总部位于德国沃尔多夫市，目前已经成为全球最大的企业管理和协同化商务解决方案供应商，世界第三大的独立软件供应商，同时还是全球第二大云公司，目前全球已经有120多个国家应用SAP软件，客户数量超过172000家。SAP在全球75个国家拥有分支机构，员工超过50000人。截至2016年底，第四季度SAP总收入为67.2亿欧元（约合72.3亿美元），税后利润为15.1亿欧元（约合16.2亿美元）。其中云服务增长达31%，显示出SAP在云服务中的巨大潜力。

二、法国

（一）发展概况

法国的主要工业部门有汽车制造、电器、造船、机械制造、矿业、冶金、纺织、军工、化工、动力、日常消费品、食品等。近些年，新兴核能、石油化工、海洋开发、航空航天等新兴工业部门开始快速发展，但传统工业部门仍然在工业体系中占主导地位，以钢铁、汽车和建筑为三大支柱。法国的核电设备能力、石油和石油加工技术、航空航天、钢铁、纺织等产业的竞争力都位于世界前六位。近年来，随着第三产业的发展，工业在国民经济中的比重总体呈现下降趋势。

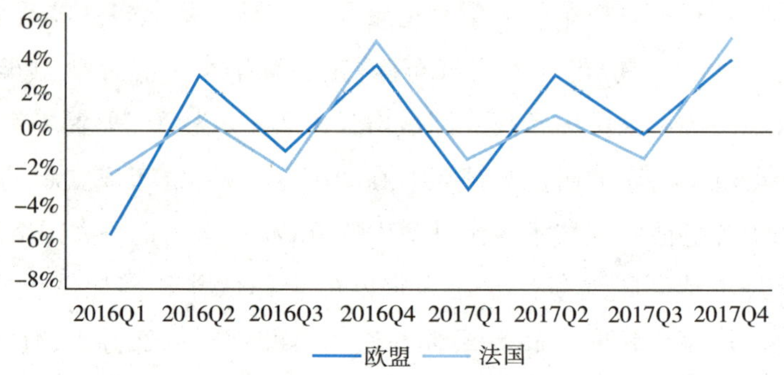

图 3－9　欧盟和法国经济增长率

资料来源：欧盟统计局，2018 年 3 月。

法国经济受国际金融危机影响较为严重，2012 年法国的 GDP 下降了 1.7%，失业率更是攀升至 10.3%。自 2014 年开始，法国经济开始好转，2015 年，法国经济开始全面复苏，经济增长率稳步增长。法国全国统计和经济研究所数据显示，2016 年法国经济增长为 1.1%。2017 年，法国经济增长率为 1.9%，为 2011 年以来最高水平，经济增长开创了良好局面。

1. 制造业呈现快速扩张的趋势

2008 年第三季度起，受国际金融危机影响，法国制造业产能利用率持续低迷。进入 2015 年以后，法国制造业逐步恢复，并开始稳定回升。2016 年 1 月，法国制造业 PMI 为 50，随后在 2016 年末回升至全年最高点 53.5。2017 年，法国制造业 PMI 扩张明显，全年平均值为 55.1，第四季度更是达到 58.8 的高位。工业生产指数全面超越 2016 年，并且稳定在新的高度。制造业产能利用率也同样在第四季度升至 85.1，并且有继续攀升的势头。

2. 国内失业率持续下降

法国国家统计及经济研究所数据显示，2017 年法国失业率继续保持下降趋势，降至 9.4%。法国国内私营企业创造就业的能力不断增强，2017 年共创造出 25 万多个就业岗位，法国本土失业登记人数下降了 1.57 万。此外，由于此前法国劳工部出台了“求职者工作能力”投资计划，也为法国国内就业情况的好转起到了一定的作用。

3. 法国企业活力不断增强

2017年法国的各项工业数据显示，法国企业活力正在不断增强，由此带来的新技术的研发和应用已经成为法国经济增长的动力之一。法国电信监管机构表示，将于2018年推出5G服务，目前正在进行相关技术的测试。法国空客公司不断扩展全球战略，2017年曾宣布在中国设立创新中心，该中心将主要研究航空业的发展变化，进一步加强空客的外延创新生态系统。法国汽车制造商也正在着手无人驾驶巴士等新技术的测试，计划于2018年底正式向海外销售无人驾驶技术产品。此外，法国的移动通信企业积极投入到人工智能技术市场中。法国各行业企业纷纷显示出巨大的活力，对新技术的到来持拥抱的态度，并且力图在未来的竞争中保有自身的一席之地，这对于未来法国的工业发展和经济增长都具有很好的推动作用。

（二）产业布局

工业在法国国民经济中占重要地位，工业产值占国内生产总值的1/4，就业人数约占全国总就业人数的1/5。工业制成品的约1/4用于出口。法国工业区主要分布在巴黎盆地，洛林铁矿和里尔煤矿间的钢铁工业区，地中海沿岸的福斯—马赛工业区。有机械、钢铁、有色冶金、石化、电力、核能、航空

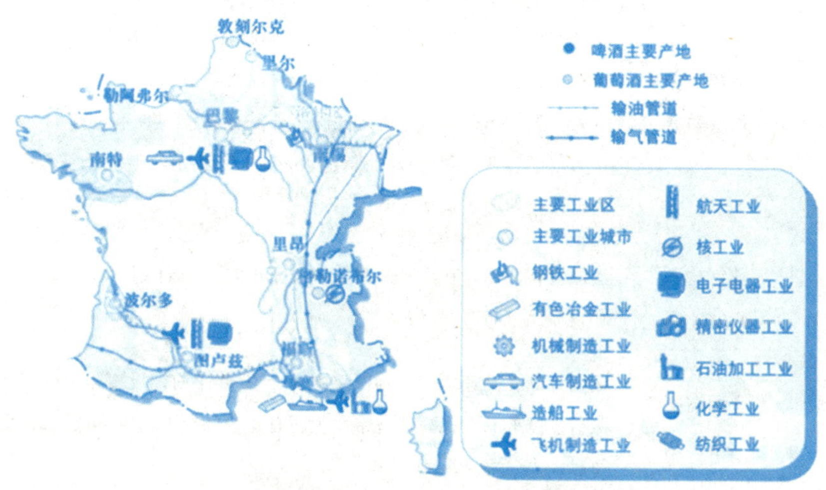

图3－10　法国工业布局图

资料来源：赛迪智库整理，2018年。

航天等工业。工业中心有巴黎（汽车、飞机等）、敦刻尔克和福斯（钢铁）、马赛（造船、炼铝）。汽车工业主要集中在巴黎、里昂、斯特拉斯堡、圣艾蒂安；航空航天工业主要分布在巴黎、图卢兹、波尔多、马赛、特尔贝斯等；电力工业主要在布列塔尼、卢瓦尔河流域和罗讷河地区比较集中；里昂、巴黎、南锡等都是传统化学工业中心。

（三）政策动向

法国历来重视工业发展，出台多项国家层面综合发展战略，同时针对新能源汽车、风电、光伏发电、潮汐能发电以及生态工业等重点行业颁布了多项政策措施。2013 年 9 月，法国宣布了未来十年振兴工业 34 项行动计划，提出要建设“新的工业法国”，通过工业创新和增长促进就业，推助法国企业竞争力提升，使法国竞争力处于世界的最前列。2015 年 4 月，法国经济部、工业与数字事务部正式宣布了“未来工业”计划的启动，标志着“新工业法国”战略转入第二阶段。2017 年，法国政府更为注重在产业创新和数字经济方面的发展，在鼓励技术创新、创业和数字技术应用方面提出了相应举措。

表 3－4　近年来法国主要工业政策一览表

时间	标题	主要内容
2017. 6	支持初创企业发展举措	法国新任总统马克龙在 VIVA TECH 展览会中宣布了三项针对初创企业发展的措施：一是重申对法国税收制度进行改革的决心，为创业者减负；二是宣布启动新的“科技签证”，为创业者、初创企业雇员和投资人 3 类外国科创人才进入法国工作和生活提供便利的行政手续；三是与德国和意大利协作，推动设立 100 亿欧元的欧洲创业投资基金，为创新企业提供资金支持①
2016. 11	数字技术行动计划	法国宣布两项旨在推进国内数字技术的新行动计划，分别是增材制造和物联网（IoT）领域
2016. 11	法国高速宽带计划	法国计划在高速宽带计划框架内，在 2022 年前铺设覆盖全部 100 个省级行政区的新一代高速宽带，为所有企业和个人提供不低于 30 兆比特每秒的高速宽带服务

① 2017 年 6 月 15 日至 17 日在巴黎举办的第二届 VIVA TECH 展览会上，马克龙总统的致辞。

续表

时间	标题	主要内容
2015.4	“未来工业”计划	“未来工业”计划是“新工业法国”第二阶段核心，通过数字技术改造实现工业生产的转型升级，和以工业生产工具的现代化帮助企业转变经营模式、组织模式、研发模式和商业模式，从而带动经济增长模式的变革，建立更具竞争力的法国工业
2013.9	新工业法国	计划涵盖了多个重要工业领域，总体可以归为能源转型、医疗健康、数码技术、交通运输四大类，共包括34个具体项目
2012.10	电动汽车补贴政策	将购买一辆电动汽车可享受7000欧元（约合9036美元）环保津贴的政策延长至2013年，同时把优惠对象扩大至企业和公共机构用车
2012.1	“生态技术目标”行动计划	“生态技术目标”行动计划共提出了87项措施，这些措施旨在增强绿色工业的竞争力，该行动计划从2012年开始实施

资料来源：赛迪智库整理，2018年。

（四）企业动态

2017年7月发布的《财富》世界500强企业排行榜显示，法国共有29家企业入围排行榜，与上年入围企业数量相同。

表3－5　2017年法国进入世界500强企业　（单位：百万美元）

公司名称	排名	营业额	利润额	公司名称	排名	营业额	利润额
安盛	25	143722.3	6446.0	圣戈班集团	225	43230.8	1449.8
道达尔公司	30	127925.0	6196.0	万喜集团	227	42770.8	2770.1
法国巴黎银行	43	109026.4	8517.2	迪奥	234	42112.8	1740.3
家乐福	67	87111.9	825.0	赛诺菲	240	41376.3	5207.4
法国农业信贷银行	80	80257.8	3914.7	法国布伊格集团	300	35276.5	809.5
法国电力公司	82	78739.5	3152.8	SNCF Mobilités 公司	317	33747.1	565.1
Engie 集团	93	73692.4	458.9	欧莱雅	379	28571.8	3434.5
法国 BPCE 银行集团	104	70516.5	4410.1	法国航空－荷兰皇家航空集团	386	27920.4	875.8
法国兴业银行	108	69335.4	4284.0	施耐德电气	399	27306.6	1935.2
标致	140	59748.8	1913.1	法国威立雅环境集团	404	26971.8	423.6
欧尚集团	146	58861.9	652.4	法国邮政	427	25759.6	938.9
雷诺	157	56666.8	3780.9	达能	446	24266.7	1902.1

续表

公司名称	排名	营业额	利润额	公司名称	排名	营业额	利润额
Finatis 公司	197	48154.0	687.8	米其林公司	466	23119.9	1853.4
法国国家人寿保险公司	200	47804.3	1327.3	索迪斯	484	22476.6	707.2
Orange 公司	210	45249.0	3245.7				

资料来源：赛迪智库整理，2018 年。

2018 年，法国经济进一步复苏，法国企业发展情况持续向好。2017 年法国标致雪铁龙集团的销售量、利润和利润率均呈现了较大的增长，其中收入增长 21%，达 650 亿欧元。2017 年 8 月，标志雪铁龙正式完成了对欧宝的收购，成为欧洲第二大汽车企业。空客公司 2017 年业绩表现非常出色，收入稳定增长，盈利能力快速增长，财务数据中的成本现金流指标均表现良好。2017 年收入达到 668 亿欧元，比上一年度小幅增长，利润率上涨 2.8%，其中商用飞机公司订单交付量增长 50 架。公司各项成本控制力度加大，研发费用也有所下降，降低 5.5%。2017 年，法国私营企业就业快速增长，全年创造 25 万个就业岗位，为近 10 年来高位。

法国工业和通信业领域的知名企业包括法国电信运营商 Orange 公司、空中客车公司（AIRBUS）、标致汽车公司、米其林公司、雷诺等。

Orange 公司是法国电信的子公司，主要提供英国和法国的移动运营服务，公司于 1994 年进入英国市场，1996 年在伦敦股票交易所上市。公司业务遍及欧洲多个国家，为包括瑞士、比利时、奥地利在内的国际用户提供优质的服务。作为曾经的法国电信移动部，Orange 的主要业务是移动数据业务，曾在移动通信市场保持了稳定的增长。近年来，由于移动数据业务竞争日趋激烈，数据业务逐渐饱和，Orange 未来的发展也面临着新的挑战。

标致汽车公司是法国最大的汽车制造商，也是全球十大汽车公司之一。公司创立于 1896 年，1976 年，标致公司收购了雪铁龙公司，成为集制造加工、运输、金融和服务于一体的跨国企业。标致公司总部位于法国巴黎，制造基地主要位于弗南修·昆蒂省，员工超过 10 万人。2017 年，标致公司也在进行电动汽车的研发活动，其与日本电产公司计划设立合资公司共同进行电动汽车的开发。

米其林公司是法国历史超过百年的轮胎制造企业，公司总部位于克莱蒙费朗，由米其林家族创立。公司产品以轮胎为主，目前也涉及轮辋、钢丝等多种产品和服务。米其林业务遍及全球，在 20 世纪 80 年代末开始进入中国市场。米其林在中国上海设立了研发中心，研发适合中国市场需求的车辆配套轮胎技术和产品。

雷诺（RENAULT）是法国著名车辆制造商，生产的车辆种类有赛车、小型车、中型车、休旅车、大型车（包含卡车和工程用车及巴士）等。雷诺于 1898 年在布洛涅—比扬古创立，拥有并控制多家公司，涉及工业、商业、金融和不动产行业。海外子公司主要集中在欧洲、非洲、北美、大洋洲等地。2016 年雷诺营业收入为 521.43 亿欧元（约合 3816.65 亿元人民币），同比增长 13.1%，营业毛利润率达 6.4%。

三、英国

（一）发展概况

英国曾是欧盟内第三大经济体，全球第六大经济体。英国工业历史悠久，基础雄厚，工业体系发育完善，主要工业行业涵盖了：机械、电子、电子仪器、汽车、航空航天、采矿、冶金、化工、轻纺、造纸、印刷、出版、建筑材料、食品、饮料、烟草等。英国发达的工业体系依仗国内丰富的能源，英国是欧盟成员国中能源最丰富的国家。英国重视能源的开发和利用，近年来英国政府强调提高能源利用率，并且不断推动可再生能源的发展，将建设低碳经济的作为英国的重要目标之一。2017 年，英国通过全民公投决定退出欧盟的举措对英国未来的经济和工业发展都带来了极大的不确定性，目前这一"脱欧"进程正在进行中，未来脱离了欧盟统一政策和协调的优势，英国工业发展很可能会面临更大困难。

2008 年国际金融危机同样影响了英国经济发展，自 2008 年到 2013 年，英国经济波动很大，特别是在 2009 年英国经济经历了最为艰难的发展过程，自 2013 年第三季度后，开始进入平稳复苏阶段。2014 年，英国的经济增长率达到 2.99%，失业率也降至 6 年来的最低水平。但从 2014 年第四季度起，英国的经济增速明显放缓，2015 年，进一步放缓。2016 年英国经济增速为

1.8%。受英国“脱欧”公投影响，2017年，英国经济增速未能赶超欧盟增速，为2.0%，2017年英国工业发展主要特征如下：

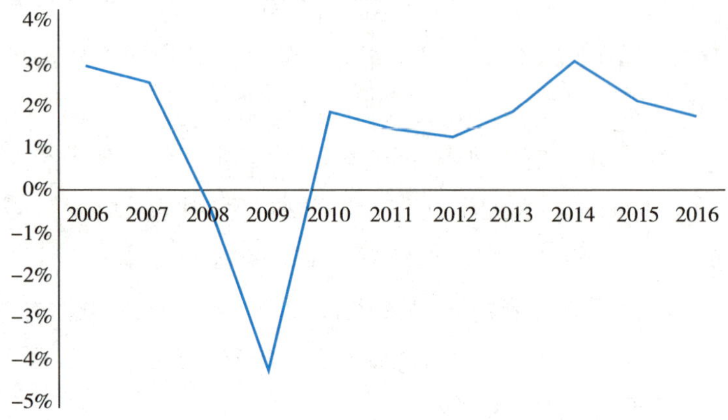

图3-11　英国GDP增长率（2006—2016）

资料来源：欧盟统计局，2018年1月。

1. 工业生产整体表现平稳

2017年，英国工业发展整体表现平稳，在工业生产指数统计方面，2017年比上一年表现略有回升，整体数据变化不大。在制造业PMI方面，英国整体扩张明显，全年指数平均为55.9，所有月份均处于50的荣枯线上方。英国目前主要在数字基础设施方面不断加大投资，同时对新兴产业给予支持，未来英国工业生产有望持续维持平稳增长。

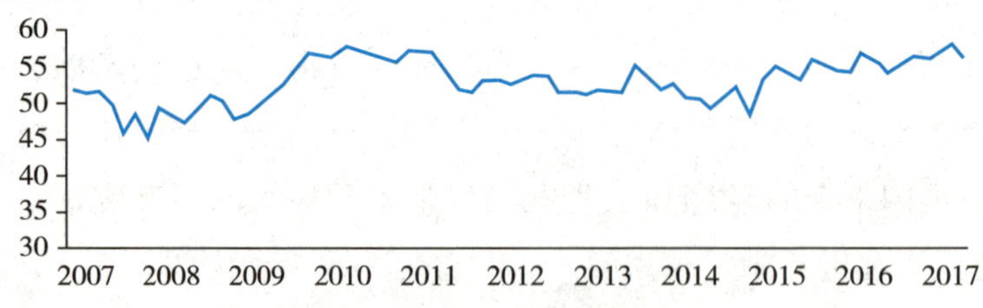

图3-12　2006—2017年英国制造业PMI

资料来源：Markit，2018年3月。

2. “脱欧”影响持续发酵增加经济发展不确定性

2017年，英国的经济数据显示其保持平稳向好，但与欧盟整体发展相比，仍然有所落后。英国财政大臣对2018年英国经济预期做出小幅上调，表现出乐观态度。但由于英国“脱欧”程序还在进行当中，许多政策尚未完全落地，影响尚未完全暴露，因此英国经济和工业发展预期仍然不容乐观。但英国目前仍有着较低的失业率，而且经济增长动力依然强劲，特蕾莎·梅政府对于英国未来脱离欧盟发展保持巨大信心。

3. 政府大力支持工业领域新技术研发

英国政府近日宣布为多个无人驾驶和低碳汽车技术研发项目提供高额资助，总额为1.09亿英镑（约合1.36亿美元）。共有24个与车联网和自动驾驶技术相关的研发项目以及14个与低碳汽车技术相关的项目获得了这一轮的资助。英国政府还公布了产业战略白皮书等政策，将人工智能及大数据、健康、交通和清洁能源作为英国大力发展的产业。通过产学研合作，增强产业研发能力。

（二）产业布局

1. 英格兰东北区域

该地区是英国最重要的工业区，素以造船、采煤、炼钢等相关产业著称。依靠其丰富的煤、铁矿资源，英格兰东北地区发展了采煤、钢铁制造、造船等传统重工业，并曾在英国经济中占据相当重要的地位。近几个世纪以来，该地区上述重工业逐渐衰败，其他产业虽有一定发展，但与其他地区相比有一定差距，经济发展日益落后于英格兰东南部等地区。

2. 英格兰西北区域

英格兰西北部是英国除伦敦以外最大的经济区。英格兰西北部是全欧洲最大且最具经济多样化发展的地区之一。该地区长久以来一直是从事商务的宝地。该地区的首府曼彻斯特市拥有250万人口、120万劳动大军，是排在伦敦之后的英国第二大的城市。曼城坐落在英国工业集聚地的中心，在其2小时车程为直径的集聚地内居住着1200万人口。

3. 约克郡与亨伯区域

约克郡与亨伯河畔位于奔宁山以东，亨伯河沿岸。该地区是英国第三大制造业基地，以毛纺织、机械制造、采煤、冶金和化工为龙头。主要中心是以利兹（人口70多万）和布拉德福德（人口46万）为核心的西约克都市区，人口200多万。约克的第二个工业中心是本区南端的谢菲尔德（人口50多万），它是电炉炼钢、军火和机械制造中心，以产优质钢及其制品而著称。

4. 英格兰西密德兰区域

在奔宁山脉南端，以伯明翰为中心的西密德兰，煤铁资源皆丰，又位于伦敦和利物浦两大海港之间的铁路线上，水陆交通皆便，为英国最早的重工业区。该地区是英国的交通运输行业的中心，以其汽车、飞行器、摩托车和铁路交通技术而著称。伯明翰曾有“世界车间”美称，工业以冶金、电气设备、飞机、汽车、化工等为重要。伍尔沃汉普敦和沃尔索尔是汽车、机械和电子工业中心。考文垂是汽车、飞机、有色冶金和合成纤维等工业中心。斯托克是英国著名的陶都。

5. 英格兰东密德兰区域

东密德兰是英国第四大行政区，也是英国最适宜居住的地区之一。主要城市有：德比、莱斯特、林肯、北安普敦和诺丁汉。东密德兰富藏煤铁资源，也是英国最早发展的冶金、机械和化学为主的重工业区。诺丁汉和莱斯特为主要中心，以机械工业、化学和纺织为主。英国的赛车工业占据了全球市场份额的80%，英国著名的“赛车谷”的中心位于东密德兰的北安普敦。

6. 东英格兰区域

东英格兰地区地理位置优越，物流方便。该地区位于伦敦东北部，紧邻伦敦。从伦敦北行的公路、铁路网络经过此地区通往英国腹地；该地区内坐落着4个国际机场；该地区的7个主要海港全都朝向欧洲大陆，处理着全英国近60%的集装箱运输量。亚马逊英国公司、阿斯达－沃尔玛公司等均选中此地作为物流运营基地。东英格兰地区是英国传统经济发达地区，拥有信息、生物、环保等领域世界一流的专业技术。其研发费用是英国平均水平的三倍。

7. 伦敦

伦敦一直是全国政治、经济、文化及交通中心。伦敦位于英格兰东南部，泰晤士河从西向东穿过城市中心，面积1610平方公里，人口770万（2009年），居英国城市人口之冠。在大伦敦议会下有32个市区和世界著名的金融中心伦敦城。伦敦还是英国最大的加工工业中心，尤以通用机械和电机业著称。伦敦拥有5个机场和1个港口，是英国最大的港口。

8. 英格兰东南区域

东南英格兰是英国经济的发动机，是高科技产业和研发业集聚的地方。围绕一系列中小城市，特别是沿着M4和M3走廊，形成了重要的研发基地。

这里有6540个跨国公司的分支机构。在南安普顿就有IBM和Phillips等的科技研发机构。南安普顿郊区的Chilworth科技孵化园，就集聚了众多的生物制药公司。研发方面的投入更是位居英国首位。

9. 英格兰西南区域

英格兰西南有着多元化的经济，优势尤为集中在：航空航天、尖端工程、汽车制造、半导体设计、无线通信、光电、数字多媒体、食品与饮料、海洋科技以及生物科技等。目前已有1200个国外公司都把欧洲分部或是研发中心设立在英格兰西南，其中不乏世界一流的公司，如空中客车（Airbus）、劳斯莱斯（Rolls－Royce）、本田（Honda）、东芝（Toshiba）等。

（三）政策动向

从2009年至今，英国政府连续出台了多个和制造业发展有关的全国性计划。旨在增强英国制造业的竞争力，促使其可持续发展，提高制造业的智能化程度，减少未来的不确定性。通过这些激励政策，明确了重点扶持领域以及前沿技术，未来英国将重点支持大数据、先进制造业、机器人与自动化、卫星以及航天商业化、高能效计算等多个重大前沿产业领域。

2017年，英国继续推动国内数字化发展，在数字基础设施和产业发展上出台多项举措推动英国在人工智能、大数据以及清洁能源等领域取得优势。英国主要通过设立投资基金和资助资金项目的方式来实现这一目标。

表3－6 近年来英国推动工业发展的主要政策

时间	标题	主要内容
2017	确定首批全光网项目	英国政府确定首批将建设全光网的6个试验项目，届时有望提供速率高达1Gbps的光纤服务。首批试验项目总共将收到1000万英镑（约合8616.9万元人民币）的投资，用于测试通过全光网方式连接企业和公共部门楼宇的创新型手段
2017	产业战略白皮书	英国商业、能源与产业战略部宣布，政府将设立产业战略挑战基金（ISCF），将人工智能和大数据、清洁能源、健康以及未来交通系统这4个领域列为英国有优势并应该大力发展的产业，在未来4年投入10亿英镑用于支持前沿领域发展，以创造更多就业岗位和提升生活品质。支持领域包括：健康医药、机器人和人工智能、清洁能源电池和储能技术、无人驾驶汽车、制造和未来材料、卫星和空间技术

续表

时间	标题	主要内容
2017	启动数字基础设施投资基金	英国政府正式启动了一笔4亿英镑的数字基础设施投资基金（DIIF），以刺激全光纤宽带网络领域的投资。该基金将由私营部门合作伙伴在商业化基础上进行管理并投资，刺激私营资本投资于数字基础设施领域，吸引更多供应商加入并扩展市场
2017	资助能源创新计划	英国商业、能源与产业战略部近日宣布投入2800万英镑资助新一轮的能源创新项目，涉及智慧能源系统、工业能效和海上风能领域
2016	数字经济法案	建设世界一流的数字基础设施、支持新兴数字产业、简化政府利用数据提供公共服务的方式和加强对公民数字世界的保护等
2014	工业战略：政府与工业之间的伙伴关系	增强英国制造业的竞争性，促使其可持续发展，并减少未来的不确定性
2013. 10	未来制造业：一个新时代给英国带来的机遇与挑战	在通信、传感器、发光材料、生物技术、绿色技术、大数据、物联网、机器人、增材制造、移动网络等多个技术领域开展布局，形成智能制造布局
2012. 11	2012能源法案	支持低碳式发电，计划到2020年将总发电规模提高两倍
2011. 12	先进制造业产业链倡议	支持汽车、飞机、可再生能源和低碳技术等领域，政府计划投资1. 25亿英镑，打造先进制造业产业链，从而带动制造业竞争力的恢复
2011. 8	绿色经济转型计划	以政府投资为主导，大力促进商用技术的研发推广

资料来源：赛迪智库整理，2018年。

（四）企业动态

2017年7月，最新发布的《财富》世界500强企业排行榜显示，来自英国的企业共24家，比上年减少了3家。近两年，英国入围该榜单的企业数量呈逐年减少趋势。

表 3－7　2017 年英国进入世界 500 强企业　　（单位：百万美元）

公司名称	排名	营业额	利润额	公司名称	排名	营业额	利润额
英国石油公司	12	186606.0	115.0	英国森特理克集团	286	36579.6	2256.7
英国法通保险公司	49	105234.8	1697.9	森宝利	310	34148.8	490.9
英国保诚集团	56	96965.2	2592.8	力拓集团	316	33781.0	4617.0
汇丰银行控股公司	88	75329.0	2479.0	英国电信集团	346	31333.4	2484.6
英杰华集团	90	74627.6	948.8	金巴斯集团	387	27837.3	1408.5
乐购	92	74393.1	-52.7	英国耆卫保险公司	422	25912.9	769.3
英国劳埃德银行集团	121	65208.1	2784.4	英国标准人寿保险公司	432	25278.5	496.7
沃达丰集团	149	58611.4	-6904.0	国际航空集团	435	24955.6	2135.4
联合利华	150	58292.4	5732.7	BAE 系统公司	452	24011.2	1232.3
南苏格兰电力	269	37813.0	2082.9	阿斯利康	470	23002.0	3499.0
葛兰素史克公司	273	37641.8	1230.9	英国国家电网	491	22035.8	10150.6
巴克莱	284	36788.8	2807.4	威廉莫里森超市连锁公司	498	21741.4	406.4

数据来源：赛迪智库整理，2018 年。

英国进入世界 500 强的企业中，以金融保险和零售企业为主，制造业和通信产业中具有代表性的公司有沃达丰、联合利华、BAE 系统公司。

沃达丰公司成立于 1984 年，经过多年快速发展，目前已经成为全球领先的跨国移动通信运营商之一，投资遍及全球 27 个国家和地区，与本地合作提供移动电话和移动网络服务。沃达丰成立之初仅作为瑞卡尔电讯有限公司的附属公司，20 世纪 80 年代独立为沃达丰公司，后发展为沃达丰集团。2016 年，沃达丰公司的经营情况不容乐观，呈现较大的亏损。沃达丰公司注重研发创新，随着通信技术的发展，5G 通信技术已经日益成为沃达丰关注的重点领域。2018 年 2 月，沃达丰与华为共同在西班牙测试了 5G 通话，对 5G 业务未来在欧洲开展具有重要意义。与此同时，沃达丰近年对于物联网市场也做了详细的研究，连续 5 年发布的《物联网市场晴雨表》已经成为业界的重要参考报告。

联合利华于 1929 年由英国的 Lever 公司与荷兰的 Margarine Unie 公司共同组建，经过多年的发展，联合利华已经发展成为全球最大的日用消费品公司之一，公司机构遍及全球100个国家和地区，拥有员工16万多人。2017年，联合利华经营业绩表现良好，利润涨幅为16.9%，销售额增长1.9%。联合利华旗下期拥有众多知名子品牌，其产品占据了零售业门类中的很大比例。近年来，联合利华对环境保护、循环经济和动物保护等给予了极大的关注，积极参与应对塑料制品引发海洋危机等环保倡议和行动。

BAE系统公司成立于1999年，由英国航空航天公司和马可尼电子系统公司合并设立，是全球知名的军品公司。BAE系统公司总部设在英国汉普郡东北的法恩伯勒，员工超过10万人，主要的业务领域包括飞机、军用和民用固定翼飞机、军用电子、反潜武器、军械系统、空间系统等。随着3D打印和VR等技术的快速发展，BAE系统公司在研发设计等环节越来越重视新技术的应用与结合。2017年3月，公司在兰开夏郡开设了新产品和工艺开发中心，利用新技术提高生产效率的同时降低成本。2017年9月，公司在澳大利亚阿德莱德开发了数字化船坞，用以支持澳大利亚海军护卫舰的建造。

第四章　日　　本

2017年，日本经济与制造业生产能力都保持相对稳定的增长态势，是未来经济发展的强心剂。失业率首次降到2.4%，实现近年来新低，同时贸易实现顺差2030亿美元，成为世界第二大贸易顺差国，紧随德国之后。智能网联汽车、人工智能、高新技术材料、物联网是日本近年来发展的重点，在全球经济整体回暖的大环境下，其制造业发展也呈现稳步增长态势。

第一节　发展概况

日本作为世界第三大经济体，有着雄厚的经济实力和技术能力。在汽车工业、机械制造、电子设备等诸多领域都在全球具备强有力的竞争能力。近年来，随着日本老龄化、少子化问题日益严重，使得日本国内劳动力人数下降，间接影响日本经济情况，进而影响制造业在国内的发展。为促进日本进出口贸易和经济发展，在2018年3月，日本与加拿大、秘鲁、马来西亚、澳大利亚等国家签署“全面与进步跨太平洋伙伴关系协定”（CPTPP），此协定旨在促进成员国之间的贸易往来，增强日本经济实力与地位，同时与“逆全球化”势力对抗。

2017年，在全球经济上行的大环境下，日本GDP连续7个季度持续上涨，在第四季度结束时，GDP年度增长率为1.6%，是日本经济持续向好的体现。这得益于日本国内失业率下降、全球经济整体向好、外需能力增强等多方面因素。因日元疲软，2017年日本旅游业的消费额达到4.4万亿日元（约400亿美元），成为重要的消费支出来源。

2017年，日本大型企业在国内投资额约有17.8390万亿日元，比2016年增长11.2%。对外投资金额与2016年相比也有所上升，截至9月底，日本海外直接投资额达到 174.157 万亿日元。日本制造企业为满足日益增长的市场需求，纷纷扩大海外投资，抢占市场份额。同时，一些内需型企业也走上了对外投资的道路。

日本产能指数在 2017 年有较大浮动，从年初的 93.1 升至 9 月的 106.2，并在后四个月基本保持在这一水平不变。本年度政府出台的制造业政策，以吸引产业回流为主，并起到一定效果。

2017 年日本制造业采购经理人指数均在 50 以上，在第四季度结束时，PMI 数值为 2014 年 2 月以来最高值，实现第五个月连续产出增长，指数实现连续 16 个月保持在 50 的荣枯线以上。2017 年日本制造业 PMI 呈现大幅波动状态，在下半年整体呈现增长状态。7 月 PMI 处于全年最低水平，为 52.1，同比增长 2.8 个点。日本 2017 年制造业 PMI 上升，得益于消费者、企业支出数额的增加。因海外需求的刺激，日本企业的出口订单上涨，企业产出保持增长态势。此外，2017 年全球原材料价格整体上行，企业生产成本大幅上升，产出价格指数也持续增加，这对制造业 PMI 上升也是利好消息。

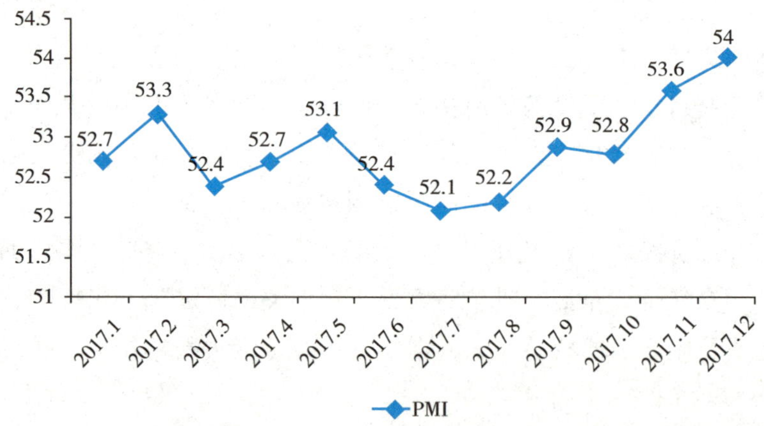

图 4－1　2017 年 1—12 月日本制造业 PMI

资料来源：汇丰银行，2018 年 3 月。

一、工业生产数据保持波动态势

2017 年全年内，日本制造业采购经理人指数均在 50 以上，整体情况呈缓慢上升态势。2017 年日本公布的工业生产指数数据显示，制造业生产指数最高值出现在3月，为112，5月跌落至95.1，在11月上涨为106.2并在12月之前维持相对稳定的状态。2017年工业生产指数整体高于2016年各月的平均水平，波动幅度类似，但后期更趋于平稳。

日本工业生产指数虽然在2017年波动幅度偏大，但整体情况向好。在季节性调整后，日本工业生产指数在9月之后又回到100以上，15个行业，其中有13个行业生产出现好转，包括运输设备、电子零部件制造等相关产业。在经济向好的带动下，企业对于工业生产的信心也在逐步提升，对于日本工业发展是利好消息。

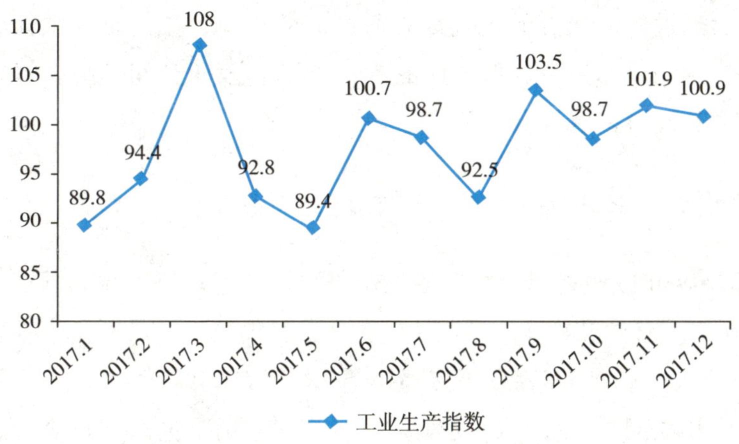

图4-2　2017年1—12月日本工业生产指数

资料来源：日本经济产业省，2018年3月。

二、消费者信心水平基本保持不变

2017年，日本消费者信心指数波动幅度较大，但整体水平与2016年相比较好。2017年，日本消费者信心指数从8月至11月一路攀升，达到44.9，是2013年9月以来最高位，这得益于日本股市上行与就业市场的强劲。2017年，受日元疲软影响，入境游人数增多，总消费额达到400亿美元，同比增长17.8%，成为经济增长的强劲推力。而这股旅游热潮也会随着日元的持续疲软持续一段时间。但日本国内的消费者支出仍缺乏动能，需通过薪资调整促进消费者支出。

三、投资支出持续上升

根据日本政策投资银行公布的调查结果，2017 年日本大型企业在国内的设备投资额将达到 17.8390 万亿日元，比 2016 年增长 11.2%。2017 年对日本工业、经济发展都是利好的一年，日本政府调查显示，日本大型制造企业在第四季度景气判断指标为 9.7，比第三季度的 9.4 上涨 0.3，这一指标使制造业者信心上涨。随着日元汇率持续走低，2017 上半财年，日本企业出口业务的盈利能力增强，实现净利 5502 亿日元，而上年同期呈净亏状态。日本 2017 上半财年，通过机电和机械等较高外需产品的企业，拉动日本整体企业的业绩。其中净利润增加的企业占整体的 71%，这得益于公司把握全球市场不断扩张的需求，及时拓展自身业务。

四、企业持续加大研发投入力度

根据 2017 年欧盟委员会公布的工业研发投入排行榜，排名前 100 的企业中美国 36 家，日本 14 家，德国 13 家，中国包括台湾 10 家。参与研究的 2500 家企业，日本有 365 家，投资主要集中于汽车和零部件、电子信息与技术、医疗、物联网等。日本研发投资排名前三的仍是汽车制造企业，总投资额为 23250 亿日元。2017 年，本田研发投入与 2016 年相比增加 9.4%，为 7500 亿日元，创历史新高。新能源汽车和智能网联汽车是未来汽车市场的主要竞争领域，日本汽车生产企业为在世界汽车领域占有领先地位，近年来对电动汽车、智能网联汽车和大容量电池的研究力度也在逐年加大。

五、连续两年实现贸易顺差

日本财务省 2017 年贸易统计初值显示，贸易顺差额为 29910 亿日元，实现连续两年顺差。但因全球原油价格上涨等原因，顺差额与 2016 年相比减少 25.1%。2017 年 12 月，出口额为 73021 亿日元，同比提升 9.3%，达到 2008 年 9 月以来最高水平。其中对美出口额和顺差额在所有国家和地区中占首位，顺差额为 70356 亿日元，增加了 3.1%。美国作为日本最大的贸易伙伴，此现象进一步证实美方提出的贸易不均衡看法，可能影响双方日后贸易活动。在对华方面，出口额达到1979年以来最高值，顺差持续增长。双方在电脑和手机进口方面虽有35532亿日元逆差，但份额有所减小。

六、失业率持续降低，劳动力供给不足

根据日本总务省公布的2017年失业率数据，日本自1994年6月以来，失业率再次降为2.8%，求才求职比例升为近44年最高值。2017年11月，日本总就业人数为6552万，同比增加75万，实现连续59个月的连续增长。而完全失业者人数为178万，与2016年相比减少19万，实现连续90个月的人员减少。随着日本老龄化、少子化现象日益严重，导致劳动力人口萎缩，增大了企业对劳动力的需求。同时，2017年部分企业扩大经营，为求职者提供了就业机会。本年度日本出生人数为94.1万，比2016年减少4万，连续两年跌破百万，未来劳动力人口数量仍将保持下降状态。

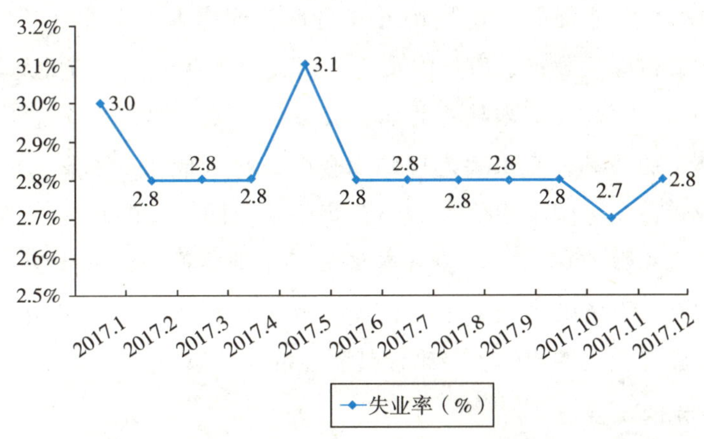

图4－3　2017年1—12月日本失业率

资料来源：日本总务省，2018年3月。

第二节　产业布局

日本在二战结束后，国家产业主要经过了四个变革阶段，第一阶段为纺织、食品等劳动密集型产业；第二阶段为钢铁、化工等重工业劳动密集型产

业；第三阶段为机械等附加值高的技术密集型产业；第四阶段为技术知识密集型产业及服务业。日本重要工业主要分布于太平洋沿岸，形成太平洋沿岸带状工业地带，其占日本工业生产总值的 80% 左右。在上世纪 80 年代之后，日本的“技术立国”政策引导全国产业向技术知识密集型产业方向发展，其制造业相对减产，其机器人、新材料、电子信息、汽车等领域技术在全球占据重要地位。

一、整体情况

日本海岸线长达约 2.9 万公里，是世界海岸线最长的国家之一，其东临太平洋，西北方与中国、朝鲜相望，得天独厚的地理、区位优势、历史工业发展原因及后期政府的支持，造就了太平洋带状工业区的工业分布情况。日本 14 个工业区中，有 13 个都位于沿海地区，其中除北海道、北陆和有明海沿岸工业区面向日本海外，其他 10 个工业区都面向太平洋方向。工业区不仅包括京滨、名古屋、阪神、濑户内及北九州五大工业区，还有北海道、八户、常磐、鹿岛、东海、关东内陆、北陆、大分和有明海沿岸 9 个主要中小工业区。其整体交通便利，有重要港口约 100 个，临近成田、羽田、伊丹等国际机场。工业带占全国国土面积的 24%，集中了全国人口的 60%，其中工人数量占全国工人总数的 67%，拥有日本 80% 的工业生产总值，化学工业产值为 90%，大型钢铁设备能力更是达到 95%。此工业经济带为日本企业节省了大量的运输、能源及资源成本，带来极其明显的经济效益。

（一）京滨工业区

京滨工业区位于关东平原腹地，以东京为中心，延伸至横滨、千叶、川崎及其他大中型城市，整体辐射半径超过 50 公里，形成日本最大的工业区。二战之后，京滨工业区在原有基础上，取得快速发展，不断扩大工业区域，形成以钢铁、石油化工、印刷出版为核心的综合性工业区。近年来，随着日本逐渐加深的环保意识及工业部门的结构调整，冶金、化工行业进行改造或搬迁，在工业区中占比不断减小，而印刷出版及电表仪器行业的比重在不断加大，达到全国比重的 60%—80%。

（二）名古屋工业带

名古屋工业带位于日本中部，沿爱知县、三重县、岐阜县进行延伸，东临太平洋，南北部分别与伊势湾、三河湾及浓尾平原相连，曾是日本第三大工业区，目前超过阪神工业带，排名日本第二工业区。此区轻、重工业混合发展，化学、重工业占此区总比例的63%。此区利用地理优势，进口大量原油、铁矿石等原材料，大力发展钢铁、机械制造业，其中运输机械制造业极其发达，形成以丰田为代表的汽车生产基地。名古屋、丰田、四目市为主要工业中心。骏河湾、滨松地区主要以造纸、人造纤维、纺织业为主。同时，此区的陶瓷、木制品等传统工业在全国也占有重要地位。

（三）阪神工业区带

阪神工业区曾是日本第二大工业区，现在位居第三位。其以大阪、神户等城市为中心，向西、南方向延伸，与近畿相连接，在二战后进行填海造陆，成为近畿地区的经济核心，工业生产总值达到全国的14%，近畿地区的73%。此工业区主要以钢铁、纺织、化工、家用电器类电机生产、石油等工业为主。此区域不仅有发达的工业，旅游业、服务业同样占有重要地位。

（四）濑户内海工业区

濑户内海工业区位于阪神工业区和北九州工业区之间的中国地区，有着“日本地中海”“工业运河”的美称，是一新兴工业区。以广岛、福山、德山、水岛等地为主要工业中心，该地区是典型的加工型贸易区，并无自身的原材料资源及市场，依靠便利、廉价的水路运输条件发展临海型工业。濑户内海工业区利用便利的运输资源，大力发展钢铁、机械制造、石油等基础重型工业，并将大量钢铁产品用于出口，工业发展程度及国内经济地位一度赶超北九州地区。随着日本经济、产业结构调整，日本工业企业利用高科技、新技术降低生产成本及提高生产率，打造新型工业模式，确保工业产业长久发展。

（五）北九州工业区

北九州位于九州岛北部，是日本明治时期工业革命的始发点，拥有悠久历史，福冈县是其核心部分。以钢铁、机械、化工以及窑业为主，特别是钢铁品种与质量方面在全国占有重要地位。近年来，北九州工业区整体向高附加值生产领域发展，大力发展循环经济，建立生态工业园区，在收获环境、资源、教育效益的情况下，也完成了从“七色烟城”到“星空城市”的转变。

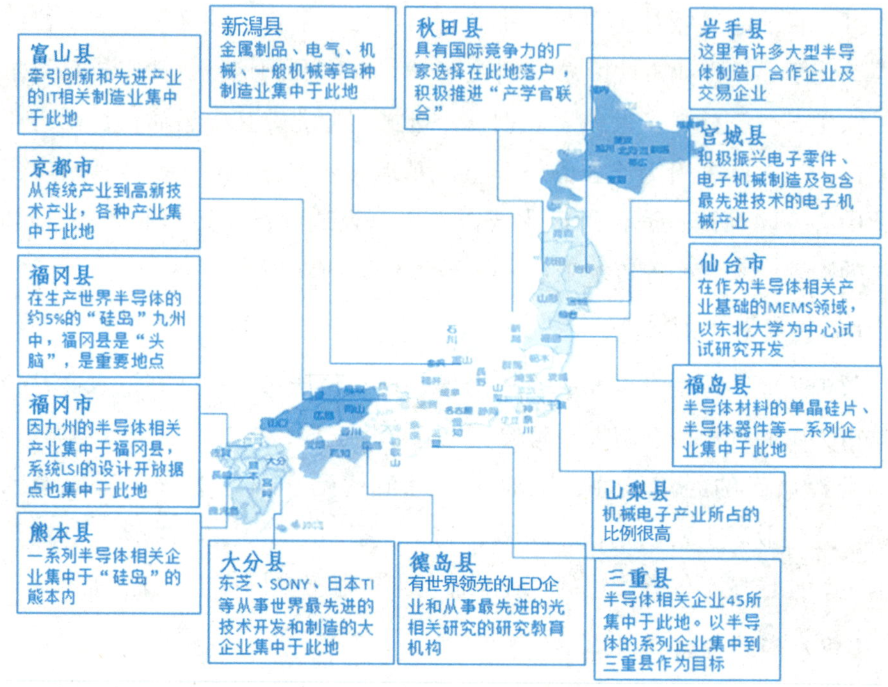

图 4－4　日本核心产业布局图

资料来源：赛迪智库整理，2018 年 3 月。

二、产业结构进行调整

（一）传统制造业快速转型

目前日本已经完成工业化及制造业全球化布局，成为现代化工业国家，占据全球工业产业链高端地位，在智能制造、人工智能、电子仪器、新能源技术等高端制造业领域拥有全球领先技术。20 世纪 70 年代以前，日本主要以劳动、资本密集型的传统工业为主。到 90 年代，日本经济泡沫破灭及一些新兴工业化国家、发展中国家拥有了和日本竞争的能力，日本为保持世界第二经济大国的地位，再一次进行工业化改革，从曾经的劳动密集型产业向拥有高附加值、尖端技术的高端制造业转变。目前，日本国内工业产业链主要以技术研发、生产高端工业产品为主，形成以新兴、高端产业集群模式，产业间彼此渗透，形成相互依存的发展趋势。

同时，日本还是一个以汽车产业链为主要工业利润来源的国家。2017 年世界 500 强企业排名前 50 的日本企业有 5 家，其中 3 家为汽车企业，而汽车产业带来的利润也占日本工业利润的一半左右。虽然日本工业支柱目前变得单一化，但其电子零部件、精密仪器、高端材料、生物制药等高端工业领域仍占有重要地位，不容小觑。

（二）以产业集群发展为目标

日本为保证工业产业持续、高端化发展，政府每 10 年会推出产业中长期发展规划。其中会选择重点行业进行引导与扶持，鼓励企业在相关领域进行投资与发展，以便促进产业快速发展。日本还会不定期出台产业的扶持政策和相关配套支撑，便于企业向相关领域发展、投资。21 世纪，日本推出主要以新产业与区域发展政策为核心的产业集群目标。该政策旨在营造企业创新环境，提升企业创新能力，使其利用相关产业资源，发展新兴工业领域。因此，日本产业集群的有关政策涵盖了多方面内容，包括建造企业间、跨行业间的网络环境，通过相关网络关系，增强企业间彼此的横纵向联系。及时了解、利用企业、产业、学术界、政府的相关资源，促进区域、产业创新，增加企业间合作，从而形成健康发展的产业集群模式。

第三节　政策动向

一、总体政策

2017 年以来，随着日本经济的持续增长，其制造业也在逐渐回暖。日本政府为进一步刺激制造业复苏，发布了《日本制造白皮书 2017》、维持货币宽松政策、签署“全面与进步跨太平洋伙伴关系协定”。从经济、贸易、技术方面推动日本制造业领域发展，保持其工业技术在全球领先的地位。

表 4－1　近年来日本主要扶持工业发展的政策措施

时间	标题	主要内容	对制造业的重要影响
2018.3	“全面与进步跨太平洋伙伴关系协定”	协定覆盖11国的市场准入、电子商务、服务贸易等方面内容	刺激国家经济
2017.11	维持货币宽松政策	实现2%通胀目标依然遥远，央行认为有必要把短期利率控制在负0.1%、长期利率控制在0%左右	通过货币政策，进一步刺激国内经济，促进制造业复苏
2017.6	《日本制造白皮书2017》	日本制造业技术的现状和促进措施	日本制造业回归
2017.3	支援优秀年轻IT人才，提供开发资金	针对在IT领域拥有独创技术的个人扩大创业支援	围绕AI（人工智能）及IoT（物联网）、机器人等领域支持鼓励创业
2017.3	人工智能发展路线图	分三阶段推进利用人工智能，大幅提高制造业、物流、医疗和护理行业效率	实现人工智能（AI）的产业化
2016.4	EV·PHV路线图	到2020年，使日本国内纯电动汽车和插电式混合动力车的保有量达到100万辆	推动纯电动汽车和插电式混合动力车的发展
2016.4	“新产业结构蓝图”中期方案	利用物联网、大数据以及机器人技术在金融、医疗、教育、能源、物流和制造业等广泛领域创造出新的服务与业务	力图解决因人口下降引起的经济增长乏力等问题
2016.2	2016日本经济财政白皮书	从就业改善、个人消费、薪酬福利等方面分析日本经济发展	薪酬增长、劳动时间削减等改善未提高个人消费，不利于产业经济复苏
2015.6	2015年日本制造业白皮书	介绍了日本制造业的现状、问题及未来的发展方向，并提出了振兴日本制造业应采取的措施	日本制造业在积极发挥IT的作用
2015.5	网络安全新战略	制定了新的《网络安全战略》，提出了“信息自由流通”“对使用者的开放性”等5项原则	对制造业中应用物联网等IT技术提高网络安全规则
2015.1	机器人新战略	该战略制定了5年计划，旨在确保日本机器人领域的世界领先地位	发展先进制造业重点领域

续表

时间	标题	主要内容	对制造业的重要影响
2014.12	新版量化宽松政策	进一步扩大正在实施的量化和质化宽松政策	为制造业复苏提供货币政策刺激
2014.11	290亿美元经济刺激计划	刺激计划于2014年12月27日定案，主要是向地方政府提供资金，将作为家庭购买燃料等其他商品的补贴费用	重振日本地方经济
2014.4	日本上调消费税	从2014年4月1日起将消费税率从目前的5%提高至8%	影响企业投资积极性

资料来源：赛迪智库整理，2018年3月。

二、有关重大政策简析

（一）全面与进步跨太平洋伙伴关系协定

随着近年来国际贸易格局的变化，“逆全球化”势力抬头等多方面因素影响下，日本为了经济长期发展，在2018年3月，日本与加拿大、新西兰、文莱、墨西哥等11个国家在智利首都圣地亚哥签署了“全面与进步跨太平洋伙伴关系协定”（CPTPP）。此协定将在6个成员国立法机构批准60天后生效，将成为世界第三大自贸协定。CPTTP生效将会增加成员国之间的贸易往来，对国家经济有一定促进作用，间接刺激制造业发展。

（二）维持货币宽松政策

自2010年日本央行推出货币量化宽松政策以来，已经四次加量，但日本长期陷于通缩的状况仍没有太大改善。2017年末，日本央行再一次提出将继续执行货币量化宽松政策。日本在实现1%的通缩目标后，又将通缩目标改为2%，旨在通过货币政策刺激制造行业发展。即使近年来日本GDP连续增长，但CPI仍在低位徘徊。GDP的增长得益于世界经济回暖和进出口贸易的增加，但日本国内企业并没有把上涨的生产成本转嫁至产品物价，使其“量价齐增”的目标还没有实现。日本维持货币量化宽松政策，希望进一步提升物价水平，形成工资到物价上涨的良性循环。

（三）《日本制造白皮书2017》

2017年6月日本公布了《日本制造白皮书2017》，白皮书从两部分进行描述，一是日本基础制造技术的现状和课题；二是2016年制造业基础技术促进措施。白皮书中介绍的制造业劳动者相关措施、制造业改革方向等相关内容，从侧面表现出日本制造业回流的意愿。日本经济产业省2016年做的问卷调查显示，样本数11.8%的日本企业在过去一年中将生产基地转移回国内。还有部分企业将生产基地转移到东南亚国家，寻求更加低廉的劳动力。白皮书还提出一种假设，当中国在大力发展贸易，远离实体经济的情况下，日本将在机械、电器、化学制品、钢铁、运输设备和其他制造业产品减少2.2兆日元的产品出口，这对六大领域造成巨大打击。在未来，大数据、人工智能、物联网将成为日本制造业主要发展趋势。

第四节　发展趋势

一、工业生产连续增长存在困难

2017年，日本工业生产整体呈现增长态势，但仍存在较大波动。工业生产相关数据与2016年相比，整体情况有所改善，在9—12月生产指数趋于平稳，但并未有大幅度增长。随着全球经济整体回暖，日本进出口量大幅增加，出口额实现两年顺差，达到29910亿日元。2017年全球原油价格上涨，日本进口额增加，使顺差额较2016年减少25.1%。若原油价格进一步上涨，将对日本工业生产产生一定影响。

二、经济情况将影响日本工业发展

2017年，日本经济整体处于复苏阶段，而牵引力源于外部需求的复苏。随着全球经济整体向好，特别是美国、欧洲国家经济的强劲复苏，带动日本工业产品出口，特别是对美国出口汽车和对韩国出口半导体等制造设备势头良好。但在2018年，外部需求将逐渐放缓并趋于稳固，使日本经济增长缺少一大助推力，这将直接影响日本工业生产和出口。但在2018年上半年，工业生产仍能保持上升水平，但下半年可能出现持平或回落。

三、企业对外投资意愿增加

2017年，日本经济上行，企业盈利能力上升，在全球工业产品需求旺盛的大环境下，日本企业对外投资金额与2016年相比有所上升。化工和材料公司在2017年工厂和设备投资额达到1.18万亿日元，比上年增长20%。目前工业行业整体大环境呈上升趋势，生产企业为满足增长需求，不断提升生产能力，加大设备投资。企业在国内增加设备投资的同时，也在扩大海外投资，如三井化学在美国、印度、墨西哥扩大聚丙烯复合物的生产能力；三菱化学在沙特阿拉伯建立甲基丙烯酸甲酯（MMA）工厂等。虽然近年来，日本企业为防止贸易政策改变，放缓了投资速度，但为占据市场份额，仍会进行对外投资。

四、新能源汽车成为日本汽车企业发展重点

随着世界各国环保意识逐渐加强，减少温室气体排放是政府重要任务。为满足市场需求，近年来新能源汽车是各国汽车企业研究热点。日本汽车企业也在新能源汽车领域投入大量研究资源。目前，铃木、斯巴鲁、马自达、日野等7家日本汽车企业加入了丰田公司主导的电动汽车研发公司，企业间共享研究成果、发挥各自强项、降低研究成本，较短时间内研发出一套适用于各种车型的基础技术，计划在2020年实现批量生产。同时，日本对新能源汽车的配套设施也加以建设，计划在2021年，全国增加80座加氢站，满足氢燃料电池车使用。除电动汽车外，氢燃料电池车、清洁能源车、智能网联汽车都是日本汽车企业重点研究类型，未来将会占有较大市场份额。

五、多方因素对日本工业发展造成阻碍

日本属于早期实现全球化国家，制造业发展受多方因素影响。在国内，日益严峻的老龄化、少子化问题，使企业在劳动力方面出现短缺，企业想在短时间内找到合适人员较困难，这将直接影响企业未来发展。在国际市场中，因日本经济与世界经济紧密相关，当全球经济波动时，会影响日本经济及制

造业发展。2017年世界经济整体向好，增速比预期要快，全球经济全面进入危机后的深度调整阶段。近年来，贸易保护和“逆全球化”现象严重，同时多方势力在推动全球宏观经济政策协调。若2018年出现“逆全球化”风潮、主体货币政策对世界经济出现负面冲击，都将严重影响日本经济和国际贸易，进而制约制造业发展。

第五节　企业动态

美国《财富》杂志公布的最新世界500强企业中，日本企业数量为51家，与2016年相比又减少1家。但在排名前100的企业中，日本企业有8家，比2016年增加1家。并且8家企业排名与上年相比均有提升，永旺集团更是从2016年的111位，跃升为87名，跻身前百名企业。日本汽车三大巨头企业，依旧位于世界前列。日本电报电话公司，作为信息通信类企业，近年来首次进入前50位。随着全球经济整体变好，日本企业也乘势发展，营业收入与利润基本处于增加状态。

一、主要跨国公司近期动态

（一）丰田汽车

2017年，日本丰田汽车在全球500强排名中再次赶超大众公司，成为世界第一。本年度丰田营业收入为2499亿美元，净利润171亿美元，是日本工业的重要支柱。2017年，丰田受高田安全气囊问题影响，全球共召回290万辆汽车。在中东、大洋洲和其他国家共召回约116万辆车，占总数的三分之一左右。此次事件造成巨大损失和极其恶劣影响。智能网联汽车与电动车是丰田近年来主要发展方向，2017年对其发展是非常有意义的一年。本年度，丰田获得微软部分车联网专利，包括人工智能、操作系统、网络安全等，为其智能网联汽车占据市场抢得一线先机。2017年8月，丰田宣布收购马自达5%的股权，与其共同在美国建立电动汽车研发工厂。近年来，中国政府为解决日益严峻的环境问题，准备出台相对严格的环保法规，丰田面对中国日益增长的电动车需求，预计在 2019 年、2020 年发售纯电动汽车，占据一定中国市场份额。

（二）JXTG 集团

2017 年 4 月，JX 集团与日本东燃通用集团通过股权交换的方式整合完成，建立“JXTG 集团”，成为日本燃料油与润滑油行业的第一大企业，预计 2020 财年经常利润总和超过 5000 亿日元。全新的 JXTG 集团占据日本国内燃料油和润滑油行业 54% 的市场份额，比排名第二的出光兴产多出 30 个百分点。JXTG 的成立对日本能源石油业的健康发展有着重要意义。在第二季度，重组的 JXTG 石油产品利润同比增加大约 200 亿日元，汽油是利润增加的主要贡献者，约占总利润的一半以上。随着日本人口减少、汽车燃效提高，日本国内对汽油的需求有所下降，企业为应对此现象，积极开展海外市场，而中国是其主要的目标国。

（三）索尼集团

索尼集团是全球最大的电子产品制造商之一，也是电子游戏业三大巨头之一，更是便携式数码产品的开创者和视听、电子游戏、通信产品和信息技术等领域的先导者。近年来在日本厂商衰败的大环境下，索尼也不能幸免。在 2017 年第三财季结束时，索尼实现了所有业务均盈利的情况。第三财季索尼营业收入为 2. 6723 万亿日元（约合 243. 71 亿美元），同比增长 11. 5%。股东净利润为 2959 亿日元（约合 26. 99 亿美元），同比增长 1407. 3%，一扫多年来破产阴霾。对比多条业务线，索尼电影娱乐和半导体是最好的部门，金融排在第三名。在此盛况下，索尼调整了第四财季的盈利预期，将 6300 亿日元调整为 7200 亿日元，此预期是索尼成立 72 年来的最高值。为了实现这一目标，除排名前三的领域仍要贡献高利润外，还要依托电子产品的稳定利润和提升游戏产业的净利润。

（四）日产汽车

日产作为日本三大汽车企业之一，在全球占有较大市场份额。日产汽车公布的 2017 上半财年报告显示，企业经营利润达到 2818 亿日元，净收入为 5. 65 万亿日元。日产汽车在上半财年总销量为 273 万台，增长 4. 6%，本国市场为 28. 3 万台，增长 34. 1%，市场份额达到 11. 4%。日产汽车在 2017 年受车辆最终检查、美国市场集体诉讼和解等问题的影响，产生较大特殊成本，为此公司下调预期经营利润 400 亿日元，但对全年净收入的预期维持不变。2017 年，日产在中国市场销量增长 6.7%，达到 65.1 万台，中国其成为海外第一销售市场。

二、中小企业发展情况

根据日本《中小企业基本法》的要求划分，其中小企业占全国总企业数的 99% 以上，员工人数占总体员工数的 80% 以上，制造业附加值达到 35%，因此日本中小企业是其国民经济和社会的基础，更是日本制造业的重要土壤。由于日本老龄化问题严重，目前中小企业的经营者年龄大多处于 65—69 岁之间，到 2025 年将有 60% 的经营者退休，其中有一半经营者尚未选择继承者，因此在未来将有 127 万家中小企业面临后继无人的局面。

面对日本"大废业"危机，借助海外力量可能成为振兴中小企业的方式之一。2017 年 10 月，日本与阿联酋共同签署合作备忘录，建立日本—阿联酋中小企业项目平台，该平台为两国中小企业提供项目信息和服务。近年来，中国逐渐变为"世界市场"，日本抓住此商机，进入中国市场，并活跃于各地区、各领域。中小企业是日本经济和社会稳定的命脉，其健康发展对日本社会具有重大意义。

第五章　金砖国家

到2017年，金砖国家间的全面合作已走过了10年历程。在此过程中，金砖国家间的经济贸易活动机制不断深化细化，贸易过程系统化程度和实质化程度不断加深，成员间的依赖程度和信任度不断增强。商务部数据显示，10年来，金砖国家的经济总量在全球经济总量中的比重从12%提高到了23%，金砖国家贸易总额占全球贸易总额的比重从11%上升至16%，金砖国家对外投资占全球对外投资的比重从7%提高到12%。2017年，金砖国家对世界经济增长的贡献率则接近50%。事实说明，金砖国家在全球区域性组织中的地位和作用越来越重要，正在有效推动着经济全球化、增长多元化、世界多极化和全球治理民主化的进程。

党的十九大报告指出："世界正处于大发展大变革大调整时期，和平与发展仍然是时代主题。"2017年1月1日，中国正式接任金砖国家主席国，2017年9月，金砖国家领导人厦门会晤进一步促进了各国在投资便利化、促进贸易发展、加强经济技术合作和能力建设、支持多边贸易体制等方面的制度建设。伴随"一带一路"倡议的实施，金砖国家间的合作将进一步不断加深，推动全球经济向更加包容、普惠、平衡、共赢的方向发展。

第一节　巴　西

一、发展概况

巴西位于南美洲东部，是拉美地区面积最大的国家，世界第五大国。巴西经济地位居拉美国家之首，拥有拉丁美洲最为完善的产业体系。从2011年开始，巴西的经济发展开始明显放缓，甚至进入衰退阶段。2015 年和 2016 年，受国际大宗商品价格大跌、通货膨胀居高不下、失业率高企及国内消费萎靡等因素影响，巴西出现了严重的经济衰退。但是，2017 年，巴西国内生产总值出现了小幅度上涨。据巴西地理统计局（IBGE）公布的数据，2017 年巴西国内生产总值为 6.6 万亿雷亚尔（约合 2.03 万亿美元），比 2016 年上涨 1%；人均国内生产总值 31587 雷亚尔（约合 9749 美元），比 2016 年上涨 0.2%。总体而言，巴西的经济水平恢复到了 2011 年的水平。

桑坦德银行和瓦加斯基金会等 11 个巴西经济机构都表示，虽然未来巴西的经济发展可能会受政府财政状况不佳、政治局势变化和失业率持续较高等因素的影响，但基于 2017 年经济增长的现状和 2018 年居民收入以及投资增长的期望，巴西经济发展的趋势可能进一步转好，预计 2018 年巴西经济将持续增长 2.9%。

（一）工业停止负增长

从巴西地理统计局（IBGE）公布的增长数据上可以看出，虽然 2017 年巴西经济有一定复苏，但其贡献并不来自工业领域，而主要得益于农牧产业的发展。数据显示，2017 年巴西农牧业的增速为 13%，服务业增长 0.3%，工业则为零增长。在此之前，2014 年、2015 年和 2016 年，巴西工业总产值下降幅度分别为 3% 和 8.3% 和 6.6%。2017 年，巴西工业停止了负增长，在通胀率降低、基准利率下调等利好因素的影响下，巴西工业未来可能迎来新的发展阶段。

（二）社会就业问题依旧显著

与出现了复苏迹象的经济不同，巴西的就业情况相比过去几年并没有得到显著的改善。由于经济衰退等因素影响，在过去几年中，巴西的失业率都处于较高水平。巴西劳动和就业部的数据显示，2015 年和 2016 年是巴西自 2012 年以来就业情况最糟的两年，这两年正规就业岗位数分别同比减少 153.50 万个和 132.66 万个，失业率分别为为 8.5% 和 11.5%。2017 年，巴西的就业形势没有得到显著改善，正规就业岗位减少 20832 个，但缩减数量有大幅度的减少。巴西央行的一份研究报告认为，巴西未来很有可能陷入“无就业增长”的困境，即经济虽然在增长，但失业率却一直居高不下。但巴西劳工部代部长赫尔顿·与村认为：“2015 年和 2016 年是巴西就业和失业登记局有就业统计以来最糟糕的表现，但是在 2017 年，政府采取了一系列措施，积极的影响已得以呈现。”

（三）工业出现复苏迹象

伴随经济的整体复苏，巴西工业逐渐走出谷底，开始步入正常的增长轨道。2017 年，工业停止了负增长，2018 年 1 月出现了一定的增长。巴西地理统计局（IBGE）最新公布的数据显示，2018 年 1 月，巴西工业生产总值同比上涨了 5.7%，创造了 2013 年以来同期增长幅度的新高，并实现了同比数据 9 个月连续增长。

从工业行业内部看，2018 年 1 月，受调查的 26 个巴西工业行业中，有 20 个出现了同比增长。其中，汽车行业同比增幅较高，为 27.4%，一定程度上有效地带动了机械、冶金、橡胶等行业的发展。医药化工产业和制药业同比增幅为 15.2%，家具制造业同比增幅为 12.4%，木制品行业同比增幅为 12.8%，纸浆和纸制品制造业同比增幅为 11.1%，纺织品行业同比增幅为 9.1%。在主要经济类别中，耐用消费品、资本货物、中间产品、半耐用和非耐用消费品的同比增幅分别为 20%、18.3%、4.2% 和 3%。巴西经济部门相关分析人士称，2018 年巴西工业总产值增幅将达 3.9%。

（四）贸易顺差出现历史新高

巴西工业、外贸和服务部公布的数据显示，2017 年，巴西的对外贸易顺差额达到 670 亿美元，创造了 1989 年以来的最高纪录。近几年，巴西国际贸易水平不断提升，2017 年巴西进口总额和出口总额分别为 1507.4 亿美元和 2177.4 亿美元，分别较 2016 年增长了 10.5% 和 18.5%。同时，贸易顺差不断创造历史新高，2016 年巴西对外贸易顺差为 476.9 亿美元，是当时的历史最高水平，2017 年对外贸易顺差比 2016 年增长了 40.5%，又创历史新高。从国别上看，巴西产品出口增长主要集中于中国、阿根廷、美国和墨西哥，其中中国占比接近一半，进口商品主要来自来中国、阿根廷、德国和韩国。

二、产业布局

巴西经济主要的支撑来自于基础矿产品、大宗农产品原料、禽畜肉产品以及少量原油的出口。第二次世界大战之后，巴西吸引外资的水平有所增加，外资的进入，改变了轻工业占主体地位的格局，重工业快速发展，工业结构向多元化发展。巴西的工业生产主要集中在东南沿海地区，这里是较早被殖民者占领的区域，工业发展起步较早，基础较好，现在依旧是工业发展的核心地区。其中，里约热内卢和圣保罗是巴西城市和工业的集聚区，这些地区气候怡人、地形条件较好、对外交通便利，所以向来是巴西人口密度最大的地区，二战后，更是发展迅速，成为巴西重工业的核心地带，这里的粗钢产量占全国生产总量的93.5%。米纳斯吉纳斯州优越的自然和资源条件，为圣保罗的工业发展提供了保障，这里水资源丰富，并且拥有大量的铁、锰、镍等诸多矿产资源，同时盛产咖啡、棉花、甘蔗等作物。近些年，在近海地区的库巴唐，围绕原有的大型炼油厂和钢铁企业，还形成了一些新的工业区。

三、政策动向

近些年，巴西政府出台了一系列政策措施，力图改变提振经济，改变工业下滑、失业率高涨的状态。

2015年6月，巴西政府启动国家出口计划，鼓励小微企业及中型企业出口多样化，提高企业出口量和产品技术含量，围绕市场准入、商业促销、贸易便利化、融资和担保出口、改进机制和税收制度对出口的支持等五个方面展开，预计将持续到2018年。

2017年2月，巴西与欧盟签署价值600万美元的投资合作协议，用于未来三年的投资合作。协议涵盖多个领域，航空、海上运输、科技、公共创新、人权和农业被列为优先合作的领域。

2017年7月，巴西政府启动了近20年来最大的企业私有化计划，要通过并购或出让控股权等方式，将50多个由国家控股的公司私有化，其中包括巴西电力公司，它是拉美地区最大的电力企业。

四、发展趋势

（一）工业发展举步维艰

虽然2017年巴西工业停止了负增长，工业发展出现一定转机，但未来可能依旧举步维艰。最主要的原因是，多年来巴西制造业产业结构水平较低，以基于本地资源开展的初级产品加工品为主，如果不下大力气开展产业结构调整，未来很难形成工业发展的新动力。另外，前几年巴西央行不断加息，增加了企业，尤其是中小企业的融资成本，降低了社会投资的意愿。

（二）贸易顺差扩大态势不减

2017 年，巴西贸易顺差的扩大，一方面来自出口额的增加，一方面是由于国内需求乏力，降低了进口。伴随全球市场回暖，2017 年，全球大宗商品的价格有所提高，巴西出口产品也多为大宗商品，所以出口额大幅度提升，铁矿石、石油、原糖、大豆等大宗商品的出口占量占到了巴西出口总量的 60% 以上。虽然出口有所增加，但是巴西经济增长乏力造成的需求减少，让巴西的进口贸易规模增长缓慢。未来，在巴西国内经济提振之前，贸易顺差可能进一步加大。

五、企业动态

2017 年，在美国《财富》杂志的世界 500 强排行榜中，巴西的上榜企业有 7 家，分别为巴西石油股份（第 75）、伊塔乌联合银行控股公司（第 113）、巴西银行（第 151）、巴西布拉德斯科银行（第 154）、巴西 JBS 公司（第 191）、巴西淡水河谷公司（第 370）和 Ultrapar 控股公司（第 487）。其中 3 家为制造业企业。巴西石油股份是全球十大石化企业之一，2017 年，巴西石油股份的营业额达到 811 亿美元，在 2017 年底，巴西石油股份曾出售了 30 个资产项目，大大增加企业流动资产，提高企业的运行效率。巴西淡水河谷公司是世界第一大铁矿石生产和出口商，2017 年，铁矿石总产量创下 293.63 亿美元的历史新高，比 2016 年增长了 14.7%。巴西 JBS 公司目前是世界上最大的蛋白质制造商之一，2017 年，其销售额达 488.25 亿美元，比 2016 年下跌 0.1%。

第二节 印　度

一、发展概况

印度地处亚洲南部，是南亚地区最大的国家。在过去的几年，印度经济快速发展，其经济增速在2016年一度超越中国，位居世界第一。但是，2018年，印度经济却有负众望，出现了大幅度的增速下滑，由2017年的7.6%跌到6.5%。多重原因导致了印度经济增速的下降，主要包括：一些长期存在的结构性问题，如征地、劳工、行政许可等都没有取得突破性的进展，一定程度上制约了印度经济的持续发展；印度出口量下降；国际原油价格趋于稳定；印度的公司债务不断上涨；印度农业遭受打击；突然宣布废除旧版大额纸币以后印度的经济复苏不充分。

（一）制造业增长动力不足

近些年，印度经济高端服务业发展过于兴旺，但制造业的衰退却十分明显。2016年，印度制造业发展相对较快，但制造业GDP占印度GDP的比重仅有18%，创造了全国12%的就业。2027年，印度制造业进一步下滑，可能导致30%—40%的从业人员失业。

印度制造业的发展面临多方面的压力。莫迪的废钞令和税制改革，直接导致投资者忧虑并丧失投资兴趣，对印度制造业发展造成了一定伤害，税制改革原本想将地方的税收统一到中央，却加剧了各地方政府向企业额外收费，导致企业不堪重负，企业家的投资热情收到严重打压；印度产业工人数量紧缺、工人的技术水平也较为有限，企业的管理成本也很高，即使企业能够获得大额订单，也难以及时完成任务，制约了产业规模的扩大；基础设施建设能力不足和基础设施落后也直接制约着印度制造业的发展，例如经常断电让企业无法维持正常的生产，交通设施落后让商品无法及时输出。此外，印度一些主导产业还受到激烈的国际竞争和贸易打击，例如，2017年，美国对印度药品仿制产业的打击。

（二）传统产业有所增长

延续过去几年的发展形势，2017年，印度传统制造业发展较为可观。

钢铁行业，在全球去产能的大背景下，印度的钢铁业近几年都出现了逆势增长。2017年，印度粗钢产量超过了1亿吨，达到其历史最高水平，位居世界第三，并与位居第二的日本产量十分接近。印度钢铁管理局和Tata钢铁在其中作出的贡献最大，其中，印度钢铁管理局旗下的多个钢厂共生产粗钢1100万吨，在印度钢铁企业中排名第一，其中Bhilai钢厂的粗钢产量最高。

Tata 钢铁排名第二，粗钢产量为 940 万吨。

汽车行业，2017 年，印度汽车生生产量达到 380 万辆，几乎与韩国的汽车生产量相当，成为全球第六大汽车制造国。同时，也是全球第四大汽车销售国，印度汽车制造业发展的潜力巨大。汽车制造商协会（SIAM）数据显示，2017 年，印度汽车销量达 401.9 万辆，比 2016 年增长了 9.53%，在全球汽车销量排名前 11 国家中增幅最高。但是相对超 13 亿人口的巨大市场过，印度的千人汽车保有量还不足 30 辆，未来汽车行业仍有较大的发展空间。在印度政府的鼓励和促进下，未来印度电动车产业会成为汽车行业的新亮点。

（三）制造业吸引外资能力增强

近几年，印度政府大力改善外商投资环境，放宽了外资投资的限制，大大简化了外资投资的流程，大量跨国公司纷纷向印度抛出橄榄枝，印度制造业对外资的吸引力不断增强。印度财政部长贾特里（Arun Jaitley）表示，在过去 3 年中，通过政府的大力改革，已经有 91% 到 95% 的外商投资项目可以在不经过政府审批的情况下，就进入印度市场销售。2016 年，印度就超过了中国，成为全球最具吸引力的外资投资地区。2017 年 4 月至 9 月，印度的外商直接投资总额为 337.5 亿美元，服务业、通信业、电脑软件和汽车制造业是最具外资吸引力的几个行业。2017 年，苹果、三星、高通、波音等公司都在印度开展了新一轮投资，特斯拉、上汽集团等企业也开始了在印度的布局。

二、产业布局

印度的工业布局雏形从英殖民地时期开始形成，在印度独立之初，全国工业都高度集中分布在沿海的少数几个大城市中，孟买、加尔各答和阿默达巴德三个地区的工业生产总值就能占到全国的 70% 以上。经过多年发展，工业布局过于集中的状况有了一定的转变，形成了 5 个核心工业地带：以加尔各答为中心的工业地带，是印度发展历程最长的工业地带之一，纺织服装和机械制造是其主导产业，其纺织服装业产值和机械制造业产值占全国的比重分别达到 40% 和 30%；以孟买、浦那为中心的工业地带，以棉纺织工业为主导产业，棉纺织工业总产值占全国总量的 30% 左右，近些年，机械、化工、炼油等产业发展迅速；以阿默达巴德为中心的工业地带，以纺织、钢铁、机械制造为主导产业，工业规模大致为加尔各答地区的二分之一；以马德拉斯、班加罗尔为中心的工业地带，产业结构层次相对较高，以电力、飞机制造、造船、炼油等为主导产业，轻重工业并举推进，近5年发展十分迅速，在5个工业地带中增长最快，工业总规模已经接近于加尔各答地区；以那格浦尔为中心的工业地区，该地区是从20世纪50年代发展起来的重工业地区，有印度的“鲁尔区”之称，产业可持续发展面临较为严峻的转型问题。

三、政策动向

莫迪自2014年上台后，推出大量改革措施，在制造业领域，最核心的是启动了“印度制造”升级版2.0，力图进一步促进印度制造业加速发展。近两年，影响印度制造业发展的主要政策包括以下几条。

2016年6月，印度政府出台《2016年印度全面改革外资直接投资规定改革法案》，在原来的基础上，进一步放宽了外资进入印度的投资限制，尤其是一些关键领域，例如国防、药品、民用航空等。

2017年7月，印度GST委员会公布了《2017年商品和消费税（GST）税率指南》，对1121种商品的征税框架做出了调整，其中绝大多数商品的税率都低于18%。0税率的商品主要是农产品、宗教用品和邮票、司法文件、书籍、报纸、手镯、手推车等和印度居民生活息息相关的商品，其余多数商品的税率分别为5%、12%和18%，热水器、洗碗机、吸尘器、自动售货机等较为高端的商品税率为28%。

2017年9月，印度宣布了国家级的新能源汽车产业发展促进计划，印度能源部部长Piyush Goyal在印度建筑业协会上表示：“我们将用尽全力引进电动汽车，我们会将电动汽车变得和洗衣液一样容易够得。到了2030年，没有一辆内燃汽车会被允许在这个国家里销售。”Goyal还认为，印度政府可以在2—3年时间内帮助印度的电动汽车产业走上正轨。

四、发展趋势

（一）制造业前景广阔

制造业是印度经济发展的短板，虽然短期印度落后的基础设施建设和工人素质问题难以得到有效解决，但印度巨大的消费市场、较低的生产成本，和莫迪政府“印度制造”系列新政，都对增强印度制造业对投资的吸引力，提升制造业的发展能力起到很好的促进作用。过去几年，全球主要的汽车、电子设备制造商都完成了在印度的布局，未来印度制造业将有很大的增长空间。

（二）电子信息产业进一步壮大

近几年，印度电子信息制造领域的发展正在吸引全球目光。《数字印度》计划要求“建造光纤网络并使印度能在电子产品制造上自给自足以及在印度农村推广宽带”等，有效带动了电子信息产业的发展。据德勤印度经济公司的研究报告，近几年印度电子硬件产品需求激增，预计到 2020 年达到 4000 亿美元。以手机制造为例，从 2014 年到 2016 年，印度手机年产量增长 6 倍多；2016 年和 2017 年，印度新增手机生产工厂 35 家，累计创造了 37000 个就业岗位。印度官方预计，到 2020 年，印度手机的年生产量将突破 5 亿台，手机行业的产值将高达 3 万亿卢比。

（三）新能源产业势头强劲

印度的新能源产业具有先天优势条件，近些年，新能源产业，尤其是光伏产业发生了井喷式的增长。印度是全球光照资源最好的国家之一，2017 年 1 月到 9 月，印度公共事业太阳能装机总量达到了 16.3 兆瓦，上网电价则不断降低，达到了 0.03 美元/千瓦时，成为印度最便宜的能源种类。印度“国家自定贡献目标”（Intended Nationally Determined Contribution，INDC）指出：“印度将大力推动清洁能源的长期发展，并致力于在 2030 年前，将该国非化石燃料资源在发电组合中的比例提高至 40%。”所以，未来，印度新能源产业将保持强劲的增长势头。

五、企业动态

2017年，印度企业表现非常活跃，跨国企业经营绩效不断提升。2017年《财富》世界500强企业中，有8家印度企业，比2016年多1家。分别为印度石油公司（第161）、信实工业公司（215）、印度国家银行（第217）、印度塔塔汽车公司（第226）、印度国家石油公司（第230）、Rajesh Exports公司（第295）、巴拉特石油公司（第360）、印度斯坦石油公司（第384）。

2017年，印度石油公司营业收入535.6亿美元，比上年降低2.1%；信实工业公司营业收入469.3亿美元，比上年上涨8.0%；印度国家银行营业收入445.3亿美元，比上年上涨6.8%；印度塔塔汽车公司营业收入403.3亿美元，比上年降低4.2%；印度国家石油公司营业收入364.9亿美元，比上年降低12.6%；巴拉特石油公司营业收入303.2亿美元，比上年上涨4.2%；印度斯坦石油公司营业收入281.2亿美元，比上年下降2.3%。

第三节　俄罗斯

一、发展概况

俄罗斯是世界上国土面积最大的国家，国土横跨亚洲大陆的北部和欧洲大陆东部。俄罗斯曾经是世界经济的霸主之一，能源产业和采矿业等重工业发展的基础十分雄厚。近年来，俄罗斯产业结构出现一定转变，轻工业和通信信息等新兴行业发展迅速，产业结构呈现多元化趋势。受国际金融危机、能源价格不断走低等因素的影响，从2013年下半年开始，俄罗斯经济一路下滑，陷入零增长和负增长的困境，陷入严重的衰退之中。但是，从2016开始，俄罗斯经济下滑的趋势开始减缓，GDP开始缓慢提高，2017年则实现了1.5%的增长，俄罗斯经济全面走出衰退局面。

（一）制造业全面回暖

2014年到2015年，俄罗斯制造业经历了痛苦的衰退期，但是从2016年开始，制造业发展出现转机，并在 2017 年全面回暖，并实现了 1% 的增长。从行业上看，除了有色金属冶炼行业外，其他制造业行业都出现了一定增长，其中，交通车辆制造和机械制造是增幅最大的两个行业。俄罗斯政府出台的资金扶持对促进制造业增长起到了重要作用。

2017 年，俄罗斯交通制造业增幅高达 30%，主要产品包括：火车头、火车车厢、客运车辆和货运车辆。其中，2017 年前 11 个月，汽车行业产量同比增长率为 21%，产值同比增长 12%。这种增长不仅和成品汽车生产的增加有关，还和汽车零部件生产领域相关。俄罗斯的汽车零部件已经在阿尔及利亚等国开拓了市场，未来将打入亚洲、中东和北非市场。

2017 年，俄罗斯机床、重型机械和动力工程领域的增长率分别达到 10% 和 15%。世界和俄罗斯机床制造业在过去 10 年里，都发生了深刻变化。俄罗斯的复杂形状零部件的制造速度、加工质量都得到了快速的提高，机床国产化的步伐不断加快。2017 年，俄罗斯企业对国产机床的需求量占比达到了 30%。

（二）工业数字化转型加速

2017 年，俄罗斯政府发布了《数字经济发展规划》，重点加强智慧工厂、组织数字生产和电子商务等领域的发展，同时。俄罗斯工业和贸易部还专门为此成立了数字工业司。《数字经济发展规划》借鉴了德国、美国、中国制定的智能制造发展规划的国际经验，提出了自己的发展路线图，值得关注的是，俄罗斯的发展计划高度重视网络安全这一问题。2017 年，俄罗斯的数字经济已经取得了一定发展成就，增材制造和建筑打印机领域的增长尤为显著。2017 年，俄罗斯共生产了 24 台建筑打印机和 2600 台其他类型的 3D 打印机。2017 年 7 月，俄罗斯还在雅罗斯拉夫尔市建造了一栋面积为 300 平方米的 3D 打印建筑。

（三）轻工业快速发展

俄罗斯的轻重工业失衡问题虽然较为严重，但是经过多年的努力，俄罗斯的轻工业有了长足发展。轻工业制品以服装和鞋类产品生产与建筑绝缘材料为主。2017 年，俄罗斯轻工业产值比 2016 年增长了 7%，并呈现良好的增长态势。俄罗斯政府为促进轻工业领域的发展，采取了很多行动，2017 年，俄罗斯政府出台了关于推动轻工业行业发展的倡议，工业发展基金为轻工业的发展提供了30亿卢布资金，用于优惠贷款、贷款租赁贴息等方面。

（四）对外贸易快速扩张

俄罗斯海关的统计数据显示，2017年，俄罗斯对外贸易进出口总额达到5840亿美元，比上年上涨了25%。其中，出口总额和进口总额分别为3570亿美元和2270亿美元，同比增幅分别为25%和24%。从对象上看，在全球众多贸易组织中，欧盟、亚太经合组织和独联体是俄罗斯最重要的贸易合作伙伴，俄罗斯进口的商品有42%、31%和12%来自这三个地区；从国家看，中国依旧是俄罗斯最大的贸易伙伴国，贸易额为870亿美元，其次是德国（500亿美元）、荷兰（395亿美元）、意大利（239亿美元）和美国（232亿美元）。

二、产业布局

俄罗斯的工业布局与其矿产资源的空间分布紧密相连，最早建立的工业门类都是资源型的重化工行业。到现在，俄罗斯的工业布局和工业体系建设依旧紧密依赖资源，尤其是能源的分布和开发。目前，俄罗斯的工业生产主要分布在其处于欧洲的国土部分，多数分布在内陆的矿区，最主要的工业集聚区包括：西伯利亚工业区、圣彼得堡工业区、莫斯科工业区和乌拉尔工业区。其中，西伯利亚工业区以发展石油产业、机械制造、森林工业和军事工业为主；圣彼得堡工业区以发展石油化工产业、造纸、船舶制造、航空航天等为主；莫斯科工业区以发展汽车制造业、飞机制造业、钢铁、电子等为主；乌拉尔工业区则以发展石油化工产业、钢铁和机械制造为主。

三、政策动向

2017年，俄罗斯政府继续延续了其2016年的支持中小企业发展、实施进口替代和刺激汽车产业发展等措施，并在下半年出现了以下方面的政策新动向。

2017年7月，俄罗斯总理梅德韦杰夫批准了《在奥伦堡州新特罗伊茨克市建立新特罗伊茨克跨越式社会经济发展区的法案》。该法案指出，建立跨越式发展区将提高奥伦堡州新特罗伊茨克地区的经济多样化，降低经济发展对乌拉尔钢铁公司的依赖性，提高整个地区的投资吸引力。新特罗伊茨克跨越式社会经济发展区将创造2300多个岗位，吸引超过80亿卢布的投资。

2017年7月，俄罗斯总理梅德韦杰夫批准了《数字经济》纲要。梅德韦杰夫称，俄罗斯下一步会优先把医疗卫生、智慧城市和国家管理等方面的内容加入纲要。俄罗斯国家战略倡议署、俄罗斯电信公司、俄储银行、俄罗斯国家原子能集团和斯科尔科沃基金等机构将共同形成非营利性组织，主要负责《数字经济》纲要的落实工作。

2017年12月，为更好地落实“发展工业并提高其竞争力”国家计划，俄罗斯总理梅德韦杰夫签署命令，明确了俄罗斯向本土轻工业企业提供补贴并帮助其偿还贷款的规则。2018年至2020年，俄罗斯将从国家财政预算中拨款16.56亿卢布补贴轻工企业，主要是用于偿还这些企业在2013年至2017年期间为了扩大生产规模所借的贷款利息。

四、发展趋势

（一）工业经济增长有限

虽然2017年俄罗斯工业出现了增长，但增长幅度不大，在内部因素和外部环境短期不会发生变化的情况下，未来发展的道路依然荆棘丛生。首先，俄罗斯经济结构存在很大的结构性问题，工业过度倚重能源、轻重工业失衡这些问题不得到解决，未来工业发展的潜力依旧非常有限。其次，美欧对俄的大量经济制裁措施、国际石油价格暴跌等因素导致俄罗斯能源产业的外需不振，能源产业发展受到限制。再次，俄罗斯卢布快速贬值，导致生产成本上升、产品价格上涨，工业制成品竞争力下降，国内的投资环境不断恶化。面对这些问题，俄罗斯政府出台的经济刺激措施治标不治本，未来工业发展局面不容乐观。

（二）高新技术产业前景光明

高新技术产业在俄罗斯国民经济体系中占有重要地位。2017年，俄罗斯高新技术产业GDP占全国GDP的比重达到20%，高新技术产品出口额占总出口总额的比重为15%，政府对民用科技的资金支持同比增长20%。俄罗斯大约有1500万高新技术产业从业者，占全部就业人数的1/3左右。2018年，俄罗斯政府将继续加大对高新技术产业的支持力度，继续加大对民用科技的资金投入。无论从发展基础还是政府的态度看，俄罗斯的高新技术产业在未来都有较好的发展前景。

（三）非能源领域迎来发展新阶段

在国际油价持续走低和受到西方的经济制裁的情况下，俄罗斯能源经济近几年进入了低谷时期，但是一些非能源领域的工业产业反而获得了更好的发展机会和扩大出口的机遇。2017年，俄罗斯汽车工业、化学工业、医药制造和机械制造等行业对经济增长起到了显著的拉动作用。俄罗斯制造业企业使用本土生产的机械设备的比例也大大提高。汽车工业发展表现异常良好，2017年1月到11月，俄罗斯汽车生产同比增加了12%，出口范围扩大到古巴、阿尔及利亚等地区。近年，俄罗斯的国防、飞机制造、核电等优势技术产业还加强了和中国的全面合作。2017年底，俄罗斯和中国签署了《中俄高科技中心框架协议》，两国将在莫斯科附近的斯科尔科沃创新中心共建新的高科技产业合作基地。俄罗斯政府正在努力降低其经济体系发展对能源产业的依赖度，从现有发展状况看，未来，俄罗斯非能源领域的工业行业将得到长足发展。

五、企业动态

2017年，《财富》杂志公布的世界500强企业中有4家俄罗斯企业，比2016年减少了1家。分别为俄罗斯天然气工业股份公司（第63）、卢克石油公司（第102）、俄罗斯石油公司（第158）和俄罗斯联邦储蓄银行（第232）。其中，俄罗斯天然气工业股份公司营业收入913.8亿美元，盈利142.2亿美元；卢克石油公司营业收入709.0亿美元，盈利30.9亿美元；俄罗斯石油公司营业收入565.5亿美元，盈利27.5亿美元；俄罗斯联邦储蓄银行营业收入421.6亿美元，盈利80.8亿美元。

第四节 南 非

一、发展概况

南非是中等收入发展中国家，是非洲最大的经济体，也是世界五大矿产资源国之一。南非在非洲经济中的地位举足轻重，其国内生产总值占整个非洲的1/5左右。2013年到2015年，受全球经济低迷影响，欧洲对南非商品的需求量大幅下降，同时，黄金、铁矿石和煤炭等南非主要出口商品的国际价格走低，加之南非国内电力短缺和企业家投资信心不足等因素影响，南非经济持续低迷，增长乏力。2016年其，南非经济出现略微回暖，2017年则保持了回暖态势。南非统计局数据显示，2017年南非GDP增长率为0.6%，农业、制造业、矿业对经济增长都作出了贡献。2017年第四季度，南非的矿业和制造业都出现了5个季度以来的最佳表现。

（一）制造业重返下滑

2013年到2015年，南非制造业持续下滑，虽然2016年出现了略微的回暖，但好景不长，2017年南非制造业又陷入下滑局面，工业生产总值下跌了0.3%。2017年前八个月，南非制造业产值不断下跌，8月的同比降幅高达10.1%。6月到8月，南非十大工业部门中有八个都产生了明显的萎缩。制造业在南非的发展水平还没有恢复到2008年国际金融危机以前水平。

（二）贸易顺差有所提升

2017年，虽然国外市场需求不足、主权信用状况和消费者财务状况恶化等国内外因素对南非对外贸易形成的不利局面依旧存在，但是兰特开始升值，南非经济也出现一定起色，所以对外贸易有所扩大，贸易顺差则改变了减小的发展轨迹，转而有所扩大。南非税务总署的数据显示，2017年，南非全年贸易顺差达倒了805.5亿兰特，而2016年这一数值仅为10.5亿兰特，顺差有非常显著的提升。

（三）失业率居高不下

失业率高是长期以来困扰南非的一大问题，增加社会就业人数一直是南非政府经济政策的核心目标。虽然2017年南非的经济发展出现了一定好转，但并不足以解决严重的就业问题。2017年，南非的失业率依旧高达27.7%，出现了13年以来的新高，政府公布的失业人数高达590万，广义失业人数则会更多，可能高达900万。加上居高不下的出生率，未来南非就业市场的前景并不光明。南非总统计师帕里·勒霍拉对此忧心忡忡："这个数字比我们国家发展计划中建议的目标数字高出了13.1%。"

（四）汽车行业略有回暖

汽车工业是南非最大的支柱产业之一，其产出大约占南非制造业产出的30%。大众、宝马、丰田等品牌在南非都建有自己的工厂。2015年和2016年，南非的汽车制造和销售状况出现了下滑。但2017年恢复了上涨，本地市场新车销售量为55.8万辆，比上年增长了1.8%，南非汽车行业协会称："2017年汽车市场的回暖令人鼓舞，尤其是在南非经济增长缓慢，消费者支付能力有限，消费和商业信心低迷的背景下。"

二、产业布局

长期以来，南非的工业都非常集中地分布在全国几个最大的城市和周边地区，中小城市和乡村地带基本没有上规模的工业发展。南非工业的主要聚集区包括：比列陀利亚—维特瓦特斯兰德—弗里尼欣三角地区、德班—派思城地区、伊丽莎白港—尤滕哈格地区和开普半岛。这些地区的土地面积虽然只占南非土地面积的3%，却集中了全国73%的工厂，生产着全国80%的工业产品，拥有全国76%的产业工人。这些工业地带或因为丰富的矿产资源兴起，或依靠临近海洋的便利运输条件，加上本地较为廉价的劳动力兴起。

威瓦斯兰工业区、开普敦工业区和德班工业区是南非最大的三个工业区。其中，威瓦斯兰工业区是南非最大的工业区，它西起兰德芳坦，东至斯普令，工业成品量占全国的40%左右，主要发展机械制造（矿用机械设备为主）、服装加工、钻石工业及日用品生产等行业；开普敦工业区依港口而建，充分利用港口输入原料的便利，主要发展纺织、服装加工、汽车装配业和炼油等行业，工业产品量约占全国的15.5%；德班工业区工业产品量约占全国的15%，主要发展船舶制造、化学工业和炼油等产业。

三、政策动向

近几年，促进经济增长和增加就业是南非政府进行经济政策调整的主要方向。这一年，南非政府主要延续了2016年在扩大基础设施建设领域投资、中小企业减税等方面的政策措施，主要包括：“黑人实业家计划”“促进就业战略”和“中小企业扶持基金”，鲜有新增的政策措施。

四、发展趋势

（一）制造业发展持续放缓

南非的制造业发展面临来自很多方面的压力，从国内来看，近几年南非多次出现工人罢工、国内电力短缺严重、失业率持续处于高位、基础设施建设落后、国内市场需求疲软，从国际看，国际能源和资源价格大幅下跌等。加之南非政府过去几年一度实施了“去工业化”的发展战略。即使2018年南非政府会为提振制造业发展而实施一些新的激励政策，例如可能继续为企业提供基金支持等，但基于以上原因，南非制造业很难在短期内实现快速发展。

（二）出口增长可能有限

出口贸易在南非的经济社会发展中具有举足轻重的作用。欧盟从前一直是南非最大的制成品出口市场，南非对欧洲的出口量约占南非总出口量的四分之一左右。但是，近几年，欧盟国家经济发展乏力，英国退出了欧盟，南非对欧盟的出口贸易增长困难。此外，东南非共同市场是南非出口商品的又一主要市场，但是这一市场的需求能力有限，对南非产品需求的增长也较为乏力。所里，未来南非出口贸易面临着较为困难的处境。

（三）绿色经济发展加速

南非政府正在努力推动绿色经济的发展，过去几年，南非政府陆续出台了一些促进产业和企业向绿色转型的措施，例如对环境保护和绿色经济企业提供税收等方面的优惠政策、鼓励民营企业向绿色经济领域投资、鼓励向可再生能源领域投资等。过去三年，南非政府推出相关政策主要包括：“可再生能源保护价格”“可再生能源财政补贴计划”“可再生能源市场转化工程”“可再生能源凭证交易”以及“南非风能工程”等，同时，南非政府正计划建立以可再生能源组件生产和系统制造为主的新能源产业制体系，用于供应国内需求和出口。在这些政策的激励下，南非的绿色经济将得到快速发展，清洁能源生产发展潜力巨大。

五、企业动态

南非制造业在国际上的竞争力较弱，近 10 年都没有企业入选全球 500 强企业。

2017 年，南非经济略有回暖，但制造业领域表现不佳，本土制造业企业发展依旧困难，但是外国企业在南非却取得了较好的发展成果，其中，中国企业的表现异常突出。

根据南非—中国经贸协会发布的《2017—2018 年度中国企业在南非发展的报告》，中国和南非的经济贸易合作不断深入，呈现出全方位、宽领域、多层次快速发展的良好态势。中国已连续 8 年成为南非最大的贸易伙伴，南非同时是中国在非洲最大的贸易伙伴和最重要的投资目的地。2017 年，在南非投资的中国企业超过了 350 家，其中，大中型企业数量超过了 150 家。2017 年，中国国电龙源电力集团股份有限公司、中国电信、中国海外基础设施开发投资公司、海信、华融能源等中国企业都在南非开展了新的投资和产业布局，创造了大量的经济价值和就业机会。

第六章 拉　　美

第一节 发展概况

一、现状特点

拉美和加勒比地区2017年经济发展疲软，政局紧张，社会状况复杂多变。据国际货币基金组织统计，2017年拉美和加勒比地区经济增长率为1.2%，实际人均GDP负增长0.1%。拉美经济自2016年以来持续衰退，2017年下滑态势有所扭转，但因外部不确定因素不断增多，拉美和加勒比地区经济发展在中短期内难以实现强力反弹，经济“回温”的波动态势还将持续。

2017年，拉美经济发展呈现出以下几方面特点。

（一）工业发展总体平稳

2017年，拉美和加勒比地区工业运行总体平稳，主要指标有所改善。就国别而言，主要国家工业增加值占GDP比重如下：

表6－1　2017年12月拉美主要国家工业增加值占GDP比重

国家	工业增加值
巴西	21.24%
阿根廷	26.68%
智利	31.29%
哥伦比亚	32.59%
秘鲁	32.54%

续表

国家	工业增加值
乌拉圭	28.76%
巴拉圭	30.32%
玻利维亚	30.95%
墨西哥	32.75%
哥斯达黎加	21.53%

资料来源：赛迪智库整理，2018年3月。

（二）失业率持续攀升

根据国际劳工组织（ILO）的报告，拉美和加勒比地区国家2017年失业率持续增长，已从2016年的7.9%攀升至8.4%，失业人口数达2640万。失业率和失业人数创10多年来新高。据统计，2017年拉美和加勒比地区失业人数较2016年同期增加140万。报告认为，2017年该地区失业率急剧上升的主要原因是经济发展疲软，劳动人口增长速度快于就业岗位增加速度。报告指出，近年来世界经济复苏缓慢，拉美和加勒比地区深受影响。2015年，该地区就业基本为零增长。

（三）转型升级迎来重大机遇挑战

拉美国家在国际经济贸易活动中表现活跃，其经济体量和结构、经济发展水平、资源储量等，将为全球经济增长助力。当前，拉美地区处于内外部双重压力之下，特朗普就任为拉美经济发展带来极大的不确定性，外部市场恶化、外债超标以及内部改革滞后等多重因素，制约该地区经济中短期内的回弹。推动拉美和加勒比地区产业结构的升级转型以及区域一体化战略的落实，扩大对外开放程度，乃大势所趋。

二、发展趋势

（一）经济有望“温和”复苏

联合国拉美和加勒比经济委员会公布的数据显示，2017年拉美和加勒比地区平均经济增长1.3%，整体发展趋势优于上年，但仍需通过积极的公共政策维持扩张周期。2017 年，拉美和加勒比地区货币流动充裕、国际利率较低，私人消费驱动力强劲，这些因素都为年内和未来经济增长提供动力。预计 2018 年，全球经济将以 3% 的速度持续增长，拉美和加勒比地区的经济发展也将展现出更为强劲的势头。同时，更需要关注的是该区域面临的挑战和潜在风险，尤其是美国税制改革可能引发资本回流，从而导致区域内金融动荡。

（二）工业快速发展存在巨大挑战

拉美和加勒比地区工业发展面临内外双重压力，智利、委内瑞拉等国原材料价格持续走低，巴西经济衰退、通胀率高、政治矛盾激化，诸如此类的问题都为拉美地区工业经济发展带来巨大挑战。然而，墨西哥有望依靠美国经济的带动作用，成为拉美地区经济发展的一匹黑马。

（三）新思想引领中拉关系跨越式发展

拉美和加勒比国家与中国联系日益紧密，习近平主席三度访拉，并提出“五位一体”的关系格局和构建中拉命运共同体的战略构想。2017 年，中巴（拿马）建交和拉美被确定为 21 世纪海上丝绸之路的自然延伸，都标志着中拉合作开启新征程。党的十九大将习近平新时代中国特色社会主义思想写入党章，全面推进中国特色社会主义大国外交成为习近平新时代中国特色社会主义思想的重要组成部分。交通运输、基础设施、能源建设等都将以“一带一路”倡议和 2018 年的中拉论坛第二届部长级会议为契机为中拉跨洋牵手奠定坚实基础，实现互利共赢。

（四）FDI 流入稳步增长

联合国贸易和发展组织发布的《全球国际直接投资回顾与展望 2017—2018》报告指出，2017 年全球外国直接投资（FDI）同比下降 16%，中国全年外资流入 1440 亿美元，位列世界第二。拉美和加勒比地区 FDI 流入 1430 亿美元。同比增长 3%，其中跨境并购 240 亿美元，同比增长 34%。根据经济部门统计，2017 年墨西哥吸收外资 297 亿美元，同比增长 11.1%。拉美和加勒比地区 FDI 流入的主要特点一是制造业对 FDI 贡献最大，比重达到 45.3%；二是 FDI 来源稳定，主要依赖美国、西班牙和加拿大。

第二节 重点国别

一、墨西哥

（一）发展概况

墨西哥作为拉美经济大国，是北美自由贸易区成员，世界最开放的经济体之一。工业作为墨西哥最重要的经济部门之一，门类齐全，拥有完整且多样化的体系，包括轻工业和重工业两大部门。制造业占主导地位，石油产量居世界第四位，建筑、化工、纺织、服装等产业持续发展。然而，受北美自由贸易协定影响，贸易壁垒消除，墨西哥制造业在北美以及南美地区拥有良好机遇。近年来，墨西哥制造业并没有迎来飞速发展，呈现萎靡之势。对美国经济的高度依赖，让墨西哥制造业在对外贸易中的比重达到70%。

1. 经济增长总体放缓

据统计，墨西哥2017年国内生产总值增速从2.3%下降至1.7%，主要原因基于9月墨西哥地震带来的不利影响以及石油产值萎缩。墨西哥政府将继续深入结构改革，配合审慎的财政和货币政策，调控宏观经济。尤其应当注意公共安全形势和政府权力的全面监管，以确保国民经济的健康发展。

2. 汽车产业产量再创新高

墨西哥国家汽车工业协会（AMIA）数据显示，2017年上半年，韩国起亚汽车在墨西哥新莱昂州投资10亿美元建厂，共生产92213辆汽车，出口64885辆。虽特朗普竞选时一再威胁要对墨西哥汽车征收高额关税，但墨西哥汽车生产和出口都保持了强劲增长。特朗普上台后对墨西哥汽车征收高额关税的可能性仍然存在，且特朗普强迫汽车制造商更多地在美国生产。

3. 钢铁行业陷入贸易逆差

据拉美钢协统计，2017年1—11月，拉美地区粗钢总产量6394.7万吨，钢结构产量4860万吨，钢结构消费总量6070万吨。除巴西和阿根廷保持钢铁贸易顺差外，包括墨西哥、哥伦比亚、智利和秘鲁在内的多国均陷入贸易逆差，其中墨西哥粗钢产量1870万吨，贸易逆差530万吨。

4. 吸引外资增加

据墨西哥财政部门统计，2017年墨西哥共吸收外商直接投资296.95亿美元，同比增长11.1%。自培尼亚政府执政以来，已获得1714.71亿美元的外商直接投资，较上届政府增加50.7%。2018年2—3月，美加墨三国在墨西哥城举办第七轮北美自贸谈判，部分投资者仍在观望北美自贸协定重谈的结果。

5. 通胀率稳步下降

国际货币基金组织关于拉美和加勒比情况的研究显示，2017年随着石油价格放开带来的不利影响逐渐消散，国内通胀率呈现稳步下降趋势。但北美自贸协定重谈带来的不确定因素和墨西哥总统选举结果将对墨经济发展产生重要影响。

（二）产业布局

近年来，墨西哥工业逐渐向美国市场北部州转移，北部和西北部的墨—美边境地区成为墨西哥新的制造业中心，并以此为中心向周边地区辐射。墨西哥中南部地区出现了非工业化和第三产业化的趋势。中部地区服务业增长迅速，成为全国服务业最发达的地区，外国跨国公司拥有的金融服务业、民航和商业机构主要集中在墨西哥城及周围城市。由于经济的开放和宏观经济政策的调整，中部地区的传统工业部门面临国外进口产品的激烈竞争，处境困难。除了纺织业和电子产品、汽车业仍然具有一定竞争力外，中部地区的其他传统产业都逐渐萎缩。南部地区主要从事农业、农产品的加工以及石油化工。近年来，随着中部和北部劳动力价格的上涨，北部、中部的一些劳动密集型产业开始向南部地区转移，但目前内部地区经济仍然以农业为主。

分行业看，墨西哥纺织行业主要集中在墨西哥州及周围地区，墨西哥州占31.5%；墨西哥联邦区占17.5%；普埃布拉州占11.7%；依达尔戈州占7.0%；哈利科州占4.5%；阿瓜斯卡连特斯州占3.5%；其他州占24.3%。瓜达拉哈拉是美国在墨西哥电子产品的生产基地。墨西哥汽车生产企业主要在以下各州进行生产，包括阿瓜斯卡连特斯、下加利福尼亚、奇瓦瓦、联邦区、哈利斯科、墨西哥州、新莱昂、普埃布拉、克雷塔罗、圣路易斯波托西、索诺拉、瓜纳华托等。通用、奔驰和尼桑汽车公司在阿瓜斯卡利埃特州、瓜纳华托州建有汽车厂。

（三）政策动向

2017年6月，墨西哥央行国际储备减少2.61亿美元，余额1742.46亿美元。这主要是受墨西哥政府从央行购买2.45亿美元以及国际债券估价变化的影响。截至年底，墨西哥商业银行贷款额度达40.5亿比索，同比增长5%。其中企业贷款增加8%，住房贷款增加1.6%，消费贷款增加1.4%。与此同时，墨西哥总统宣布包括墨在内的太平洋联盟已向新加坡、澳大利亚、新西兰和加拿大开启自由贸易谈判的大门，有力推动外资流入、旅游业发展和确保就业岗位增加。

2016年，墨西哥经济通胀率居高不下，在美国大选的影响下，国内金融市场波动剧烈，比索贬值加剧。2017年第三季度，墨西哥央行将银行间隔夜拆借利率上调至7%。整体经济温和增长，但受到北美自由贸易协定存续时长的问题影响，墨西哥同美国关系不确定因素增加。

二、阿根廷

（一）发展概况

阿根廷是拉美地区经济发展水平较高的国家，制造业占国内生产总值的19%，自然资源丰富，同时是世界主要的粮食出口国。工业门类齐全，包括汽车、石油、化工、钢铁、机械、电子等产业。工业地理分布不均衡，主要集中在布宜诺斯艾利斯省和科尔多瓦省，内地省份工业基础薄弱。核工业和食品加工业发展水平居拉美前列。

1. 工业生产略有回升

据阿根廷《金融界报》12月报道，2017年10月，阿根廷工业生产同比增加4.4%，连续半年呈增长态势。其中汽车产业增常势头迅猛，同比增长25.6%；金属机械产业、建材产业和钢铝产业产值也稳步提升。但石油冶炼业下滑13.1%，食品产业下降1.1%。

2. 对外贸易小幅下跌

据阿根廷国家统计局公布的数据，2017年1—9月，阿根廷对外贸易额为931.80亿美元，出口439.90亿美元，进口491.90亿美元。2016年阿根廷对外贸易额为1133.47亿美元，同比下降2.7%，外贸顺差为21.28亿美元。阿根廷进口556.10亿美元，同比下降6.9%，主要进口来源地为中国、美国、德国、巴西、墨西哥等国。阿根廷出口577.37亿美元，同比增长1.7%。主要出口市场为中国、美国、德国、巴西、智利、印度、埃及和西班牙。

3. 经济形势逐渐回温

2017年9月，阿根廷政府放宽多项经济管控，解除贸易、价格、外汇限制。得益于马克里执政期间的多项经济改革举措，阿根廷通胀率从峰值60%下跌至28%。政府首次发债表明其国际融资环境大幅改善，经济紧急状态宣告结束。阿根廷政府经济预算报告指出，2018年国家经济预计增长3.5%，但经济发展仍存在多重负面因素：四大宏观经济挑战将持续发力，通胀率随之走高，贸易逆差难以平衡；鼓励投资也将对财政赤字产生不利影响。

（二）产业布局

阿根廷工业主要集中在布宜诺斯艾利斯省和科尔多瓦省，内地省份工业基础薄弱。核工业发展水平居拉美前列。作为阿根廷最重要的工业港口城市，罗萨里奥市拥有先进的食品加工、制革、造纸、机械工业。从罗萨里奥到拉普拉塔河道沿海地带是阿根廷的工业中心，拥有6家大型钢铁厂。

阿根廷目前拥有12家汽车制造商，包括通用汽车、本田、标志、丰田等制造商品牌。阿根廷汽车年产量88万辆，拥有500个汽车销售点，40%位于布宜诺斯艾利斯市。巴西经济的衰退严重打击阿根廷汽车产业。随后，阿根廷同巴西、墨西哥和哥伦比亚签署汽车双边协定。截至2017年，阿根廷汽车产业回暖趋势显著，带动巴西汽车市场的复苏。

（三）政策动向

为确保政府对经济和市场的干预权，阿根廷政府每两年宣布延期经济紧急状态，这一局面持续了15年之久。2016年2月，阿根廷政府与国际金融机构签订46.5亿美元的赔偿协议，同年4月，阿根廷发售165亿美元债券，发债额创下新兴市场最大规模的纪录。2017年6月，阿根廷首次发行27.5亿美元的百年长债，这些举措皆表明阿根廷国际融资环境有所改善，并重新回到国际债券市场。

阿根廷执政党联盟在2017年国会中期选举中胜出，这表明马克里政府的多项政策举措得到国会支持，政府的执政环境将大有改观。马克里执政两年间，贸易、价格、外汇限制解除，部分政府补贴取消，市场作用增强，新兴市场国家的特征日益显著。

社会领域，围绕减轻政府负担、推动投资开展一系列必要改革。劳工政策、社会福利等经济社会政策正在发生巨大变革，其目标是节省财政支出、扩大就业、拉动经济。虽推行阻力很大，但改革方案最终获得议会一致通过。

三、乌拉圭

（一）发展概况

乌拉圭地处南美洲的东南部，民主程度高，对外资有较强吸引力，生活质量居拉美和加勒比地区首位。2017 年出口总额达 90.58 亿美元，同比增长 9.2%。工业产值占 GDP 的 25%，主要以农牧产品加工为主，包括肉类加工、榨油、酿酒、制糖、罐头、面粉、牛乳、干酪加工等，可耕地面积和牧场面积占国体面积的 90%。其次是纺织业，主要加工羊毛、生产棉纺和化纤产品。重工业基础相对薄弱，能源依靠石油和水力发电。农业、畜牧业、服务业、IT 和软件业是乌拉圭的四大优势产业。

（二）产业布局

乌拉圭工业以农牧产品加工为主，近年来，服务业和软件行业、新能源等产业成为乌拉圭工业发展的主要方向，但目前这些行业发展尚属起步阶段，无法形成自身规模与优势。

汽车产业。据乌拉圭 21 世纪协会统计，2017 年乌拉圭汽车及零部件出口总额达 1.12 亿美元。同比增长 75%。国内两大汽车制造商 TAKATA 和力帆汽车位列前二，出口总额分为别 3400 万美元和 3000 万美元。汽车产业的飞速发展得益于巴西市场的回暖和阿根廷市场的开拓，对这两国的出口额占出口总额的 95%。

农牧产品加工业。乌拉圭是畜牧业发达国家，农牧加工业主要包括肉类加工、榨油、酿酒、制糖等食品加工业和羊毛加工、棉纺生产和化纤生产等纺织业。2017 年 11 月，乌拉圭乳制品出口同比增长 43%，达到 7600 万美元。

大豆、牛肉和木材加工产品出口额较上年同期大幅提升。近年来，乌拉圭政府提出继续保持传统农牧业发展优势、改善农牧业产品结构、提升农牧业产品附加值的发展目标。2017 年，乌拉圭向中国出口总额累计超过 16.52 亿美元，同比增长 57%，其中牛肉制品占比超过一半。

风电产业。乌拉圭政府高度重视可再生能源发展。2013 年，乌拉圭国家电力公司（UTE）投资约 20 亿美元用于发展风电产业，并批准了 20 个风电场的项目。2016 年，乌拉圭超过 60% 的能源供应来源于可再生能源，约 5% 来自风力发电，12% 来自水力发电，44% 来自生物燃料发电，37% 取自石油及其衍生品，1% 利用天然气发电。

信息技术产业。国际电信联盟发布的《信息社会检测报告》显示，乌拉圭 2017 年信息技术发展水平得分接近欧洲平均水平 7.5 分，位列拉美首位和世界前 50 位。

（三）政策动向

2017 年 6 月，乌拉圭首次在全球债券市场发行 5 年期的比索债券，约合 12.5 亿美元，年收益率约为 10%，年内通胀率持续走低为此次发债提供有利条件，但国内市场债券需求已高达 56 亿美元。乌拉圭政府将于 2017 年下半年和 2018 年增发 35.22 亿美元国债，用于保障财政收支平衡。

2017 年 9 月，中国民用航空局同乌拉圭交通和公共工程部签署谅解备忘录，旨在落实 2016 年中乌两国关于建立战略合作伙伴关系联合声明的相关内容，就航线表、运力额度、第五业务权以及代号共享等航权安排达成一致，为双方企业在空运领域开展务实合作和建立航空联系奠定坚实的法律基础。

2017 年 12 月，中国国际贸易促进委员会、乌拉圭 21 世纪出口投资促进协会和美洲开发银行在乌拉圭埃斯特角市举办第 11 届中拉企业家高峰会，签署《中拉贸易机构和商协会埃斯特角宣言》，中国贸易促进会与乌拉圭国家产品商会、出口商协会等机构也签署了相关合作框架协议。

第七章 韩　国

第一节 发展概况

韩国，全称为“大韩民国”，是位于韩半岛南端，在经历了“干政门”事件后，文在寅于2018年接任总统，中韩建交于1992年8月24日，韩国位列亚洲经济体第四，其身为亚洲为数不多的发达国家之一，通过制造业崛起，并打下了深厚的根基，其中，尤其电子产业已享誉世界，汽车、机电、半导体、医药、化学、造船、芯片代工、内存颗粒、存储芯片、LED屏幕、新材料等产业同样也是韩国经济的根本，长期保持着世界前列的地位，三星、现代、LG等品牌驰名全球。受“萨德”危机、三星掌门人入狱和Note7手机燃损事件、国内加息等因素影响，韩国整体经济全年都处于波动之中，但由于世界经济总体向好，发达国家增长势头迅猛，虽然仍有全球贸易保护主义和“逆全球化”风潮、发达经济体货币政策收紧、中国“限韩令”减少中韩文旅合作、世界经济增长后劲乏力问题等外部因素存在，但韩国2017年度经济增速却在逆境中增长，韩国前三季度前十大公司利润总额、外贸出口、GDP较2016年分别增长95%、18%和3.6%，GDP增速为近5年来最高。在韩国受内外多重因素影响的境遇下，韩国国内生产、消费、投资势头一改2016年颓势，逆流而上，韩国央行于12月25日初步估计2017年韩国国内生产总值同比增长3.1%，是韩国自2014年以来的最高增速。在世界经济向好的正面推动下，自2016年6月起长达一年的PMI持续降低形势得到了改善，韩国央行公布2017年8月的PMI于2018年内首次突破50枯荣线，12月达到最高值51.2。面对错杂的国内外经济形势，韩政府陆续出台“以国民收入增长带动经济增长”等系列政策，提高产业发展，促进国民经济不断增长。

一、制造业呈现逆势上行

从2017年韩国经济数据来看，韩国经济整体呈复苏态势。韩国受“萨德”事件、特朗普贸易保护主义和推行“逆全球化”的单边主义政策等因素影响，在世界经济回暖的形势下，国内制造业逆势上行，克服诸多不利因素影响。2017年以来，韩国制造业增长动力下半年高于上半年，总体态势呈上升趋势，韩国制造业PMI值于2017年11月达到峰值51.2，自2017年1月缓慢上行，至6月首破50枯荣线，随后波动上行，到年底达到高点。2017年4月和11月，韩国制造业企业景气调查指数（BSI）均为83，同比分别上涨12和11个基点，环比分别上涨4和1个基点，为2017年的最高水平，一扫2016年制造业的持续低迷。具体来看，2017年12月，韩国大企业BSI为87.00，中小企业为71.00，同比分别上涨7和9个基点，环比均下降1个基点；制造业产品销售价格BSI为96.00，同比和环比均下降1个基点，但整体由于制造业回暖，所以生产、销售、效益、新收订单、原材料购买价格等指数均有所回暖，整体表现良好。总体而言，2017年韩国制造业在国内外因素的逆势影响下，发展较佳。

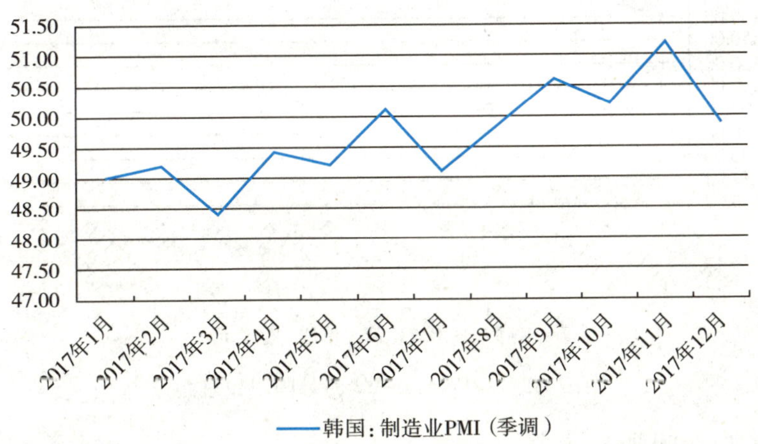

图7－1　2017年1—12月韩国制造业PMI

资料来源：根据新闻整理。

二、出口总额抗压上行

2017 年全年韩国在受“美国优先”、美联储加息、“萨德”事件等多个因素影响的背景下，韩国出口面临更大压力。但由于全球经济回暖复苏，加之发达国家经济增速提高。相比较出口总额的增长，出口货物量的增长率远低于出口额增长，2017 年韩国的出口总额为 5739 亿美元，较 2016 年增长 17.7%，创历史最高纪录，实现贸易收支顺差 958 亿美元，由此可见韩国的出口总额增长是由于货物价格增长，加之国内、国外的货币、税收政策调整共同影响所致。韩国央行公布的数据显示，韩国 1—12 月出口物价指数年率呈先升后降趋势，10 月为全年峰值，月率为 10.9%，12 月为全年低谷，呈负增长，月率为 1.2%。韩国国际贸易协会数据显示，2017 年 1—12 月出口额平均值和出口总额都较 2016 年有大幅提升，整体呈上升趋势，2017 年 9 月为全年峰值，出口额达 551.15 亿美元，同比增幅达 34.90%，1 月为全年低谷，但同比增幅仍达 11.00%。

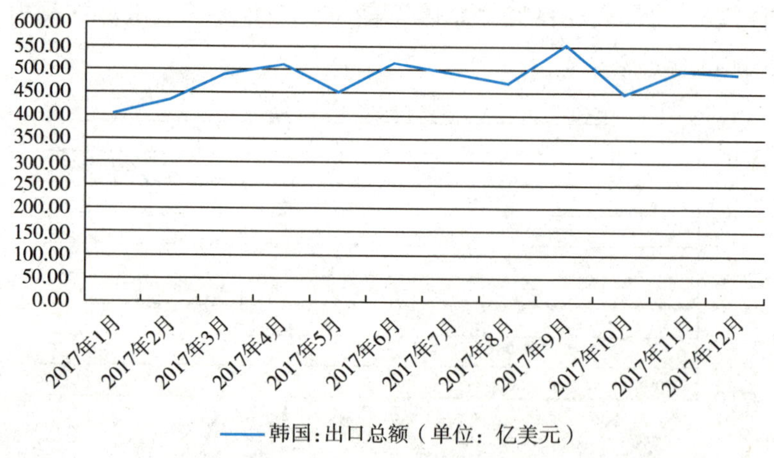

图 7－2　2017 年 1—12 月韩国出口总额

资料来源：韩国国际贸易协会。

三、汽车产业发展由盛转衰

全球经济回暖复苏，但受“萨德”事件、美国市场竞争力降低等因素影响，现代、起亚、韩国通用、雷诺三星、双龙五大整车厂商2017年总销量约为819.6万辆，同比减少6.9%，韩国国内销量约为155万辆，较2016年减少2.4%，出口约为664.6万辆，较2016年减少7.9%。现代汽车全球总销量约450万辆，较2016年减少6.5%；起亚、双龙和韩国通用分别下降7.8%、7.8%和12.2%，仅雷诺三星全年增长7.6%。受新款雅尊（GRANDEUR）、Kona、G70等新车型发售畅销的影响，现代汽车本土销量较2016年增长4.6%，销售68.89万辆左右，双龙车型较2016年增长3%；起亚、雷诺三星和韩国通用较2016年分别下降2.5%、9.5%和26.6%。韩国汽车产业受中国市场销量不振、“萨德”事件等因素影响，现代和起亚汽车出口量较2016年分别减少8.2%和9%，分别销售381.59万辆和222.46万辆，韩国通用和双龙较2016年分别减少5.9%和29.2%，仅雷诺三星增长20.5%。

由于全球汽车需求低迷的影响，中、美汽车市场份额缩水，韩国2017年乘用车出口2415948辆，较2016年下降3.61%；客车143823辆、货车5441辆和专用车528辆，分别较2016年增长243.65%、4.82%和0.19%。

四、电子信息制造业市场业绩创新高

2017年，韩国超过中国台湾跃居半导体产业世界第一位，市场销售额增长132.6%，达178.9亿美元，半导体出口996.8亿美元。三星电子和SK海力士在韩国的领导地位不容撼动，有20000多家企业支撑半导体产业的发展。2017年，三星丝毫没有因“爆炸门”和“萨德”事件的影响，2017年三星电子总资产首破300万亿韩元，达301.75万亿韩元；营业收入为239.58万亿韩元，全年营业利润为53.65万亿韩元，从三星的业绩报告来看，各项财务指标保持不同程度增长，业务也从消费类家电、移动通信业务的“前台”，转向了“设备解决方案”的“幕后”，半导体业务营业利润增长120%，超过英特尔位居世界第一，芯片业务的收入猛增，利润占全年营收的31%；SK海力士2017年第三季度销售额同比增长91%，首超100万亿韩元；营业利润增长400%，达45.16亿美元。

第二节 产业布局

现在看来，从韩国经济发展角度来看，首尔、釜山已成为两大支柱，由于1950年以来韩国城市发展规划中将基础消费品作为刺激经济繁荣的重点手段，强势促进了这两大支柱的崛起。直到1960年后，韩国又重新将轻纺产业作为出口重点战略对象，形成以首尔和釜山两大区域的轻纺产业为主心骨的经济情形。20世纪70年代后，首尔、大邱、仁川、釜山等中大型城市的工业产值占比高达六成以上。1970年后，从浦项到光阳产生了一条沿海的、东西走向的经济地带，该地段主要发展钢材、石油、船舶、机械等一系列重型化工产业，该地段的优势在于经济基础扎实、工业资源丰富、交通区位条件优越、避开地缘政治纷争频繁且复杂的东南沿海地区等。相比之下，韩国的西部沿海地段及东部太白山区的经济发展状况显然不如前者。1980年之后，韩国开始强势推进技术密集型产业的蓬勃发展。20世纪80年代，韩国电器和电子产品的产值，分别递增近两成和近三成。韩国将本国的电子信息科技类企业主要布局在科研水平和研发力量强大的城市附近，韩国三星集团在利川建设半导体研发工厂，在龙仁建设集成电路工厂，上述城市均环绕首尔呈放射状分布。

韩国重化工产业是其经济规划中的重点建设对象。其地域布局具有两个显著偏好。第一，偏好沿海地区。这是由于韩国本土矿产资源短缺，重化工产业的原材料极度依赖进口，因此沿海港口地区成为重化工企业、工厂建厂的偏好区域。典型的例子有，京仁地区的仁川位于东南沿海区域，束草位于东部沿海区域。第二，产业公用园区。这是一种给若干个重工业企业安排在同一场所，并共享公用设施的产业园区。韩国从1970年后逐渐收紧城市扩张的政策，推进使经济、商业、人群主要围绕中心城市发展的布局。收紧政策主要包括在重点城区增加固定居民人数和个人固定资产投资，刺激工厂、企业离开中心城市城区，向外迁移，让它们享受外迁鼓励政策。

第三节　政策动向

为应对国内“萨德”等事件和世界形势的影响，实现经济逆流而上，2017 年韩国政府出台一系列举措，包括韩中、韩美经济合作关系，与多国的双边货币互换协议，汽车、通信、新能源产业领域改革，政府出台的财政、企业和税收政策，以及“国政运营五年规划”发展规划等多个方面的政策、协议，拟定了“新政府规制改革促进方向”，开展了一系列政府组织架构和职能的改革，调整政府职能，增加就业，扩大出口，提升工业领域竞争力，提振国内经济。

2017 年 1 月，韩国副总理强调将与美国尽快建立更密切的经济合作关系，持续地与海外投资者和外国记者以及美政府政策制定部门等进行接触。另外，韩国政府与马来西亚签署了双边货币互换协议。

2017 年 2 月，首先，韩国与澳大利亚签署了双边货币互换协议，进一步夯实国内的金融安全网，除上述协议外，韩国近期还将与阿联酋、印尼协商延长双边货币互换协议期限；其次，韩国产业通商资源部表示，将于年内开发和制订关于减少前方冲撞系统等 5 种自动驾驶汽车的韩国产业标准（KS），以及针对国际标准，发布 4 种相关标准，并正在开发关于前方紧急刹车警告系统的 1 种国际标准；最后，韩政府设 P2P 理财上限规定，规避金融风险。

2017 年 3 月，韩国产业通商资源部长官周亨焕访问南美共同市场议长国阿根廷，签署了正式开始协商韩—南美共同市场贸易协定的共同声明，本次协商将重新确立自由贸易的重要性。韩国央行还于 3 月与印度尼西亚中央银行确定延长两国货币互换协议三年。此外，韩国经济副总理兼企划财政部长官为解决日趋严重的青年就业问题，讨论通过了扩大青年就业的补充方案。

2017 年 5 月，文在寅总统接任后，宣布新政府将实施积极的、扩张性财政政策，提振经济，将最大限度减少国家负债增长，并努力降低迅速攀升的家庭债务；新政府颁布了新的企业政策，采用“保护中小企业、改革财阀企业”的主张，发挥中小企业在创造就业方面的积极作用；除此之外，文在寅总统任内还将实行对富人征税措施，以拓展财源，用于实现竞选承诺目标，此举主要针对富人，集中在继承和赠予税，以及资产所得税两方面。

2016 年 6 月，执政党共同民主的党金正宇等 10 名国会议员共同发起将现行的超过 5 亿韩元适用 40% 税率，修改为超过 3 亿韩元适用 42% 的税率所得税法的修订提案。在通信产业，韩国国政企划咨询委员会 22 日与执政党共同民主党联合发布了“移动通信费用减免方案”，达到每年最多减免 4. 6 万亿韩元通信费用的效果。

2017 年 7 月，一方面，在经济领域，韩国新任经济副总理金东兖近期在视察京畿道地区中小企业时表示，今年将通过税制改革对中小企业和中坚企业用工给予优惠补贴，以扩大就业；韩国环境部发布行政预告放宽电动车补贴规定，将修订“电动汽车普及对象评审规定”，废除购买电动车补贴需满足电池慢速充电最低 10 个小时的限制。另一方面，在政治领域，韩国总统文在寅于柏林与中国国家主席习近平会晤，希望夯实韩中战略伙伴关系。韩国总统文在寅向国民公开发表了包含未来五年施政方向和工作计划的“国政运营五年规划”，总体部署“国民做主的政府”“共同富裕的经济”“普济民生的国家”“均衡发展的地区”“和平繁荣的半岛”五大目标，分三步落实百大施政课题。

2017 年 8 月，韩国银行将加大对中小企业的政策性优惠贷款支援，重点从“支持创业”转为“支持新增长动力和就业”。文在寅政府实施提高基本养老金、提供“儿童补贴”等多项惠民政策。

2017 年 9 月，韩新政府审议并通过了“新政府规制改革促进方向”等内容，意在出台系列工业领域制度，积极应对第四次产业革命。韩国新政府希望提升与东盟的关系，强化其在经济领域的合作关系。

2016 年 11 月，文在寅政府上台后开展了一系列政府组织架构和职能的改革，新政府于 11 月调整了原本的预算制度，由企划财政部独揽的政府预算制定及分配权中的高新技术研发预算相关权力职责，将于次年部分转移至科学技术信息通讯部。韩国产业资源部长官与法国能源环境部及经济财政部部长签署关于加强核电站拆解合作的谅解备忘录，加强双方在能源、核电站拆解、新产业领域的技术合作，促进彼此间交流。

2016 年 12 月，产业通商资源部发布了“再生能源 2030 履行计划”，拟投入 110 万亿韩元，至 2030 年把再生能源发电占比由目前的 7% 提高至 20% 。

第四节 发展趋势

一、工业生产将实现小幅上升

韩国是世界第八大工业国，但受全球经济发展疲软、国际大宗商品价格呈下降态势、美元升值、韩国国内政治环境不稳定等因素的影响，韩国近年来内需不振，就业形势逐渐缩紧，工业、制造业持续萎靡。除了 2014 年，2012 年以来韩国的经济增长率数值几乎均在 3% 以下波动。2016 年 12 月底，韩国政府将此前预测的 2017 年韩国经济增速 3. 2% 下调至 2. 6% 。由于韩国半导体工业受到国际主要市场青睐的影响，韩国出口额 2017 年较 2016 年同比上涨 15. 8% ，高达 5739 亿美元，在此背景下，韩国工业增长潜力大幅上涨。

二、汽车行业由盛转衰

2005 年以来，韩国一直稳居全球第五大汽车生产国的地位。2014 年，日元贬值导致韩币升值，影响韩国汽车出口贸易，但由于新款车型上市、市场反应良好等内需因素的推动下，韩国汽车销量小幅增长。2015 年，现代汽车推出多功能运动车（SUV）车型，销量随之增长，根据市场反应来看，在整体销量中所占比重将逐步提高。2016 年，韩国现代在品牌五百强的排名上升至第 84 名，但受世界经济不景气、主要消费市场汽车需求不振等影响，其销量、利润不涨反降。2017 年是韩国汽车产业由盛转衰的一年，截至 2017 年 12 月，韩国汽车市场销量为 13. 2 万辆，同比减少 24. 6% 。其中现代起亚在中美两大主要市场出现了较大的销量下滑，主要是由于错失了 SUV 和皮卡的增长趋势，以及“萨德”事件造成中韩关系紧张对中国市场的影响，全球销量同比下降了 40% ，但在韩国本土销售量有所增长。

三、出口打破负增长，呈上行趋势

近两年，韩国主要产业竞争力不足，由于受发达国家经济发展疲软、主要出口对象——中国面临经济增速放缓、贸易额下降等情况的影响，韩国进出口贸易增速暂缓，进口市场急剧萎缩，进出口贸易随之失衡。2016 年，韩国出口不景气，全年贸易额降至万亿美元以下，韩国经济最大驱动力出现危机。韩统计厅数据显示，20 世纪 70 年代韩国出口年均增长率高达近四成，而 2016 年出口增长率同比降低了 5.9%。单月出口额从 2015 年 1 月至 2016 年 7 月连续 19 个月均为负增长，甚至打破了韩国出口负增长纪录。直到 2017 年韩国全年贸易额重新突破万亿美元，出口额排名第六，这主要得益于韩国半导体产品受到主要市场的认可，据韩海关统计，韩 2017 年出口额达 5737.2 亿美元，增长率为 15.8%。

第五节　企业动态

一、总体情况

在韩国企业面临较为波动的经济局势下，作为以制造业为根基的韩国，众多大型企业依旧保持世界 500 强前列的位置，这些品牌企业在世界范围内仍有巨大影响力，但总体排名不如 2016 年的综合表现。2017 年，根据《财富》公布的世界 500 强企业最新榜单内容，韩国企业入围的数量与 2016 年持平，仍为 15 位。其中，三星电子（SAMSUNG ELECTRONICS）排名第 15 名，较前一年下降 2 位；现代汽车排名第 78 位，较前一年上升 6 位；LG 电子（LG ELECTRONICS）超越浦项制铁（POSCO）排名榜单第 201 位，后者仅居第 208 位，LG 电子虽后来居上，但两者均较 2016 年排名下降较大，分别比前一年下降 21 位和 35 名。2017 年，受世界经济总体向好、发达国家经济回暖复苏影响，韩国整体经济表现优异，多项指标均超 2016 年。韩国制造业企业经营进入缓慢发展期，支柱企业经济增速不容乐观，从全年指标看，整体产业生产同比增长2.4%，呈现缓慢增长态势，但失业率较高问题仍未得到解决。韩国统计厅数据，2017年1—12月，制造业平均开工率仅为70.4%，降至2016年8月以后的最低水平。另据韩国统计厅数据，2017年韩国就业人口为2655.2万人，同比增加31.7万人，但青年就业形势仍不乐观，失业率高达9.9%，创开始统计以来的新高。2017年全年整体失业率为3.7%，与2016年持平。

二、主要跨国企业动态

（一）三星电子

三星电子在2017年世界500强的排名为第15名，作为苹果公司在市场上最大的竞争对手之一，在受三星掌门人入狱和Note7手机燃损事件的一定影响下，三星电子2017年各项财务数据仍保持稳固增长，品牌影响力上升。2017年，三星电子总资产达到了301.75万亿韩元，首次突破300万亿韩元大关，营业收入为239.58万亿韩元，全年营业利润为53.65万亿韩元，主要来自三星的芯片业务，包含屏幕业务。“爆炸门”事件使三星电子更加注重在研发方面的投入，总投资额超过了16.8万亿韩元，与2016年相比，三星电子的研发支出总额提高了2.01万亿韩元，增加13.59%。在改变产品策略后，“爆炸门”并未对2017年度的营业收入有所影响，在经历过负面事件后，三星电子将消费类家电、移动通信业务的经营比例小幅下调，逐渐增加了“设备解决方案”项目，该部门中的显示屏业务和存储类相比2016年第四季度营业收入分别提高51%和54%，如今已超三星季度总营收的一半；而这一调整策略证明了三星的营收、经营重点已经从消费类产品逐渐地调整为“幕后”的原材料供给。三星电子全年总共资本支出为440亿美元，排名世界第一，三星电了投入约2016年两倍的资金在生产半导体和显示屏及其他产品上。2017年三星电子的营收业绩喜人，其调整了以芯片为核心的发展战略，以寻找企业新的业绩增长点。电子半导体业务2017年全球以691亿美元的全年营收超过英特尔，成为世界上最大的半导体公司。

（二）现代汽车集团

现代汽车在2017年发展势态良好，作为驰名世界的汽车品牌之一，现代汽车在2017年世界500强排名提升6位至第78名。2017年，现代汽车营业收入达807.01亿美元，同比降低0.8个百分点；营业利润为4.5747万亿韩元，较2016年减少11.9%，创2010年以来最低水平，利润率仅4.7%，较2016年降低0.8%；全年销售额同比增长2.9%，为96.3761万亿韩元；净利润1.1亿美元，同比减少71%。根据现代汽车公布的2017年销量数据，现代汽车2017年的销售目标为508万辆，但销量仅为450万辆；起亚2017年全年销售目标为317万辆，但销量仅为275万辆，双双未能达标。由于现代汽车单一的美国、中国双市场情况，2017年中、美两市场的销售量逐月降低。在美国，现代汽车的市场份额已经降至2009年以来的最低点，情势不容乐观，丧失了2016年在美的销售优势；在中国市场虽然销量有所反弹，但受“萨德”事件影响，虽然现代汽车在重庆的工厂已于8月正式投产，但表现欠佳，整体在中国的市场销量恢复仍然尚需时日。反观韩国国内，5月11日，现代汽车应韩国交通部的要求，在韩国召回24万辆车辆。2017年，现代汽车在新能源领域的表现较为突出，一改汽油车销售的颓势，现代汽车将在2021年推出续航里程增至500km的全新电动车，此外，现代还表示将在2018年上半年推出一款小型电动SUV，续航里程可达390km。现代汽车于2017年8月15日宣布已建立一套先进的车路通信系统，旨在助推自动驾驶技术的发展。

（三）LG集团

LG身为世界先进的数字技术领域企业，于2016年红点设计大奖赛荣获32项奖项，其中包含2项“最佳设计奖”和30项“红点奖”，是2016年唯一一家在同年获2项“最佳设计奖”的企业，证明了LG在技术与设计两个方面都处在数字技术领域领导地位。2017年，LG集团营业收入达61.4万亿韩元，较2016年增长10.9%；净利润2.47万亿韩元，达到2009年以来最高净利润，较2016年增长85%，其主要原因是由于顶级家电与电视上的强劲表现。电子家电与空调事业部全年销售额为19.23万亿韩元，较2016年成长11%，TWINWash双能洗洗衣机、InstaView冰箱与能源效率家电有大量需求；

电子家庭娱乐事业部全年销售额为 18.67 万亿韩元，较 2016 年成长 7%，净利润达 1.57 万亿韩元，表现出顶级 UHD 与 LG OLED 电视产品持续增长性；受中国小米、华为等品牌的冲击影响，电子行动通信事业部在 2017 年表现欠佳，销售额为 11.67 万亿韩元，智能手机业务持续亏损，部门第四季度利润亏损为 2132 亿韩元。LG 在 2017 年业绩优异的主要原因，是受到高端 OLED 电视和家电强劲销售的影响。

第八章　中国台湾

第一节　发展概况

最近几年，台湾地区经济陷入低迷状态，产业转型面临着诸多困境，其主要原因是台湾地区以外向型经济为主，而近年来外部需求又不足。但是2017年，外部需求增加带动台湾地区经济受回暖影响明显，主要产业景气好转向上，企业经营利润增加，经济增长加快。同时，台湾地区内部投资乏力，消费继续低迷，经济增长后劲不足，经济复苏的基础依然比较脆弱。台湾当局采取了一些积极举措来推动产业转型，加快经济改革，但进展不顺利、争议较多，缺乏稳定增长的长期动力，工业生产面临着新一轮调整，主要有以下特点。

一、经济呈现明显回温增长态势

2017年，受全球经济复苏以及市场需求增长的影响，台湾地区经济发展回温明显。台湾地区经济部门的统计数据显示，2017年全年四个季度经济增长速度分别为2.66%、2.13%、3.11%以及3.3%，预计全年经济增长速度将高达2.8%，不仅仅完成预期保障2%的经济增长速度，更是创下台湾地区2015年以来最高经济增长率。但是台湾经济发展的动能却存在不足，根据2017年12月亚洲开发银行《亚洲经济成长预测报告》，台湾仍将是“亚洲四小龙”经济增长速度最慢的，预计中国香港地区经济增长率将达到3.7%、韩国将达到3.1%、新加坡将达到3.2%，只有台湾地区的经济增长率明显低于3%。而放眼整个东亚地区，台湾地区经济增长更不显眼，东盟主要经济体

2017年第三季度经济平均增长率为5%，中国大陆高达6.7%，整个亚洲的平均增速为5.5%，是台湾第三季度经济增长率的1.77倍。甚至，台湾经济增长率低于全球经济增长速度，根据IMF预测，2017年全球经济增长率为3.2%—3.7%，台湾经济呈现“未老先衰”的发展态势。

二、大陆对台湾外贸起主要拉动作用

2017年，台湾对外贸易态势整体发展迅速。根据台湾关税总局统计，2017年台湾货物进出口额为5513.3亿美元，较2016年增长13.2%，贸易顺差为328.5亿美元，较2016年增长21.3%。中国台湾地区的出口市场主要是中国大陆、中国香港、美国以及日本，占台湾出口总额的比重分别为27.7%、12.5%、12.1%和6.2%，较2016年分别增长20.3%、7.1%、10.6%和8.2%；2017年台湾地区自中国大陆、日本、美国和韩国的进口额分别为501.4亿美元、420.3亿美元、302.8亿美元和169.3亿美元，分别占台湾进口贸易总额的19.3%、16.2%、11.7%和6.5%，较2016年的增幅分别为13.9%、3.4%、5.8%和15.5%。由此可以看出，中国大陆是台湾地区最主要的进口来源地和贸易伙伴。2017年，台湾地区与中国香港和中国大陆的贸易顺差分别为350.6亿美元和307.2亿美元，其中与中国大陆的贸易顺差较2016年增长32.5%。与此同时，台湾地区的贸易逆差主要是来自日本，2017年贸易逆差额为240.3亿美元，与2016年基本持平。另外，在台对外投资方面，2017年1—9月，中国大陆批准台商投资项目2651个，实际使用台湾投资金额约14.1亿美元；如果包含通过开曼群岛等自由港的第三地转投资，中国大陆实际使用台湾投资金额将高达38.3亿美元，较2016年增长37%。目前，台湾是中国大陆第二大外资来源地区，而中国大陆是台湾最大的投资目的地。

三、半导体产业显现疲软的增长趋势

半导体行业是台湾地区最大的支柱型产业，但是全球需求下滑和市场竞争日趋激烈的大环境使台湾地区半导体产业的发展面临新困境。2016年，全球半导体产业受全球经济疲软的影响，增速放缓；但是随着市场对终端电子产品的需求上升，物联网、自动化等新兴科技的进一步发展，台湾地区半导体产业迅速发展并取得了较为长足的发展，2017 年 1—11 月，台湾集成电路出口总额高达 709 亿美元，增长率增幅创下近 6 年以来的峰值，年增率达 11.1%。然而 2017 年全球半导体产业首次突破 4000 亿美元，高达 4111 亿美元，较 2016 年增长 20%，预计美国仍将占据全球半导体产业第一的位置，产业市值高达 2164 亿美元；相比之下中国台湾地区半导体产业发展疲软，2017 年台湾半导体产业市值为 805 亿美元，较 2016 年仅增长 0.5%，占全球半导体产业的比重也由 2016 年的 18.1% 下降至 16.3%；同时，韩国半导体产业以 868 亿美元超过中国台湾成为全球第二大半导体国家（地区），同时韩国三星集团半导体营业收入首次超越英特尔成为全球半导体产业的龙头企业；预计在 2020 年左右，中国大陆半导体产业也将超过台湾地区。另外，2017 年全球半导体资本支出为 823 亿美元，较 2016 年增长 22%，其中晶圆代工投入高居榜首，为 236 亿美元；而在企业方面，三星集团投入为 175 亿美元，英特尔为 120 亿美元，台积电为 100 亿美元。

第二节　产业布局

一、总体情况

经历了多年的发展过后，台湾地区已经形成了以电子信息产业为支柱、部门比较齐全的工业体系，工业地域分布格局主要分为北、中、南三大地区，各区域根据自身资源和发展特点重点发展不同产业。北部地区是台湾地区最重要的工业区域之一，工业发展规模最大且产业门类最齐全，产业囊括了纺织、食品、造纸、机械、电子、化工、金属制品、半导体等。20 世纪 80 年代以后，中部工业开始快速发展，目前台湾中部地区企业数量较多的行业主要集中在金属制造业、机械设备制造业和塑胶制品制造业。南部工业历史发展以传统产业为主，随着高科技产业不断发展，台湾地区南部工业整体向着高科技产业方向发展。台湾地区南部地区过去是台湾地区的重化工业中心，主要产业囊括石油冶炼、化工、钢铁、制造、纺织等。20世纪70年代，台湾地区工业建设中的炼铁、石化及造船都集中在高雄，目前高雄已成为台湾地区最大的石化工业中心。目前，台湾地区南部产业结构已朝高科技化转型，科技产业与传统产业的比重日趋平衡，并且极具发展潜力。

二、重点园区分布

工业园区的设立对台湾地区工业发展和产业集群的形成发挥了重要作用。新竹科学园是台湾地区最大的半导体与电脑及周边设备制造业中心。新竹科学工业园成立至今已有396家高科技厂商进驻，主要产业包括半导体业、电脑业、通信业、光电业、精密机械产业与生物技术产业。在该园区进驻的企业主要包括台积电、联华电子、华邦电子、纬创资通、佳世达等。新竹科学园区逐渐成为北台湾的科技中心，并且按照发展计划，园区正在逐步扩大，扩充计划包括苗栗铜锣园区、桃园龙潭园区、竹北生物医学园区以及宜兰园区。台湾当局陆续设立的南部科学工业园区及中部科学工业园区也是在新竹科技工业园区的成功经验推动下完成的。

台湾中部科学工业园是继新竹科学工业园区和南部科学工业园区之后，在台湾中部地区发展起来的又一重要工业区域。园区地跨台湾中部的台中市、彰化县及云林县三县市。中部科技工业园中有数百家企业进驻，园区周围还与工研院机械研究所、金属中心以及东海大学、逢甲大学等一批高校相邻。园区中的进驻厂商主要包括友达光电、旭能光电、程泰机械、均豪精密、特典工具等一批光电类和精密机械制造企业。

台湾地区南部科学工业园区，位于台湾地区台南市和高雄市等地，是继北部新竹科学工业园之后台湾地区又一重要工业园区。该园区实现了台湾地区高科技产业南北双核心的目标。其中主要以晶圆代工业和面板制造业为园区的主要产业。园区设立之后带动了南部地区整体的高科技产业发展。南部科学工业园区进驻企业多达数百家，产业主要包括了半导体业、光电产业、光伏产业、LED及电池、精密机械、通信产业和生物科技业等。企业有台积电（TSMC）、联华电子、台达电子等多家知名企业。

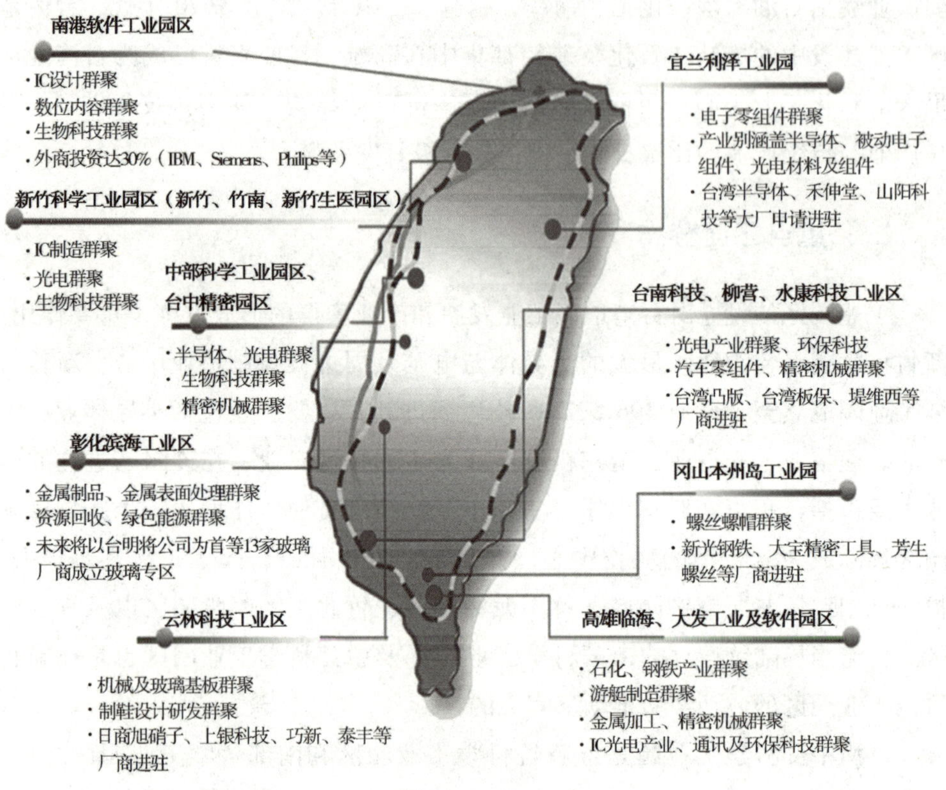

图8-1　台湾地区重点工业园区分布情况

资料来源：赛迪智库整理，2018年1月。

第三节　政策动向

2016年初，面对经济下行的严峻态势，台湾地区制定并采取了一系列政策提振经济发展，促进台湾产业转型升级。同时，世界经济复苏，全球产业链、价值链迎来新一轮的调整升级周期，发达国家开始将国内产业发展重新聚焦在制造业上，纷纷制定“再工业”战略、制造智能化转型等，希图在新的全球制造业版图重塑中拔得头筹，如德国“工业4.0”战略、美国实施“先进制造业”战略、英国实施“英国工业2050战略”“现代工业战略”、法国实施“新工业法国”战略等。为顺应全球工业发展的潮流，台湾地区提出了"生产力4.0",希望通过产业科技优势大力发展智慧工厂,实现数字化生产的多样性发展。2017年以来,智能制造、绿色制造成为两岸开展工业合作的核心领域,而软硬件整合、重视大数据与物联网增值应用以及与大陆地区的合作,提升了台湾在全球供应链生产的关键地位。

2017年,台湾不仅完成了"国发会"2016年制定经济增长"保二"的目标,而且实现了经济增长2.8%,是台湾地区近几年以来的最高值。这在一定程度上缓和了台湾地区经济发展的恶化程度,但是由于台湾当局制定的大多经济政策空有其表,其所提出的创新也多流于形式,很难从根本上改变台湾地区经济发展面临的内外结构性问题,经济发展前景仍难乐观。

第四节　发展趋势

一、经济复苏的基础仍然比较脆弱

经济问题依然是台湾地区发展陷入困局的主要因素。虽然2017年台湾地区经济实现了较高速增长,但是其经济发展的结构性问题以及经济创新政策的无法落地导致台湾经济仍将持续缓慢发展的困境。2017年台湾地区民间投资预计增长2.63%,仍低于2016年2.95%的增长率;同时民间消费仅仅增长1.96%,2016年的民间消费增长率为2.24%。由此可以看出,2017年台湾经济增速远高于2016年,但是投资与消费仍将继续陷入缓慢增长的态势,充分说明台湾经济增长缺乏持久的动力,经济复苏的基础还比较脆弱。同时,台湾经济发展高度依赖对外贸易,对台湾经济增长贡献率高达85%,导致台湾经济发展的关键在外部环境,而不是内生环境,发展的不稳定性、不确定性增长。另外,在对外贸易中,台湾地区一直依赖半导体、电子信息和光电产业等传统优势产业,占台湾地区贸易出口的75%左右,但是在"再工业化"浪潮中,欧美等发达国家的挤对将使台湾地区传统优势产业面临的压力与时俱增。

二、工业生产回暖趋势明显

2017 年，台湾地区经济发展的内外部环境有一定程度的改善，经济发展回暖，经济呈现较高速度的增长。据台湾“经济部”统计处的数据，台湾地区 2017 年工业生产指数为 109.63，较 2016 年增长 2.90%；制造业生产指数为 111.42，较 2016 年增长 3.74%，均创下台湾地区的历史新高。2017 年 8 月，台湾地区工业生产指数到达峰值，为 115.86，2 月是谷底，为 96.05，主要是电力和燃气供应同比下降了 13.56%。2018 年 1 月台湾工业生产指数高达 115.98，较 2017 年 1 月增长 10.86%，实现台湾地区工业生产指数连续 10 个月正增长。其中，2018 年 1 月台湾制造业生产指数为 117.45，增长率为 10.84%，实现台湾地区制造业生产指数连续 21 个月正增长。这主要得益于电力和燃气供应产业增长 14.92%、建筑工程产业增长 9.34%。电子零组件业、制造业、矿业、产能机械设备业、建筑工程业为台湾地区工业生产的发展以及整体经济的发展提供了动力。

三、半导体产业将被大陆超越

2017 年，台湾地区半导体产业面临严峻的挑战，韩国半导体产业产值达到 868 亿美元，首次超越台湾成为全球第二大半导体生产地。ICinsights 统计数据显示，2017 年全球前十大半导体供应商中已经没有了台湾企业，唯一一家台湾企业——台湾联发科已经跌出前十。半导体产业是台湾地区最具竞争力、最大的高科技产业群，一直领先中国大陆，不仅体现在晶圆代工，而且产业市值方面也遥遥领先。2017 年，台湾 IC 制造产值为 1.37 亿元，占全球产业市值的一半以上，IC 设计产值为 6171 亿元，占世界的比重达 20% 以上，IC 制造代工是台湾地区最大、最有优势的半导体产业。在晶圆制造方面，2016 年台积电营业收入为 294.9 亿美元，全球市场的占有率高达 59%，只台湾一家企业晶圆制造产品的全球占有率就达到 60% 左右。然而近几年以来大陆积极扶持半导体产业发展，半导体产业得到了长足发展，主要依靠从中国台湾地区、韩国进口半导体的局面得到大大改善。大陆半导体产业市值以及在全球的占有率上与台湾地区的差距在不断缩小，预计到 2020 年大陆的半导体产业市值将超越台湾。

第五节 企业动态

一、中小企业仍是台湾经济发展的重要基础

根据2017年《财富》杂志世界500强企业排名，鸿海科技集团以总营业额1351.3亿美元，实现利润率自2012年以来的连续增长；名列全球500强的第27位，虽然较2016年下降2位，但是仍为台湾地区排名最靠前的企业。鸿海科技集团连续十年在台湾地区大型集团企业中称霸，主要原因在于鸿海集团实施多元化经营策略，扶持多家子公司上市，以并购参股模式在全球的智财权布局中获取战略性地位。同时，经过多年的快速发展，台湾地区形成了以电子信息和石化产业为主导的产业格局，除鸿海集团外，涌现出台塑集团、台积电等一大批具有全球影响力的品牌企业。台湾地区号称“中小企业王国”，拥有120多万家中小企业，占企业总数的比例高达98%，并创造了80%的就业机会，是台湾地区财政收入的重要来源和现代工业发展的重要基础。随着两岸经济合作的不断加快，两岸中小企业的交流与合作正在成为重要合作领域。

二、企业之间结成联盟成为新趋势

2017年台湾经济形势的好转，带动台湾制造业发展的复苏。1—9月，台湾制造业营业收入达到了19万亿新台币，增长速度达到了4.5%，是台湾地区近5年来的最高值。在其带动下，台湾电子零组件、光电等产业表现突出，企业业绩也有显著的增长。但是面临竞争日益激烈的国际环境，台湾制造业形成了结盟合作的潮流。2017年10月，台湾新日光、昱晶与升阳科技等三家太阳能企业合并，中国台湾地方当局注资50亿新台币，新成立的太阳能企业由新日光主导，其太阳能发电量将达到5GW，成为台湾最大的太阳能光电企业；而台湾太阳能电池龙头企业茂迪与硕禾共同组成台湾太阳能模组制造公司，

欲打造太阳能的“模组大联盟”。同时，为应对韩国三星集团在国际光电产业的领先地位，打破韩国对全球主动有机发光二极体手机荧屏市场的独霸态势，台湾的友达、群创等光电企业计划与晶电、隆达等 LED 企业联合，开发次毫米发光二极体产品，提高台湾光电产业的国际竞争力。

行 业 篇

第九章　原材料工业

受原油价格上涨因素影响，2016年全球原材料行业生产平稳增长，主要产品价格总体上呈现上升态势。分行业看，石化行业全球化学品产量增速放缓，主要化工产品价格震荡上行。钢铁行业，全球粗钢产量除欧盟、美洲和非洲粗钢产量略有下降以外，其他地区粗钢产量均出现不同程度的增长，钢材价格呈现“上行—回调盘整—再上行”的态势。有色金属行业，全球铜供应过剩有所缓解，铜价波动上升；全球原铝供应少量短缺，铝价总体波动上升；铅、锌供应由过剩变为短缺，铅价总体呈上升态势，锌价一路走高。建材行业，全球建材市场仍然表现低迷，特种玻璃市场仍被欧美日等发达国家霸占，产品价格继续小幅弱势震荡上升。稀土行业全球供给稳定增长，稀土资源开采项目逐步增加，未来市场前景广阔。

第一节　石化化工行业

一、市场供给

2017年全球经济摆脱了低迷状态，原油价格稳定上涨。一年来，全球化学品产量增速提高，同比增长2.7%，较2016年增速增加0.5个百分点。全球炼油能力增长缓慢，仅亚太炼油能力有所增长，中东、北美、南美和西欧均有所下降。

据美国化工理事会统计，尽管2016年飓风造成大量停工，2017年美国化学品产量仍增长0.8%。据欧洲化工理事会统计，欧盟化学品产量在2017年增长3%。德国化学工业协会的数据显示，德国化学品产量增长了2.5%。

二、价格行情

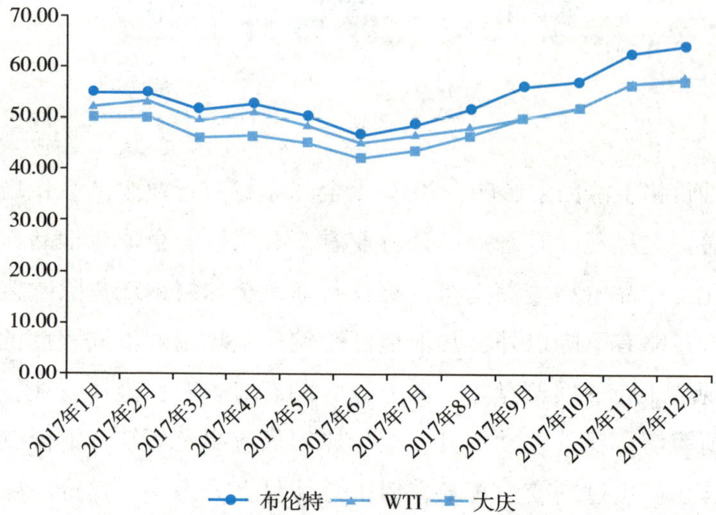

图 9－1　2017 年国际油价走势（单位：美元/桶）

资料来源：Wind 资讯，2018 年 2 月。

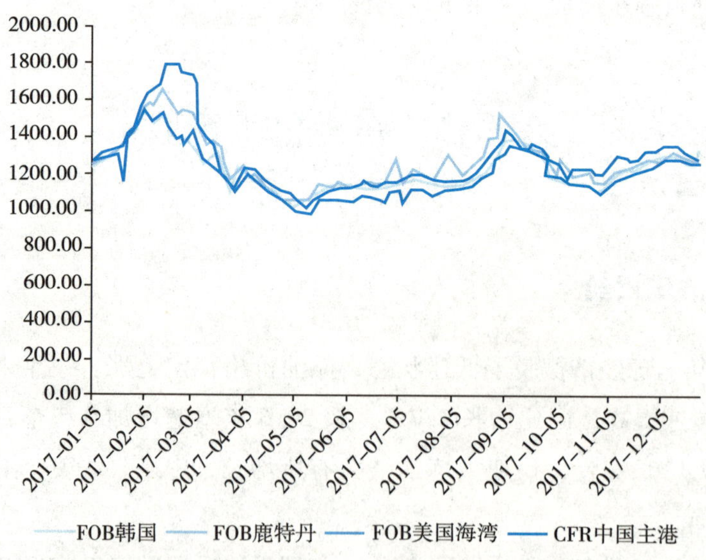

图 9－2　2017 年苯乙烯现货价格走势（单位：美元/吨）

资料来源：Wind 资讯，2018 年 2 月。

2017年，国际油价稳中有增，大庆、布伦特、WTI原油价格分别由年初的50.04美元/桶、54.67美元/桶和52.38美元/桶上涨到年底的57.29美元/桶、64.06美元/桶和57.95美元/桶。受原油价格上涨及供需关系影响，主要化工产品价格震荡上行，部分产品波动较大。以苯乙烯为例，其FOB美国海湾现货中间价由年初的约1200美元/吨上涨到3月初的超过1700美元/吨，至5月又回落到1000美元/吨以下，后震荡上涨到12月的近1300美元/吨。

第二节 钢铁行业

一、市场供给

2017年1—11月，全球粗钢产量略有下降，纳入统计的66个国家粗钢产量为15.4亿吨，同比增长4.2%，扣除中国后，全球粗钢产量7.7亿吨，同比增长5.1%。

表9-1 2017年1—11月全球各地区粗钢 （单位：万吨，%）

地区	2016年1—11月	2016年1—11月	同比增长
欧盟	15491.6	14914.1	3.9
其他欧洲国家	3695.1	3282.1	12.6
独联体	9382.8	9341.9	0.4
北美	10638.2	10158.0	4.7
南美	4005.5	3711.4	7.9
非洲	1235.9	1066.6	15.9
中东	2968.2	2651.9	11.9
亚洲	105638.5	101820.4	3.7
大洋洲	545.3	532.4	2.4
全球（扣除中国大陆）	77120.8	73364.1	5.1
全球	153601.1	147478.8	4.2

资料来源：世界钢铁协会，2018年2月。

从各地区粗钢产量来看，2017年1—11月，亚洲粗钢累计产量105638.5万吨，同比增长3.7%，占全球粗钢产量的68.8%；欧盟（28国）粗钢累计产量15491.6万吨，同比增长3.9%，占全球粗钢产量的10.1%；北美地区粗钢累计产量10638.2万吨，同比增长4.7%，占全球粗钢产量的6.9%；南美地区粗钢累计产量4005.5万吨，同比增长7.9%，占全球粗钢产量的2.6%；非洲地区粗钢累计产量1235.9万吨，同比增长15.9%，占全球粗钢产量的0.8%；中东地区粗钢累计产量2968.2万吨，同比增长11.9%，占全球粗钢产量的1.9%；独联体粗钢累计产量9382.8万吨，同比增长0.4%，占全球粗钢产量的6.1%。

从2017年1—11月粗钢主要生产国家来看，粗钢产量排在前5位的分别是中国、日本、印度、美国和俄罗斯，其中中国粗钢产量占全球粗钢产量的49.8%。

表9-2　2017年1—11月粗钢产量前20位国家和地区

（单位：万吨,%）

排名	国家或地区	产量	占全球粗钢产量的比重
1	中国	76480.2	49.8
2	日本	9594.1	6.2
3	印度	9247.3	6.0
4	美国	7494.9	4.9
5	俄罗斯	6645.3	4.3
6	韩国	6447.8	4.2
7	德国	3996.1	2.6
8	土耳其	3416.3	2.2
9	巴西	3154.2	2.1
10	意大利	2225.9	1.4
11	中国台湾	2128.3	1.4
12	乌克兰	1989.8	1.3
13	伊朗	1974.5	1.3
14	墨西哥	1825.7	1.2
15	法国	1429.2	0.9
16	西班牙	1310.5	0.9
17	加拿大	1261.8	0.8
18	波兰	946.6	0.6
19	越南	871.9	0.6
20	澳大利亚	745.8	0.5

资料来源：世界钢铁协会，2018年1月。

二、价格行情

从价格运行态势来看，2017 年全球钢材价格整体呈现“N”字形态势。从国际钢铁价格指数（CRU）看，钢材综合指数由 1 月初的 175.0 上涨至 3 月中旬的 187.1，提高了 22.1 点，增幅 12.6%；随后价格开始出现小幅回调，到 6 月底国际钢材价格指数达到年内低点 172.2，较前期高点回调了 14.9 点，降幅 8.0%；此后，价格指数开始震荡上行，到 12 月中旬，价格指数达到年内高点 203.2，较年内低点上涨 18.0%，较年初上涨了 16.1%。同样，扁平材和长材也分别由年初低点震荡上行，至 3 月中旬出现阶段性高点，随后价格小幅下降，并在 7 月后进入新一轮价格上涨，并在 12 月中下旬出现年内高点，分别为 186.3 和 246.7，分别较年内低点上涨了 14.2% 和 26.1%，较年初上涨了 10.3% 和 24.5%。

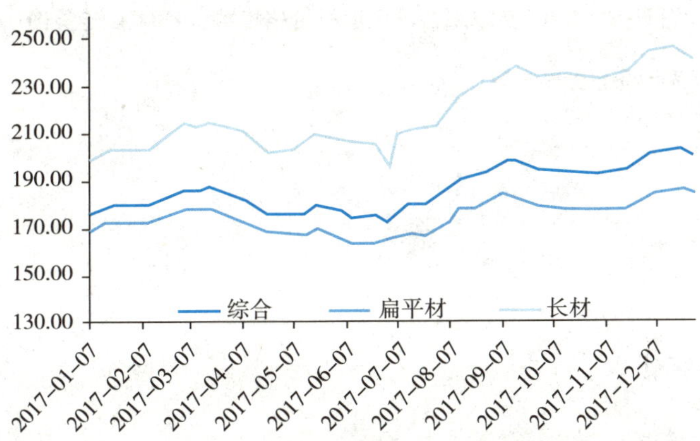

图 9-3　2017 年以来国际钢材价格指数（CRU）走势图

资料来源：Wind 资讯，2018 年 2 月。

分区域来看，业洲、欧洲和北美的钢材市场价格走势不尽相同。2017 年亚洲市场钢材价格呈“N”字形震荡上涨，价格指数由年初的 189.8 上涨至 3 月初的 208.6，之后价格出现小幅回落，到 4 月下旬回落至 185.1，继而价格指数震荡上行，到 12 月中旬，价格指数涨至年内高点 244.6，较年内低点上涨了 32.1%，较年初上涨 28.9%。欧洲市场钢材价格呈现“两头高、中间低”态势，价格指数从 1 月初到 5 月中旬一直维持在 150—160 之间震荡，5

月下旬以后，价格震荡下行，到7月初达到年内新低142.6之后触底反弹，并在9月下旬达到年内高点160.8，此后价格指数小幅震荡直至年底。北美市场价格指数总体呈现震荡态势，年内最高点出现在9月初，为192.9，较年内最低点176.3高16.6点。

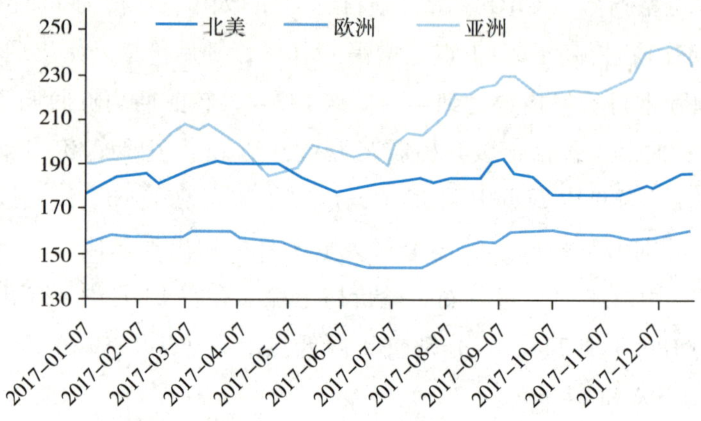

图9-4　2017年以来各地区钢材价格指数（CRU）走势图

资料来源：Wind资讯，2018年1月。

第三节　有色金属行业

一、市场供需

（一）全球铜供应短缺增加

世界金属统计局（WBMS）数据显示，2017年，全球铜市场供应短缺21.3万吨，而2016年全年短缺10.2万吨。截至2017年底，显性库存较上年年末增加0.15万吨。从供给角度看，全球矿山铜产量2019.0万吨，同比减少1.3%；精炼铜产量2350.0万吨，同比增加0.9%，其中中国产量大幅增加45.3万吨，智利产量减少18.3万吨。从消费角度看，全球铜消费量为2373.0万吨，同比增加1.4%；中国仍是全球最大的铜消费国，消费量为1192.3万吨，较上年同期增加28.1万吨，占全球消费总量超过50%。欧盟28国消费量是342.3万吨，同比增长2.0%。

智利是全球第一大矿山铜生产国，2017年，累计生产矿山铜550.0万吨，较上年减少5万吨，同比减少0.9%。因上半年2—3月份矿工罢工，智利铜矿产量自2015年以来连续两年产量下降。

表9－3 2017年智利矿山铜产量 （单位：万吨）

时间	1月	2月	3月	4月	5月	6月	7月	8月	9月	10月	11月	12月
产量	44.8	37.1	37.3	42.0	46.6	44.3	46.8	49.6	47.5	51.2	50.6	53.7

资料来源：Wind资讯，2018年1月。

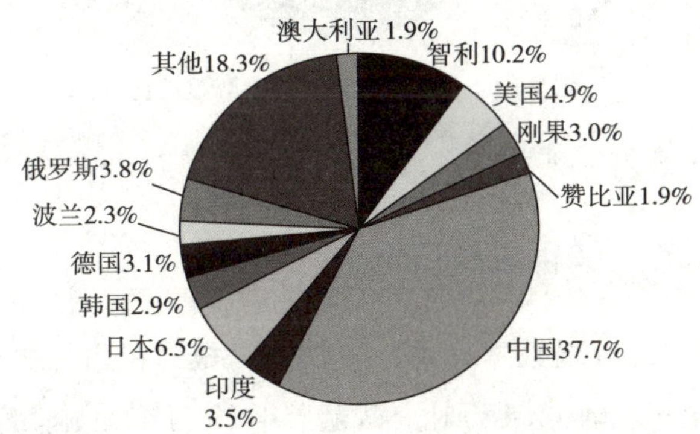

图9－5 2017年1—10月全球精炼铜产量占比

资料来源：Wind资讯，2018年2月。

（二）全球原铝供需缺口增大

世界金属统计局（WBMS）数据显示，2017年，全球原铝市场供应短缺141.4万吨，较上年缺口增大64.4万吨。截至12月底，显性库存较上年年末减少45.9万吨，降至230.2万吨，约为全球2周的需求量。从供给角度看，全球原铝产量较上年同期增加53.5万吨，同比增长1.0%。从需求角度看，全球原铝需求量较上年增加117.9万吨，达到5986.0万吨，同比增长2.0%。

根据IAI的数据，2017年1—12月，全球原铝产量为6338.5万吨，同比增加5.8%。中国是最大的原铝生产国，产量为3225.5万吨，同比增加1.9%，产量约占全球总产量的50.9%，较上年降低2个百分点；海湾阿拉伯国家合作委员会是全球第二大铝生产地区，产量为513.1万吨，同比减少1.3%；北美洲是全球第三大原铝生产地区，产量为395.0万吨，同比减少

1.9%。此外，除中国外亚洲其他地区原铝产量明显增加，较上年同期增加50.9万吨，同比增长14.8%。

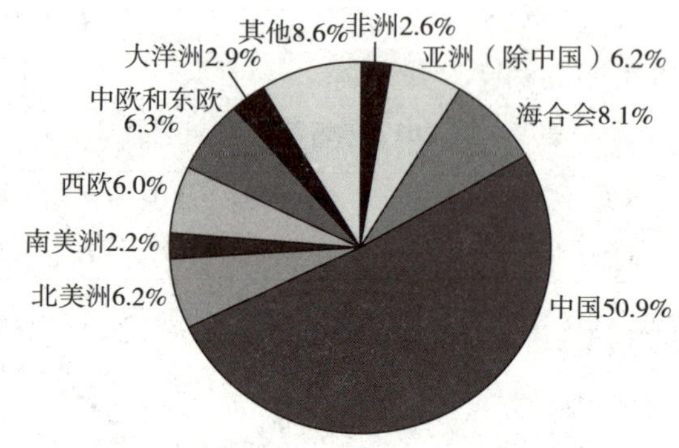

图9－6　2017年全球原铝产量占比

资料来源：Wind资讯，2018年1月。

（三）全球铅、锌供应缺口增大

铅：世界金属统计局数据显示，2017年，全球铅市场供应短缺43.4万吨，而2016年全年短缺15.4万吨。截至上年12月末，显性库存较上年年末降低5.2万吨。从供给角度看，全球精炼铅（原铅及再生铅）产量为1116.9万吨，同比增长0.4%。其中中国铅表观需求量较上年同期增加8.6万吨，超过全球总消费量的41%；美国铅表观需求量较上年同期增加15.8万吨。

锌：世界金属统计局数据显示，2017年，全球锌市场供应短缺71.0万吨，而2016年全年短缺20.2万吨。截至上年12月末，显性库存较上年年末降低24.7万吨。从供给角度看，全球精炼锌产量同比增长0.2%。从需求角度看，全球精炼锌消费量较上年增加54.1万吨，同比增长3.9%，其中中国精炼锌消费量为696.4万吨，同比增长4.1%，占全球总消费量的比重达48%以上；日本锌消费量为54.0万吨，同比增长14.9%。

二、价格行情

铜：2017年全球铜价格持续震荡上涨。1月初LME铜现货结算价格为5500美元/吨，2月中旬上涨到超过6000美元/吨后下跌至5月初的5466美元

/吨，之后持续上涨至9月初的6904美元/吨，随后两次回调，至12月底达到全年最高价7216美元/吨。全年平均价为6166美元/吨，同比增长26.8%。

铝：2017年全球铝价格总体呈上涨态势。1月LME铝现货结算价格为1702美元/吨，1月下旬铝价突破1800美元/吨，至7月底铝价在1900美元/吨附近窄幅震荡，8月下旬铝价突破2000美元/吨，至10月底铝价在2100美元/吨附近窄幅震荡，12月中旬铝价回调至1991.5美元/吨后涨至全年最高价2246美元/吨。全年平均价为1968.7美元/吨，同比增长22.7%。

铅：2017年全球铅价格波动上涨。1月LME铅现货结算价格为全年最低价2007美元/吨，2月中旬铅价格突破2400美元/吨，之后震荡下降至6月中旬的2036美元/吨，随后大幅上涨至10月初的全年最高价2585.5美元/吨，至12月底，铅价格在2400—2500美元/吨之间小幅波动。全年平均价为2317.5美元/吨，同比增长23.8%。

锌：2017年全球锌价格震荡上行。1月LME锌现货结算价格为2552.5美元/吨，2月中旬锌价上涨到2934美元/吨，2—6月锌价格波动下降至全年最低价2434.5美元/吨，之后价格震荡上涨至10月初全年最高价3370美元/吨，随后回调至的3309美元/吨。全年平均价为2895.9美元/吨，同比增长38.2%。

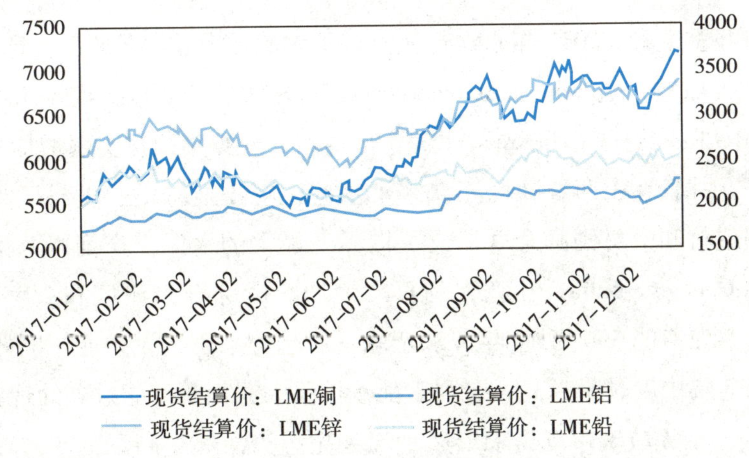

图9-7 2017年全球铜、铝、铅、锌价格走势（单位：美元/吨）

资料来源：Wind资讯，2018年2月。

第四节　建材行业

一、市场供给

2017 年全球建材市场迎来一定范围的复苏，从水泥市场看，北美和欧洲市场复苏更加明显，此外由于水泥行业已经出现了全球性的过剩，因此兼并和收购也成为市场主流，水泥产量方面，中国仍是世界水泥产量第一大国，2017 年总产量为 23.2 亿吨。

从市场复苏看，欧洲水泥市场表现亮眼，其中法国的水泥消费量在经历数年回落后，从 2016 年开始回升，其中法国水泥工业协会更是预计 2017 年法国水泥消费量将增长至 1810 万吨，新一轮的项目投资也开始进行，例如拉法基豪瑞就在 Martres 水泥厂新修建了一条的熟料生产线。此外，欧洲市场的大型水泥生产企业海德堡水泥甚至将南欧市场描述为“近 10 年来最佳的市场表现”，包括德国和西班牙 2017 年的水泥市场表现都不错，销量都出现了小幅度上升。

从兼并重组看，2017 年水泥行业出现了多起重大兼并与收购，印度的 UltraTech 水泥收购了 Jiprakash Associates 的巨量水泥资产，成为印度水泥行业的霸主；CRH 收购美国 Ash Grove 水泥全部资产，使得集团在美国增加了 8 家综合水泥厂，并且在中西部地区还获得了一些混凝土搅拌站、骨料厂和物流资产；中国建材和中材国际合并，成了世界上最大的水泥生产商；海德堡收购意大利的 Cementir Italia，在意大利再次增加 5 座综合水泥厂和 2 家粉磨站，合计增加水泥产能 550 万吨/年。从全球发展趋势来看，大企业不断收购中小企业，行业集中度越来越高，有利于削减目前水泥行业产能过剩的现状。

2017 年平板玻璃市场需求依然呈现分化态势，从产品看，一方面普通平板玻璃市场产能过剩，建筑市场需求走弱，另一方面，电子基板玻璃、光伏玻璃、太阳能玻璃等高附加值产品依然保持强劲的发展趋势。

从区域看，亚洲—环太平洋地区、中东非洲地区被认为是全球最具增长潜力的两大平板玻璃市场。中非贸易研究中心预计，中东和非洲地区平板玻璃产量到2021年将达到3.83MMT，年均复合增长率为3.61%，市场价值将达到38.3亿美元。非洲地区建筑业、汽车工业和太阳能产业的不断发展，推动了非洲平板玻璃市场需求的高速增长。但目前，非洲本土的平板玻璃制造能力极其有限，制造工艺难以满足市场需求，因此就供需而言，非洲是目前全球最具贸易潜力的平板玻璃市场。而从全球玻璃进出口市场来看，全球玻璃进口增长最快的三大国家均在非洲，分别是埃塞俄比亚、毛里塔利亚和塞内加尔。亚洲—环太平洋地区则主要以中国为主，虽然目前中国平板玻璃市场受过剩产能影响，但仍是全球最大的平板玻璃生产国和消费国。

二、价格行情

2017年，全球建材行业随着大力化解过剩产能、加强环保监督检查、经济缓慢复苏等，产品价格继续延续2016年以来的上涨态势。以5mm厚度平板玻璃期货价格为例，2017年初价格为1262元/吨，随后全年呈现震荡上升的发展趋势，至2017年底价格已经上涨时1691元/吨，上涨幅度达34%。

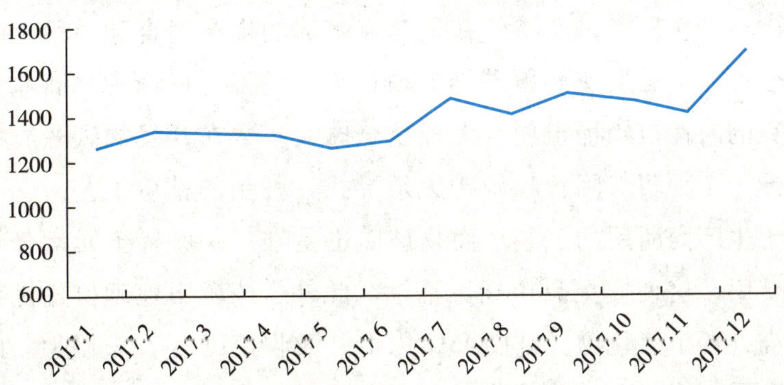

图9-8　2017年5mm玻璃期货价格走势（单位：元/吨）

资料来源：Wind数据库，2018年2月。

第五节　稀土行业

一、供需分析

（一）全球稀土资源开发呈现繁荣状态

随着近年来国际稀土市场供应偏紧，稀土价格不断走高，国外矿业公司纷纷加大了稀土资源勘查开发力度。全球除我国以外有31个稀土开发项目进入高级阶段，全球稀土资源勘查开发呈现一片繁荣景象。一方面，原有停产矿产积极筹措资金争取复产，如美国的Mountain Pass；另一方面，一些原以其他矿产为主采矿产的矿山也转而将稀土作为主要矿产，从而制定勘查和开发计划，如格陵兰的Kvanefjeld。价格上涨促进一些国家有意开发稀土项目。据悉，澳大利亚、俄罗斯、巴西、加拿大、布隆迪和坦桑尼亚都计划在2027年投产稀土，但最关键的问题是能够根据市场状况成功融资。

2017年9月，商务资源公司（Commerce Resources）宣布启动2017年稀土项目，即公司自主拥有的位于魁北克北部的阿什拉姆矿项目的开发。该项目包括矿山、选矿厂，以及将建在魁北克南部的生产混合碳酸稀土的湿法冶炼厂。在全球以独居石矿和氟碳铈矿项目为主的稀土矿山中，商业资源公司位于魁北克的阿什拉姆稀土项目无疑是全球大多数在开发的碳酸岩稀土矿中较为亮眼的一个项目。阿什拉姆矿无须寻找一种新的精炼工艺，它可以采用大多数稀土生产商所用的工艺。而且该矿也是唯一一座稀土元素分布较为均衡的稀土矿山，这使它更具市场灵活性。此外，该矿山地理位置优越，规模大，品位高，稀土氧化物含量在45%以上，回收率可达75%以上。此外，美国政府也表示，将与阿富汗合作开发稀土矿，阿富汗金、宝石、锂、稀土等矿产资源的潜在价值可能高达1万亿美元。阿富汗大部分稀土矿位于赫尔曼德省，该省大部分处在塔利班控制之下。目前美国与阿富汗尚未透露具体的商业开发方案。

加拿大Mkango Resources是中国以外为数不多的稀土生产商之一。该公司计划三年内开始非洲东南部马拉维 Songwe Hill 矿的开采活动，到 2021 年将年产 3000 吨稀土，包含 1000 吨镨、钕、镝和铽。贝利山资源公司（Pele Mountain Resources）持续发展其在安大略省艾略特湖的稀土加工项目，着力构建发展加拿大第一个稀土加工中心。

杜兰戈资源公司（Durango Resources）已计划购买某些潜在的稀土项目，包括铈、镧、钪、钇、锆、铪等。

澳大利亚黑斯廷斯科技金属有限公司（Hastings Technology Metals Limited）更新澳大利亚项目资源量，稀土矿石量已超过 2050 万吨。此次更新大大提高了稀土氧化物总量，由之前的 21.6 万吨提升至 24.3 万吨（增加 12.5%），钕镨氧化物也从之前的 6.89 万吨增加至 8.424 万吨，提高了 19.4%。

目前，我国以外的唯一主要稀土生产商是澳大利亚莱纳斯公司。它开采西澳大利亚的韦尔德矿，每天生产 5000 吨以上镨钕金属，大部分产品定向卖给日本客户。

2017 年 11 月，蒙坎古公司（Mkango）与诺博公司的四公司塔拉西斯公司（Talaxis）达成协议共同开发在马拉维松圭山的稀土项目。根据协议，塔拉西斯将为该项目进行可行性研究提供资金支持，作为回报获得该项目 49% 的股份。塔拉西斯还可选择通过安排进一步的开发资金而获得额外 26% 的股权。

2018 年初，彩虹稀土将从布隆迪的加卡拉项目装运第一批稀土精矿发往德国钢铁制造商蒂森克虏伯公司。后者据称是在非洲唯一生产稀土矿的公司，也是全球产品级别最高的公司。

美国芒廷帕斯山稀土矿以前归钼公司所有，2016 年夏天拍卖，被多家公司组成的财团收购。12 月，财团成员尼奥功能材料公司在钼公司破产后完成首次公开募股。该公司据称是具有领先地位的先进材料供应商，产品涉及多领域中的应用技术。

2017 年，美国能源部资助了一个旨在开发以高成本效率方法从煤炭中提取稀土元素的研究项目，意图解决国内稀土供应自足问题。11 月，肯塔基大学的研究人员声称他们率先从煤源中提取纯度为 98% 的稀土精矿。据称，他们将在一个移动的稀土中试厂进行工艺测试，计划该中试厂将在 2018 年的春天运行。

表9-4　全球前八稀土矿生产国家　（单位：吨）

国家	产量
中国	105000
澳大利亚	14000
俄罗斯	3000
印度	1700
巴西	1100
泰国	800
越南	300
马来西亚	300

资料来源：美国地质调查局（2016），赛迪智库整理，2018年2月。

（二）低碳节能领域发展带动稀土需求提升

全球范围内，稀土下游应用主要包括永磁材料、催化材料、抛光材料和冶金材料等，永磁材料受益于新能源汽车、节能风电、节能空调、汽车EPS（电动助力转向系统）、电子工业等前景较好领域的广泛应用而需求良好，在全球稀土消费领域占比最高，约35.9%；催化材料主要用于汽车尾气净化和石油硫化裂化等稀土传统应用领域，消费占比约15.2%；其次为抛光材料和冶金材料，占比分别为11.1%和8.4%。

分国家看，稀土消费市场主要在中国和日本，中国和日本消费量占全球消费总量的56.5%和21.2%，其次是美国和欧洲，均为8.0%。各国稀土下游分布存在较大差异，中国最大的稀土消费领域是永磁材料，占比41.7%；日本以抛光粉和永磁材料为主，其最大的稀土消费领域是应用于电子行业的抛光粉，占比26.3%；美国和欧洲稀土消费领域相似，以催化剂、玻璃陶瓷、合金为主，其中催化剂消费占比分别为22.4%和30.6%。

新能源汽车、大功率风机、变频压缩机和节能电机等低碳工业发展前景较好，而这些行业对稀土最大的下游应用永磁材料（即钕铁硼永磁材料）有较大的需求。金属钕和镨主要用作电动和混合动力汽车的驱动系统，以及风力发电、机器人和其他清洁能源电机的永磁材料。随着各国政府对低碳减排的重视，在可预见的几年内这些领域会得到快速增长。预计2018年需求达到

7.1万吨，占比接近40%，同时增速较快，复合增长率约6.3%。2017年，钕和镨的需求量占全球稀土总需求量的14%；预计到2027年底，钕和镨的需求量占全球总需求量将增长至24%以上。

美得龙资源公司预计2018年稀土价格增长将更加放缓，价格上涨对消费者的冲击也将减少，生产商也能够保持良好的销售态势。预计中国稀土生产将保持与2017年相当的水平，因此，预计国际市场氧化钕有供应紧张的可能性，或许会更多地依赖储备和库存。

此外，新兴应用中主要用于电子工业的抛光粉受益于电子行业的增长，增速也较快，复合增长率为2.8%。在成熟应用中，催化剂是需求最大的领域。据前瞻数据库预计，2018年，催化剂对稀土的需求为2.37万吨，占比为13.3%，但增速较慢，复合增长率约1.3%。此外，玻璃、陶瓷等成熟应用保持较平稳增长。综合来看，全球稀土需求预计复合增长率为4.1%。

表9－5　2015—2035年各应用领域对稀土元素的需求比例

应用领域	需求比例	稀土元素	应用产品
金属合金	6%	La，Ce，Pr，Nd，Sm，	储氢电池、超合金、铝镁、钢
抛光	10%		农业：微肥 抛光：燃料、核 医疗：医疗追踪
其他	6%		
化学催化	4%	La，Ce， Pr，Nd	汽车、石油精炼、汽车催化剂、柴油添加剂、水处理
荧光	4.5%	La，Ce， Eu，Tb，Y	照明：激光，LED，荧光灯 电子：平板显示 医疗：X－射线成像
玻璃陶瓷	6%		
磁体	12.5%	La，Ce，Pr， Nd，Gd，Er，Ho	抛光：着色剂 清洁能源：燃料电池 电子：电容器、传感器、半导体

资料来源：Kingsworth，赛迪智库整理，2018年2月。

（三）全球供需或将面临供需平衡

2017年，我国稀土产量仍占全球稀土总供应量的80%以上；需求量占全球总需求量的66%以上。自2013年以来稀土矿产品一直处于供给过剩的情况。2015—2016 年全球稀土冶炼产品市场供求出现缺口，是由于之前积累的社会库存巨大而非需求猛增或生产能力降低，库存量需要花较长的时间消耗。我国由于黑色产业链长期存在，实际供给量一直处于过剩的状态，随着国家“打黑”政策的落实和持续加严、下游新能源应用发展，未来我国的供给过剩的局面有望逐步改善，2017 年我国稀土冶炼分离产品的过剩量将继续下行，全球供需或将面临供需平衡。

表 9－5　2014—2017 年全球稀土冶炼分离产品供需平衡表　（单位：吨）

	2014	2015	2016	2017
全球供给量	128514	124937	119050	114300
其中：中国供给量	112000	107000	105000	105000
全球需求量	127400	132000	142100	151000
其中：中国需求量	86000	82000	86100	87100
全球过剩/短缺量	1114	－7063	－23050	－36700
其中：中国过剩/短缺量	26000	25000	18900	17900

资料来源：《2017 年中国稀土市场发展现状分析及未来发展前景预测》，2018 年 1 月。

二、价格分析

自 2017 年初开始，国际市场镨钕价格呈直线上升态势。根据荷兰咨询公司 Adamas Intelligence 的报告，2017 年 8 月中旬，镨钕合金的现货价格达到三年以来的最高点，与年初相比，涨幅超过 50%。同期，氧化钕的交易价格是 68 美元/公斤，而氧化镨的交易价格是 85 美元/公斤。据《日经亚洲评论》报道，2017 年 9 月中旬，国际市场上金属钕的现货价格一直徘徊在 95 美元/公斤左右，同比增长 90%；金属铽的价格为 600 美元/公斤，比 2016 年 11 月上涨了 36%。

三、市场分析

（一）全球稀土矿业公司利润略有好转

受稀土价格大幅上涨影响，稀土矿业公司经营状况和业绩好转。截至 2017 年 9 月，莱纳斯公司（Lynas）镨钕（NdPr）产量 1442 吨，同比增长

22.6%，比上一季度增长 7.4%；稀土总产量同比增长 27.3%，至 4665 吨；环比上一季度（2017 年第二季度）增长 14%。公司收获了创纪录的销售收入，以及创纪录的产量和现金流。

加拿大稀土公司在稀土精矿贸易领域保持持续增长势头。截至 2017 年 6 月 30 日，累计完成 645 吨精矿的采购和销售，销售收入超过 130 万美元。

受近年来稀土价格持续走低影响，美国钼公司破产，国外投资者对稀土项目失去了热情；但澳大利亚莱纳斯公司的稀土产量却由 2011 年的 2200 吨增长到 2015 年的约 10000 吨，然而从其 2015 年以来的经济数据看，其生产成本、运营成本均高于其销售收入，处于亏损状态，该公司已调整生产策略，主打镨钕产品，通过降低运营成本在 2016 年第四季度实现盈利，但莱纳斯的生存竞争将十分艰难。

（二）稀土资源回收技术进一步发展

尤克尔稀有金属公司战略联盟组织获得了美国能源部 100 万美元的奖金，用于从美国的煤矿尾矿中选取原料、冶炼、精选及分离稀土元素，生产可销售的稀土氧化物。金属的分离和净化工艺将使用美国的清洁能源技术——分子识别技术。此外，该公司还开发出一种从亚伯达油砂矿中提取金属浓缩液的工业化生产工艺，可从亚伯达油砂矿中回收稀土元素。

第十章　装备制造业

世界经济在经过十余年的底部徘徊后，得益于全球总需求改善以及新兴经济体和发展中国家的强劲增长，2017年全球制造业曙色渐显，尤其是中高端制造业表现抢眼。如机器人产业，在世界各国战略规划的推动下，市场规模继续保持高速增长，发展势头良好；增材制造产业规模2017年有望达到80亿美元；全球新能源汽车产业蓬勃发展，产销量实现快速增长；新船成交量大幅反弹，大部分船型交付情况明显好转。在智能制造和技术发展方面，美、德、日等发达国家继续引领创新，大力推进人工智能和机器人、先进增材制造装备、工业物联网等相关项目的研发。2018年，产业的发展将会呈现四大发展趋势：从生产方式看，智能制造等先进制造方式已成为重要方向；从发展模式看，平台化成为发展新特点；从创新方式看，网络协同创新正成为主流创新方式；从发展格局看，全球装备制造业格局将面临深度调整。

第一节　产业发展概况

一、全球产业发展增速明显

世界经济在经过十余年的底部徘徊后，得益于全球总需求改善以及新兴经济体和发展中国家的强劲增长，2017年全球制造业曙色渐显，尤其是中高端制造业表现抢眼。我国在世界制造业变局大背景下顺势崛起，成为激发制造业发展活力的关键力量。美国和日本作为世界上第二和第三大制造大国，制造业产出实现较快增长。同时，拉美经济体制造业增长趋势有所改善，发展中国家和新兴工业经济体维持较高的制造业增长率。联合国工业发展组织数据显示，2017 年全球制造业增速明显，第三季度增速达到 4.5%，为过去 5 年的最高值。从细分领域看，中高端制造业表现可圈可点，技术的进步和行业智能化趋势正在促进世界制造业总产量增长。其中表现最为抢眼的是以自动化、机器人和数字产品为代表的中高端制造业，第三季度增速高达 6%。

二、细分行业领域可圈可点

（一）机器人产业发展势头良好

世界工业大国纷纷提出机器人产业政策，如德国“工业 4.0”、日本机器人新战略、美国“先进制造伙伴”计划、《中国制造 2025》等国家级政策，皆将机器人产业发展纳为重要内涵，将促使机器人产业向智能化、网络化和人机互动的方向转型升级。根据国际机器人联合会（IFR）预计，2017 年，全球工业机器人销量较 2016 年增加 15%—17% 左右，国内工业机器人增速达 30%。2018 年中国工业机器人市场销量有望超越 15 万台，将继续成为全球市场最强劲的驱动力。另外，智能服务机器人应用场景和服务模式不断丰富，带动全球服务机器人销量稳步增长，服务机器人产业快速兴起。国际机器人联合会（IFR）的数据显示，2017 年全球服务机器人市场预计达 29 亿美元，2020 年将快速增长至 69 亿美元，平均增速达 27.9%。其中，全球医疗服务机器人、家用服务机器人和专用服务机器人市场规模预计分别为 16.2 亿美元、7.8 亿美元与 5 亿美元。

（二）增材制造产业增长势头强劲

随着全球范围内新一轮科技革命与产业革命的来临，世界各国纷纷将增材制造作为未来产业发展新增长点，推动增材制造技术与信息网络技术、新材料技术、新设计理念的加速融合，全球增材制造产业迎来发展机遇期。Wohlers Associates 对全球 61 家工业系统制造商、19 家专用材料生产商、100 家服务提供商以及一批消费级增材制造设备制造商的统计数据显示，2016 年全球增材制造产业产值达到 60.63 亿美元，同比增长 17.4%，2017 年全球增材制造产值有望达到 80 亿美元。根据国际数据公司（IDC）最新报告，全球 3D 打印技术相关支出在 2018 年预计将达到 120 亿美元，比 2017 年支出增长 19.9%。IDC 同时还给出了未来三年的增长预期——到 2021 年，全球 3D 打印行业的支出将达到200亿美元，五年复合增长率（CAGR）达到20.5%。未来，全球增材制造产业规模将呈现爆发性增长，发展潜力巨大。

（三）新能源汽车成为发力重点

2017年，全球新能源汽车产业蓬勃发展，各大车企均已把新能源列入企业发展的既定战略。在德系豪华品牌新能源大战中，宝马集团处于领跑态势。2017年，宝马完成了年内向全球客户交付10万辆新能源汽车的目标，增长率达到65.6%，占据全球市场份额约10%。在中国市场，宝马已基本完成在新能源生态体系的布局，落成豪华品牌首个动力电池中心，积极推进车用电池的研发、生产和回收工作。通用汽车与本田汽车是燃料电池技术领域的引领者，2017年1月，两家车企在美国密歇根宣布共同投资8500万美元为下一代新能源汽车研发氢燃料电池堆，共同推动新一代新能源汽车的广泛应用。2017年，全球新能源汽车产销量实现快速增长。EV Sales公布的数据显示，得益于美国、欧洲尤其是我国市场的优异表现，2017年12月，全球新能源汽车市场销量创下历史新高，交付量超过17万辆，同比涨幅达到67%。2017年全年销量超过122.3万辆，同比增长58%，促使全球新能源汽车销量在全球汽车销量中的占比超过1%。纵观全球新能源汽车市场发展，中国市场遥遥领先。2017年，中国新能源汽车产业规模持续扩大。全年新能源汽车产量79.4万辆，销量77.7万辆，产量占比达到了汽车总产量的2.7%，连续三年居世界首位。累计保有量达到180万辆，占全球市场保有量50%以上。

（四）新船成交量大幅提升

据英国克拉克松研究公司统计，2017年1—11月，全球新船成交量为6216万DWT，2079万修正总吨（CGT），合计533.5亿美元，比上年同期分别上升115%、78%、54%。中船重工经研中心综合多方数据来源计算，截至2017年11月，全球新船成交已经达到6716万DWT，全年有望突破7000万DWT。造船交付方面，截至2017年11月，全球累计交付1413艘，9364万DWT，3170万CGT，与2016年同期相比，分别下降11.2%、2.7%、4.6%。其中，油船交付3661万DWT，同比上升15.8%；散货船交付3720万DWT，同比下降18.4%；集装箱船交付108万TEU，同比上升25.5%。手持订单方面，截至2017年11月底，全球船企手持订单量共计3036艘，1.87亿DWT，

7483 万 CGT，同比分别下降 22.1%、18.9%、17.0%，环比基本持平。其中，散货船手持订单量为 6879 万 DWT，同比下降 22.9%，但环比出现上升，手持订单量占散货船船队的比例为 8.4%；油船手持订单量为 6564 万 DWT，同比下降 15.4%，手持订单量占油船船队的比例为 11.3%；集装箱船手持订单量为 3066 万 DWT，同比下降 14.4%，手持订单量占集装箱船船队的比例为 13.5%。

三、发达国家继续保持领先

目前，全球都在积极推进新一轮科技革命和制造业发展计划，美、德、日等发达国家在装备制造业领域继续保持领先。各国纷纷出台加速发展以先进制造业为核心的再工业化国家战略，将智能制造作为重振制造业战略的重要抓手。为引领智能制造装备和技术创新，加速制造业智能化转型，美国政府高度重视装备制造业的发展，在战略性和有发展前景的高端产业形成创新机构网络，着力打造世界领先的先进制造研发中心，使美国装备制造业处于全球优势地位。德国是世界工厂的制造者，在技术水平、创新能力上保持领先。作为装备制造业的最强者，德国在智能制造时代的目标是向全球输出“工厂的标准”，将制造业生产模式推广到国际市场，从而继续保持德国工业在世界的领先地位。日本是全球经济最发达、制造业发展水平最高的工业强国之一，制造业技术水平和制造能力处于世界一流行列。日本政府对于未来制造业的愿景，主要是通过“Connected Industries”（互联工业）来体现的。为了实现这一点，2017 年，日本在智能制造方面提出一系列举措。日本正在朝着超智能社会——也就是“社会 5.0”方向发展，以解决一些迫切性很强的社会问题，包括老龄化、劳动力不足、社会环境能源制约等。

四、智能制造发展势头迅猛

近年来，伴随着物联网技术的逐渐成熟，在数字化技术、互联网技术的结合下，全球正在发力智能制造。德国的“工业 4.0”、美国的工业互联网以及中国的“中国制造 2025”等国家战略均指向新的经济增长点——提振制造业。制造业工程技术智能化、生产制造智能化以及生产供应和销售智能化的新模式，将带动智能物流、智能建筑、智能电网、智能移动设备和智能产品领域的快速发展，成为新经济的巨大引擎。当前智能制造呈现以下趋势：

（一）重视使用机器人和柔性生产线

伴随着第四次工业革命的到来以及全球经济一体化的深入，各种新技术新理念层出不穷和广泛应用，客户的要求开始呈现个性化与快速化的特点。而基于柔性制造的大规模个性化定制，为现代制造企业提供了一种有效解决需求多样化和大规模制造之间冲突的全新的竞争模式。同时由于劳动力短缺和用工成本上涨，机器人在生产中的使用开始呈现大规模爆发趋势。同时，利用机器人高精度操作，提高产品品质和作业安全，是市场竞争的取胜之道。以工业机器人为代表的自动化制造装备在生产过程中应用日趋广泛，在汽车、电子设备、奶制品和饮料等行业已大量使用基于工业机器人的自动化生产线。

（二）全球争抢5G系统部署话语权

信息通信系统升级是智能制造中很重要的一环，5G在使能智能工厂多样化需求方面，有着绝对的优势，5G网络可为高度模块化和柔性的生产系统提供多样化高质量的通信保障。和传统无线网络相比，5G网络在低时延、工厂应用的高密度海量连接、可靠性以及网络移动性管理等方面优势凸显，是智能制造的关键使能者。5G带动全产业链升级，全球争抢5G系统部署话语权。为推进5G进程，主要国家相关机构/协会纷纷制定了适用于本国的5G工作计划，代表有美国IEEE协会、日本ARIB、欧盟5GPPP、韩国5GForum以及中国的IMT－2020推进组等。与3G、4G时代的多标准并存不同，5G时代有望实现全球统一标准。目前，中国5G技术商用进展已经与国际同步甚至领先，正谋求5G时代主导权。

（三）人工智能向多领域渗透

人工智能在制造业的融合应用是促进实体经济发展的重点方向，是制造业数字化、网络化、智能化转型发展的关键领域。近年来，各国纷纷采取行动推进人工智能基础性研究及产业实践部署。人工智能技术正在向制造业多个环节广泛渗透，与制造业中的典型软件、系统及平台相集成，形成了一系列融合创新技术、产品与模式。人工智能以三种形态和方式推动和牵引全球经济发展，首先，它创造了一种够解决需要适应性和敏捷性复杂任务的虚拟劳动力，即“智能自动化”；其次，人工智能通过对现有劳动力和实物资产的有力补充，提高了员工能力和资本效率；再次，人工智能的普及，将推动多行业领域的创新，开辟崭新的经济增长空间。据赛迪研究院预计，2018 年，全球人工智能市场规模将达到 2697.3 亿元，增长率达到 17%。更多机构数据显示，最近五年，全球人工智能市场规模年均增长率达到 15%。

（四）工业物联网促进智能制造发展

实现智能化的一个重要支撑就是以信息通信系统与物理信息系统相结合的智能制造网络——工业物联网。工业物联网即是一个物与互联网服务相互交叉的网络体系，可实时影响所有工业生产设备，实现自发性连通与交流，并自动调整为最优解决方案，从而构建一个具有高度灵活性、个性化、利用最少资源进行最高效率生产的工业生产体系。总的来说，即让工业自动化设备与企业信息化管理系统联动起来，实现工厂的智能化管理。作为制造业智能化的核心部分，工业物联网被称为智能制造的神经系统。2017 年，工业物联网迎来快速发展期，在世界工业化发展两化融合大趋势下，工业物联网的应用在促进智能制造发展上意义重大。

五、技术创新力度不断加大

（一）产品创新：生产装备和产品的数字化智能化

数字化、智能化技术是产品创新和制造技术创新的共性使能技术，并深刻改革制造业的生产模式和产业形态，是新的工业革命的核心技术。这些技术一方面使数字化制造装备得到快速发展，大幅度提升生产系统的性能、功能与自动化程度；另一方面，这些技术的集成进一步形成柔性制造单元、数字化车间乃至数字化工厂，使生产系统的柔性自动化程度不断提高，并向具有信息感知、优化决策、执行控制等功能特征的智能化生产系统方向发展。数字技术、智能技术融入制造过程，大大提高了装备与产品的功能，同时也改变了为用户服务的方式。如在传统的飞机发动机、高速压缩机等旋转机械中心植入小型传感器，可将设备运行状态的信息，通过互联网远程传送到制造商的客户服务中心，实现对设备进行破坏性损伤的预警、寿命的预测、最佳工作状态的监控。

（二）制造过程创新：制造过程的智能化

在产品设计过程中，越来越多的企业采用在虚拟的数字化环境里，利用模拟仿真技术支持的数字化智能化设计系统，协同实现产品的全数字化设计、结构、性能、功能的模拟仿真与优化，极大地提高了企业全生命周期产品设计质量和一次研发成功率。在制造工艺方面，采用数字化控制和检测技术、智能化的技术，使制造工艺得到优化，极大地提高了制造的精度和效率，大幅度提升了制造工艺水平。

（三）管理创新：管理信息化

近年来，信息技术的发展带动了管理的创新，企业组织结构、运行方式发生明显变化，呈现扁平化、开放性、柔性的特点。信息技术的应用使得管理系统形成了一个由人、计算机和网络组成的信息系统，可使得传统的金字塔式多层组织结构变成扁平化的组织结构，大大提高了管理效率；信息技术网络将制造商—生产型服务商—客户置于同一个无边界、开放式协同创新平台，代替了传统的内生、封闭、单打独斗式创新；另外，企业可按照用户的需求，通过互联网无缝集成社会资源，重组成一个高效运作的、柔性的企业，以便快速响应市场。

第二节　行业发展趋势

一、从生产方式看，智能制造等先进制造方式已成为重要方向

智能制造等先进制造方式正成为装备制造企业提升效率，提高产能，增强企业竞争力的重要手段。众多装备制造企业已经开始挖掘智能制造的潜力，部分企业产能和质量提升达到20%左右。西门子德国安贝格智能工厂所拥有的机器和计算机能够自行处理价值链上75%的工作，该工厂每年生产1200万件西门子Simatic的产品线，合格率达到99.99885%。通用电气公司位于格罗夫城的“卓越工厂”已将计划外停机时间减少10%—20%，改进了周期时间并降低了成本。佛吉亚公司作为全球最大的国际汽车零部件制造商之一，计

划凭借智能制造，通过减少废料和改进生产在塑料材料采购上节省 1000 万欧元，期望到 2020 年通过改进业务流程节省 3000 万欧元。

二、从发展模式看，平台化成为发展新特点

工业互联网平台是面向制造业数字化、网络化、智能化需求，构建基于海量数据采集、汇聚、分析和服务体系，支撑制造资源泛在连接、弹性供给、高效配置的载体，其核心要素包括数据采集体系、工业 PaaS、应用服务体系。当前，随着信息技术的发展和应用，全球制造企业纷纷重视工业互联网平台的基础性、战略性作用，推出一系列工业互联网平台产品，构筑起基于平台的制造业新生态。根据国际有关咨询机构统计，目前全球工业互联网平台数量超过 150 个，占物联网平台总数的 32%，是第一大细分平台类型，企业对平台布局明显加快。GE 作为高端装备制造企业，推出针对整个工业领域的基础性系统平台 Predix，应用于工业制造、能源、医疗等各个领域。GE Predix 强调平台的开放性，提供各种框架和 API 接口，并大力发展生态。目前已拥有超过 33000 位开发者、300 个合作伙伴基于 Predix 平台进行应用开发，逐步建立起工业互联网生态中的影响力。

三、从创新方式看，网络协同创新正成为主流创新方式

装备制造业的创新目标主要是通过利用智能化、自动化技术提升人机互动的效率，载体是智能工厂和智能车间。随着信息技术尤其是互联网技术的持续发展和应用，跨领域、协同化、网络化的创新平台正在重组传统的装备制造业创新体系，装备制造业正从单个企业创新向跨领域多主体的协同创新转变。2017 年 5 月 5 日，中国商飞公司 C919 大飞机首飞成功，实现了国产客机领域的突破。在 C919 大飞机项目中，商飞公司统筹全国乃至全球资源，全国 20 多个省市的 200 多家企业及 20 多所高校参与项目研制，同时还择优选择十几家国际著名航空发动机、机载设备及关键系统和部件制造企业作为大飞机供应商，在多领域展开交流合作，开展网络化协同创新和研发制造，构建全球性、跨领域、多主体的协同创新网络，带动我国民用飞机产业体系的建设和完善。

四、从发展格局看，全球装备制造业格局将面临深度调整

全球装备制造业格局正在重塑之中，抢抓智能制造成关键。制造的智能化将或多或少从集中走向分化，这要求对社会技术体系进行全新设计，将人充分地融入到全新的网络化生产中。数字化融合趋势将改变全球生产格局，美国希望将数字创新带入制造以重振制造业，德国希望通过技术和经济融合占领工程高地，日韩希望在智能工厂和大型制造上有所突破。全球各大跨国公司系统性地利用智能自动技术，推动了自身和本行业的产品、服务乃至业务模式转型，引领着整个行业的发展。如英国航空发动机公司罗尔斯·罗伊斯与微软公司合作，利用后者强大的云计算软件和数据处理能力，推动航空发动机智能化；德国西门子公司的安贝格工厂，贯通信息化物理网络，通过将大多数制造单元接入网络，自动组装零部件，在智能制造领域引领制造业发展。

第三节　主要国家和地区概况

随着新一轮科技革命与产业变革孕育兴起，智能制造正在成为全球制造业变革的重要方向和竞相争夺的制高点。当前，发达国家制造业发展战略都将智能制造作为主攻方向。美国的“先进制造业国家战略计划”、德国的“工业4.0”，法国的“新工业法国”计划、日本的制造业白皮书和“机器人战略”、韩国的“制造业革新3.0”等均致力于推进信息技术与智能制造技术融合，建设智能制造技术平台和标准，推进智能制造产业化和工程化。

一、美国

随着人工智能和机器人制造技术的飞速发展以及美国制造业回归的推进，美国工业机器人数量将迎来大幅增长。2017年1月11日，美国国家科学基金会联合美国国防部、国防部高级研究计划局、空军科学研究办公室、能源部等政府机构发布了《国家机器人计划2.0》，将在前期《国家机器人计划》的

基础上重点发展协作式机器人。该计划的目标是通过支持基础研究，加快美国在协作型机器人开发和实际应用方面的进程。规划中列出了对实现这一目标具有决定性影响的6个主要研究主题，分别是协作、交互、可扩展性、实际体现、降低准入门槛以及社会影响。美国《国家机器人计划2.0》的发布，将继续推动美国在下一代协作机器人技术及应用方面走在世界前列，并以此助力美国制造业的回归。同年，国防部牵头组建美国先进机器人制造创新中心，聚焦新一代机器人技术，包括协作机器人、机器人控制、灵巧操作、自主导航和机动性、感知、测试和验证等，致力于加快机器人技术在航空航天、汽车、电子和纺织品等制造业领域应用推广。

2017年1月12日，美国商务部国家电子信息主管部门发布《促进物联网高速发展绿皮书》（“Green Paper：Fostering the Advancement of the Internet of-Things”），旨在确定有关部门如何促进物联网的发展。蓝皮书通过分析物联网发展所带来的利益和挑战，得出结论美国政府应该继续大力支持物联网发展，并全力构建有利于创新技术发展的环境。美国商务部秘书长 Penny Pritzker 表示，物联网通过提高效率与便利性改变现有情况，来提高工业、消费者、政府的安全性。《促进物联网高速发展绿皮书》奠定了政府将为物联网发展创造有利环境，并确定了接下来美国政府将从基础设施、产业政策和联盟、技术标准、市场开拓等主要方面着手，支持物联网高速发展。

2017年1月13日，美国交通部（DOT）宣布组建一个新的自动化委员会（Automation Committee），专注于无人驾驶汽车、无人机等自动化技术。新委员由政府官员、研究人员、企业高管等25名成员组成，旨在让业内专家在自动化新兴领域的政策和研究活动方面为美国交通部献计献策。美国交通部自动化委员会的成立，将在推动交通安全方面的技术进步和提高交通技术的经济性、可靠性和有效性等方面发挥至关重要的作用。

特朗普的制造业回归政策正在一步步成为现实。2017年3月29日，美国总统特朗普决定设立白宫贸易和制造业政策办公室。7月17日，美国总统特朗普宣布将当天定为“美国制造日”，将7月16日至22日定为“美国制造周”。7月21日，美国总统特朗普颁布行政令，要求美国国防部、商务部、国土安全部、劳工部等十多个部门联合对美国的制造和国防基础及供应链弹性进行评估，行政令要求评估的重点主要有：一是找出事关美国国家安全的军用和民用的关键性原料；二是研究处理上述关键性原料的核心技术和能力；三是分析能够影响、限制、削弱或破坏上述供应链的国防、情报、国土安全、经济、自然、地缘政治等因素；四是评估美国制造业和国防工业基础应对相关风险的能力，并提出应对策略和改进建议。

二、德国

2017 年 1 月 24 日，德国 3D 打印公司 EOS 宣布与奥迪建立发展伙伴关系，EOS 公司将为奥迪全面部署工业 3D 打印技术，并助力奥迪在英戈尔斯塔特建立相应的 3D 打印中心。双方合作的目标不仅在于为奥迪提供合适的增材制造系统和生产流程，同时也致力于在应用开发、内部知识建构，以及培训内部专家方面为奥迪提供咨询服务。随着 3D 打印技术在汽车行业内的蓬勃发展，其在辅助汽车设计和制造方面正在发挥着越来越重要的作用。德国奥迪和德国 3D 打印商 EOS 的紧密合作，对于汽车行业的材料革新和生产过程优化以及产品的开发创新都具有非常重要的意义。

作为全球新能源产业的先行国，德国非常重视以电动汽车为代表的新能源汽车的发展。2017 年 2 月，德联邦交通与数字基础设施部制定了“电子加油站计划”，旨在进一步推动电动汽车的发展。该计划的目标是通过为境内的高速服务站全部配备快速充电桩和电动汽车停车位，在联邦高速公路上布设一个密集的快速充电站网络，以便实现更多的移动出行与更少的尾气排放。“电子加油站计划”是德联邦交通部建设电动汽车充电设施的系列措施之一，其中内容包括“本地电动出行计划”，每年向社区投资约 3000 万欧元，以及新的 3 亿欧元资助计划，到 2020 年建成一个全面覆盖的充电网络，包括 5000 个快速充电桩和 1 万个普通充电桩。电动汽车的持续发展已经成为德国工业面向未来的主题之一，而全面覆盖的充电设施是驱动技术得以突破的关键，“电子加油站计划”的推出更加有力地推动了德国电动汽车产业的快速发展。

针对物联网发展，德国经济与能源部、教育与研究部共同发布《物联网国际标准化共同战略》（“The common strategy on international standardization in field of the Internet of Things/ Industrie 4. 0”）和《促进工业物联网的国际合作办法》（“Facilitating International Cooperation for Secure Industrial Internet of

Things Industrie 4.0”），两文件针对物联网的技术标准与国际合作提出了相关规划建议。文件提出，近年来工业物联网（IIoT）在各国逐步发展起来，此前未曾连接甚至不可能连接在一起的设备，现在通过技术发展可以连接在一起，故而增加了安全风险。为了适应工业物联网的发展，应着重提高互联网的应变能力，提高数字经济与互联网经济的安全性。因此，网络安全不再是单一的技术问题，更是一个需要多边合作（政治、经济、学术、社会）才能解决的问题。其中，《物联网国际标准化共同战略》是其与日本经济产业省下属物联网促进联盟会（IoT Acceleration Consortium）共同发布的，旨在针对智能制造与物联网国际合作提出相关标准。德日之间关于物联网领域的合作，将着重推动两国之间智能制造产业协同发展，特别是在技术领域的合作，为制造业智能化发展施加一定压力。

同时，德国联邦交通与数字基础设施部（BMVI）2017 年 3 月 7 日公布了一项战略计划，将在未来 8 年投资 1000 亿欧元在德国部署千兆网络，用于支持物联网、虚拟现实等需要更高数据传输速率的技术。该基础设施建设项目将带来先进的技术，包括光纤和 5G 移动标准，创建一个覆盖全国的千兆网络，以满足来自虚拟现实和物联网（IoT）等应用的数据需求。

三、日本

日本政府和企业界高度重视人工智能的发展，在国家层面建立了相对完整的研发促进机制，希望通过创新发展人工智能技术，保持并扩大其在汽车、机器人等领域的技术优势，逐步解决人口老化、劳动力短缺、医疗及养老等一系列社会问题，扎实推进“社会 5.0 超智能”建设。2017 年初，日本为推动 AI 技术应用于社会，召开第 4 次人工智能技术战略会议。通过会议制定了人工智能产业化发展路线图，提出推进利用人工智能大幅提高制造业、物流、医疗和护理行业效率的构想。路线图提出 2020 年前后，确立无人工厂、无人农场技术；通过人工智能预知生产设备故障；普及利用人工智能进行药物开发支援。2020 年至 2025—2030 年，实现人员和货物运输配送的完全无人化，推进铁路和卡车等交通工具的无人化。2030 年之后，借助人工智能技术将人为原因的死亡事故降至零；通过人工智能分析潜在意识，可视化“想要的东西”等。

日本政府对物联网技术、标准、发展非常看重。2017 年 3 月 20 日，日本物联网促进联盟会（IoT Acceleration Consortium）与欧盟物联网创新联盟（Alliance for IoT Innovation，AIOTI）签订合作备忘录（Memorandum of Understanding for IoT Cooperation between Japan and the EU Concluded），将从识别和分享良好的实践、共享物联网创新的政策建议、协助与物联网相关的标准化活动、合作解决与物联网解决方案相关的社会挑战、其他双方同意合作的活动等五个主要方面展开合作。

2017 年，日本制造进一步增强全球化的沟通与合作。在 4 月份举办的德国汉诺威工业博览会上，已经初步展示了日本工业价值链参考架构（IVRA）与德国“工业 4.0”参考架构（RAMI4.0）相互映射方案。同样在这个展会上，日本工业价值链计划 IVI 与美国工业互联网联盟 IIC 也完成了双方基于测试床的合作，日本 IVI 目前开发的应用，与美国 IIC 进行的试验床案例之间相互提供信息。基于这种合作，双方都可以相互借鉴，俯瞰针对制造业的需求在哪里、采取了什么技术及措施。在此基础之上，还可以预定实施共通的试验床的开发、共同提出架构方案等。

四、韩国

正如全球创新趋势一般，向着新经济模式转变是绝对必要的。韩国政府推动创造经济计划，建立了线上线下平台，推动创造经济的发展。制造部门承担了韩国出口和就业中的很大一部分，因而需要通过整合科学、技术和信息通信技术复兴传统产业，重燃增长引擎。通过启动《制造业创新 3.0 战略》，建立配备了机电一体化技术的智慧工厂，韩国希望在全球市场、创新生产场景和区域产业生态系统中取得稳定的立足点。此外，为了保持韩国在信息通信技术部门的领导地位，在 2020 年前，政府会对物联网、云、大数据和移动（ICBM）领域进行投资，同时努力扩大千兆互联网的普及，加速 5G 服务的商业化，建设世界一流的信息通信技术基础设施。

自动驾驶技术是韩国发展智能制造产业的主攻方向之一，2017 年 5 月，韩国为加速发展自动驾驶技术，建造了一块完全模拟城市路况的自动驾驶汽车试验场地 KCity，并会在 2018 年投入使用。11 月，VelodyneLiDAR 公司与韩国 Unmanned Solution（UMS）开展合作，将其先进的激光雷达传感器融入到 UMS 旗下的自动驾驶技术研发项目中。UMS 自动驾驶项目涉及各类活动，包括上路行驶的车辆、农业设备、机器人及自动化系统集成。此外，还包括指导性平台的研发，为学习自动驾驶及机器人技术的学生们提供教育培训项目。该公司在韩国部署了 100 多辆自动驾驶车辆，未来还将继续增配车辆。

近年来，3D 打印被认为是制造业革新的关键技术，其可以通过改变供应链来开辟新的市场。虽然韩国由于入局较晚，目前还处于 3D 打印的初级阶段，但韩国政府对 3D 打印的支持可谓不遗余力。韩国政府在第八届信息和沟通战略委员会会议上，提出要大力扶持 3D 打印等新兴技术。2017 年，分拨预算 350 亿韩元支持 3D 打印产业，帮助本国 3D 打印企业在国防、铁路等公共部门的零部件定制方面创造市场机会；支持在牙科治疗设备和康复领域创建可以提供个性化定制服务的 3D 打印设备；加强 3D 打印在造船、汽车和机械设备等制造业当中的应用。

第十一章　消费品工业

2017 年，受益于内需稳步增长，美国经济复苏加快，制造业亦快速增长，而欧盟受益于石油价格降低和货币贬值引起的出口增加，制造业亦出现恢复增长态势。展望 2018 年，美国、欧洲等发达国家制造业复苏的迹象更加明显，发展中国家制造业受累于美元升值、投资不确定性增加等因素，制造业增速将有可能进一步放缓，全球消费品工业亦将整体表现增速继续放缓。

第一节　总体态势

2017 年，全球经济增速稳步提升，制造业增长保持持续扩张。与整体制造业相比，消费品行业增长呈现分化态势。2017 年第三季度，消费品各子行业中，仅食品与饮料、纺织、木材加工（不含家具）、基本药物产品和医疗器械增速高于整体制造业，增速分别为 3.3%、3.1%、2.9%、3.4%和 4.6%。烟草、服装、皮革与鞋帽、造纸、印刷与出版、橡胶与塑料、家具与其他制造业增速均低于整体制造业，特别是烟草、印刷与出版两个行业，增速为负，同比分别下降 8.0%和 1.0%。

相比于 1、2 季度，消费品行业增速变化趋势亦整体呈现分化态势。与 1 季度相比，3 季度除食品与饮料、皮革与鞋帽、医疗器械增速上升，分别增加 0.9、0.2 和 0.7 个百分点，其他行业增速均逐步下滑，特别是烟草、纺织、印刷与出版，同比分别下降 4.6、1.8、1.6 个百分点。

与上年相比，2017 年第三季度除纺织、皮革与鞋帽、木材加工（不含家具）、医疗器械五个行业增速分别高于上年同期 0.5、1.2、0.7、0.5 和 1.4 个百分点外，其他行业增速均低于上年同期。

表 11－1 2016—2017 年前 3 季度全球主要消费品行业产出同比增速

行业	2016Q1	2016Q2	2016Q3	2016Q4	2017Q1	2017Q2	2017Q3
食品与饮料	2.4%	3.0%	3.6%	3.1%	2.4%	2.3%	3.3%
烟草	1.0%	3.5%	－1.5%	8.9%	－3.4%	－2.6%	－8.0%
纺织	2.9%	3.0%	2.6%	2.8%	4.9%	3.8%	3.1%
服装	2.7%	3.0%	3.6%	1.8%	2.1%	1.9%	0.8%
皮革与鞋帽	1.4%	1.0%	0.3%	0.9%	1.3%	1.4%	1.5%
木材加工（不含家具）	1.9%	1.6%	2.2%	2.9%	3.7%	3.5%	2.9%
造纸	0.1%	1.2%	1.7%	1.5%	1.8%	0.7%	1.0%
印刷与出版	－0.5%	－0.8%	－0.8%	－0.6%	0.6%	－0.1%	－1.0%
橡胶与塑料	2.8%	2.9%	3.4%	2.8%	2.6%	2.0%	1.7%
基本药物产品	5.7%	4.4%	5.0%	4.5%	4.8%	4.3%	3.4%
医疗器械	3.4%	4.5%	3.2%	0.9%	3.9%	3.0%	4.6%
家具及其他制造业	4.6%	4.5%	5.4%	3.9%	3.9%	1.9%	1.6%
整个制造业	2.8%	2.5%	2.7%	1.9%	2.1%	2.2%	2.4%

资料来源：UNIDO，2018 年 1 月。

第二节 主要国家和地区情况

一、发达国家情况

2017 年，在整体制造业增速进一步放缓的背景下，发达国家消费品工业延续不景气态势，部分行业增长停滞甚至负增长，且未来形势不乐观。

与整体制造业相比，2017 年第三季度，各子行业中食品与饮料、木材加工（不含家具）、橡胶与塑料、基本药物产品、医疗器械、家具与其他制造业增速高于整体制造，增速分别为 1.4%、1.9%、0.7%、1.2%、1.2% 和 0.8%。其他各子行业增速均低于整体制造业，特别是有五个子行业呈现负增长态势，分别是烟草、服装、皮革与鞋帽、造纸、印刷与出版，增速分别为 10.4%、－0.5%、0.2%、0.8% 和 1.4%。

从区域角度来看，欧盟和美国消费品工业的复苏为发达经济体消费品工业增长作出了主要贡献。欧盟受益于货币贬值和石油价格降低引起的出口增加，消费品工业出现恢复增长态势。而美国受益于国内需求稳步增长，消费品工业增速显著加快。

表 11－2 2016—2017 年前 3 季度发达经济体主要消费品行业产出同比增速

行业	2016Q1	2016Q2	2016Q3	2016Q4	2017Q1	2017Q2	2017Q3
食品与饮料	0.4%	1.5%	2.8%	1.2%	1.2%	0.9%	1.4%
烟草	-10.4%	-8.1%	-4.4%	0.1%	2.0%	0.6%	-10.4%
纺织	-0.9%	-1.4%	-1.5%	-0.5%	1.0%	-0.9%	0.4%
服装	-5.2%	-0.8%	5.0%	0.6%	-4.2%	-2.7%	-0.5%
皮革与鞋帽	-2.5%	-6.6%	-4.3%	-3.8%	-2.0%	-2.0%	-0.2%
木材加工（不含家具）	1.1%	0.1%	0.5%	2.5%	3.3%	2.8%	1.9%
造纸	-1.3%	-0.4%	0.0%	0.6%	-0.2%	-1.0%	-0.8%
印刷与出版	-1.2%	-0.8%	-1.6%	-1.1%	0.2%	-1.0%	-1.4%
橡胶与塑料	1.2%	0.9%	1.4%	1.8%	1.1%	0.8%	0.7%
基本药物产品	4.9%	2.8%	4.2%	3.5%	2.6%	2.2%	1.2%
医疗器械	2.6%	4.4%	3.1%	0.3%	0.8%	-0.6%	1.2%
家具及其他制造业	2.1%	0.8%	1.2%	1.1%	3.1%	1.5%	0.8%
整个制造业	1.3%	0.7%	1.2%	0.2%	0.3%	0.2%	0.6%

资料来源：UNIDO，2018 年 1 月。

二、EIE 及其他发展中国家

2017 年，EIE 及其他发展中国家制造业增速下滑明显，尤其是消费品工业增长低于预期，且增速持续下滑。EIE 及其他发展中国家整体制造业在 2017 年第三季度同比增长 4.7%。相比于整体制造业，消费品工业增长显著分化，其中，食品与饮料、基本药物产品和医疗器械增速高于整体制造业，增速分别为 5.9%、7.0% 和 9.4%，而烟草、纺织、服装、皮革与鞋帽、印刷与出版、造纸、家具及其他制造业、橡胶与塑料增速均低于整体制造业，增速分别为 7.3%、4.0%、1.2%、2.1%、0.3%、3.3%、0.3% 和 3.4%。

相比于 1、2 季度，3 季度行业增速亦分化明显。与 1 季度相比，烟草、纺织、服装、皮革与鞋帽、造纸、印刷与出版、橡胶与塑料、基本药物产品、家具及其他制造业增速低于1季度，而食品和饮料、木材加工（不含家具）、医疗器械增速高于1季度。

表11－3　2016—2017年前3季度EIE及其他发展中国家主要消费品行业产出同比增速

行业	2016Q1	2016Q2	2016Q3	2016Q4	2017Q1	2017Q2	2017Q3
食品与饮料	4.8%	4.9%	4.4%	5.2%	3.9%	4.3%	5.9%
烟草	2.7%	5.0%	－1.2%	9.8%	－5.4%	－3.7%	－7.3%
纺织	4.2%	4.4%	4.1%	4.1%	6.1%	5.3%	4.0%
服装	5.5%	4.3%	3.1%	2.2%	3.6%	3.1%	1.2%
皮革与鞋帽	2.8%	4.0%	2.1%	2.6%	2.3%	2.6%	2.1%
木材加工（不含家具）	3.3%	4.4%	5.5%	3.7%	4.3%	4.8%	4.7%
造纸	2.6%	4.0%	4.9%	3.3%	4.3%	3.2%	3.3%
印刷与出版	2.9%	－0.9%	3.0%	1.5%	3.4%	2.9%	0.3%
橡胶与塑料	5.4%	6.2%	6.6%	4.4%	5.0%	4.1%	3.4%
基本药物产品	7.4%	7.3%	6.4%	6.3%	8.4%	7.9%	7.0%
医疗器械	7.4%	5.2%	3.7%	4.0%	7.7%	8.1%	9.4%
家具及其他制造业	7.0%	8.1%	9.0%	5.1%	5.4%	2.6%	3.1%
整个制造业	5.3%	5.2%	5.1%	4.6%	4.7%	4.9%	4.7%

资料来源：UNIDO，2018年1月。

第三节　主要国家重点行业情况

一、纺织服装业

（一）纺织服装业

1. 意大利

意大利纺织服装工业凭借其强大的品牌优势，在意大利制造业中占据着非常重要的地位。2017年，意大利纺织服装工业企业数量达到43801家，产值达到491.9亿欧元，就业人数达到271961人，分别占意大利制造业的11.0%、6.8%和8.6%。

表 11 - 4　意大利纺织与服装行业生产指标

	制造业	纺织	服装
企业数量（家）	396422	14359	29442
销售收入（亿欧元）	8675.1	213.9	282.4
产值（亿欧元）	8491	213	278.9
就业人数（人）	3148121	106274	165687

资料来源：Eurostat，2018 年 1 月。

2017 年，意大利服装行业、纺织行业出口分别居全球第四位、第三位。服装行业出口总额达 166.1 亿美元，其中，排名前十的出口国家或地区分别是法国、美国、德国、瑞士、中国香港、英国、西班牙、日本、俄罗斯和中国，累计份额 68.1%。纺织行业出口总额达 152.4 亿美元，其中，排名前十的出口国家或地区分别是德国、法国、罗马尼亚、西班牙、英国、美国、中国香港、中国、瑞士和土耳其，累计份额 62.6%。

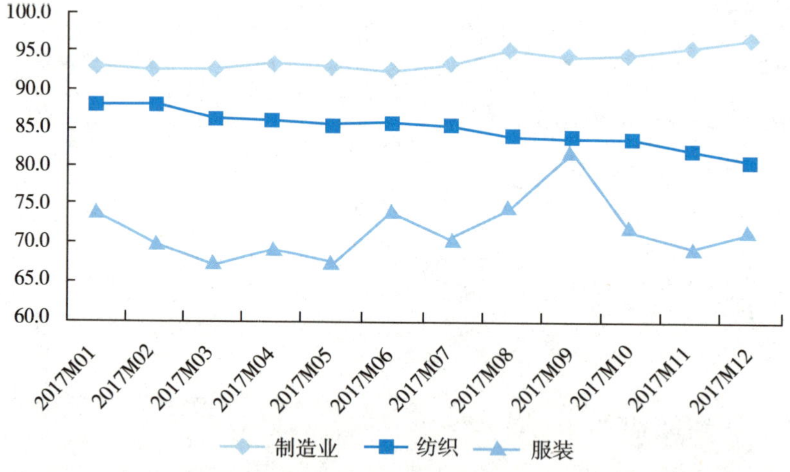

图 11 - 1　2017 年 1—12 月意大利纺织服装行业生产指数变化情况

资料来源：Eurostat，2018 年 1 月。

2017 年，意大利工业生产增长乏力，纺织服装业相对更加不景气。1—12 月，纺织服装工业生产指数呈现下滑态势，各月均低于 90，由 88.1 降低到 80.6。与上年相比整体变化不大，欲恢复至 2010 年的水平仍需时日。2017 年 1—12 月，服装行业非常不景气，服装行业生产指数在 75 左右波动，波动性非常大（65—85）。

工业销售方面，意大利纺织服装销售收入略高于上年，且好于整体制造业。2017 年 1—12 月，纺织服装工业销售收入指数整体呈温和上升态势。相比整体制造业，各月销售收入指数均接近制造业同期水平。分行业来看，虽然服装行业销售整体呈现较大波动趋势，但是整体呈上升趋势，并在 9 月后超过纺织行业。而纺织行业销售已恢复至 2010 年的水平，呈现平稳上升趋势。从销售市场来看，国内销售依然延续不景气态势，而纺织服装国外销售已经超过 2010 年的生产水平，销售收入指数达到 111.6。

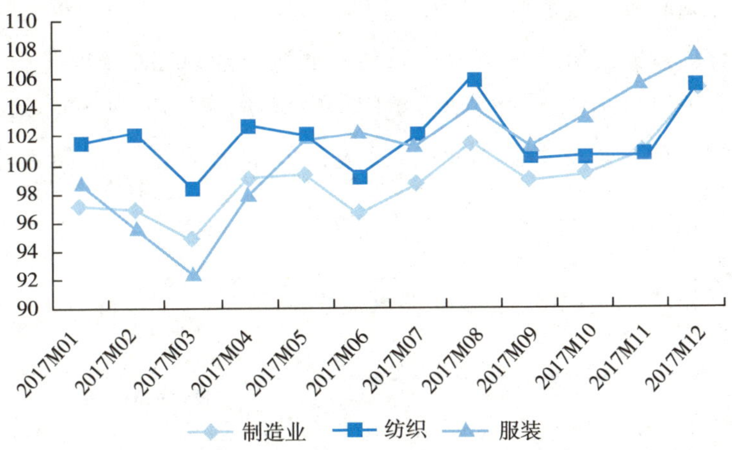

图 11－2 2017 年 1—12 月意大利纺织服装行业销售收入指数变化情况

资料来源：Eurostat，2018 年 2 月。

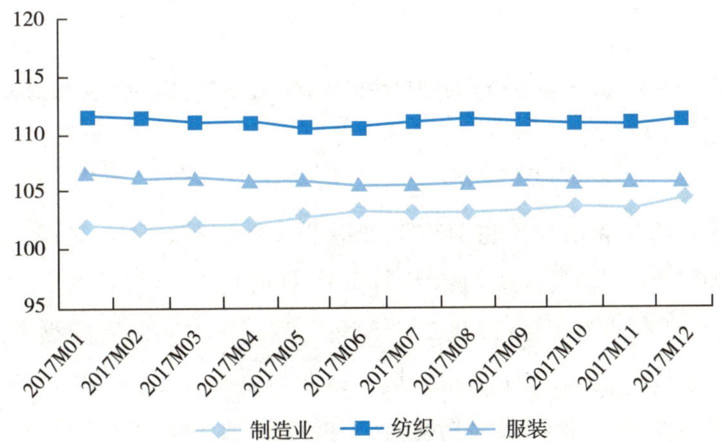

图 11－3 2017 年 1—12 月意大利纺织服装行业出厂价格指数变化情况

数据来源：Eurostat，2018 年 2 月。

价格方面，纺织行业与服装行业价格变化不大，略好于上年。2017 年1—12 月，纺织服装价格指数相比上年同期有较大幅度提升。细分行业方面，纺织与服装行业价格走势与纺织服装工业价格走势相同，都表现为 2017 年各月变化不大，与上年较大浮动差别较大。

2. 印度

2017 年，印度纺织、服装出口分别居全球第四位和第六位。纺织行业总出口 198.7 亿美元，同比下降 3.7%。其中，前十大出口国或地区分别为美国、中国、阿联酋、孟加拉、英国、德国、斯里兰卡、法国、意大利和埃及，前十大累计出口额占出口总额为 63.1%。服装行业总出口 149.1 亿美元，其中，排名前十出口国或地区分别为美国、阿联酋、英国、德国、西班牙、法国、意大利、荷兰、沙特阿拉伯和丹麦，前十大累计出口额占出口总额为 76.0%。

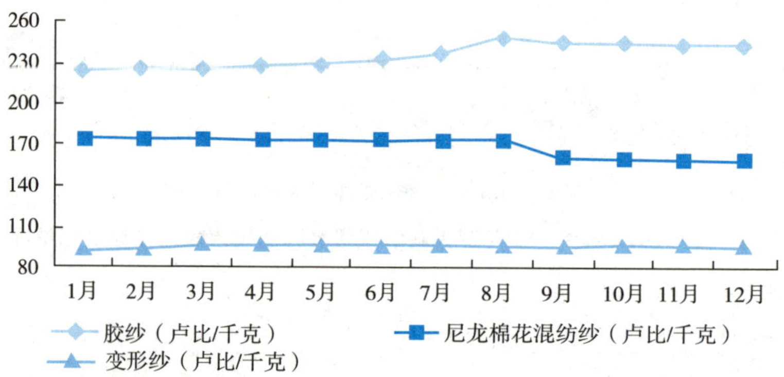

图 11－4　2017 年 1—12 月印度纺织服装行业出厂价格指数变化情况

资料来源：印度纺织部，2018 年 2 月。

3. 越南

受益于经济快速增长，越南整个制造业及纺织服装工业呈现出良好的增长态势。2017 年，纺织行业与服装行业产量同比分别增长 8.1% 和 5.3%。1—12 月，纺织行业生产指数从 139.3 上升到 178.5，服装行业生产指数从 174.6 上升到 190.5。相比于上年，纺织行业与服装行业各月生产指数均高于上年同期，且纺织行业和服装行业生产指数分别比整体制造业高出 2.6 和 5.0。从主要产品来看，棉织品产量为 321.4MNm^2，相比上年下降 2.6%，化纤织物产量 720.8MNm^2，同比分别增长 6.7%，衣服产量 3434.8 百万件，同比增长6.2%。生产的快速增长带动了就业增长。相比2016年，2017年纺织品与服装的就业指数分别为106.8和103.6。

（二）食品工业

1. 法国

2017年，法国经济依旧增长缓慢，但在投资增长带动下经济略好于上年同期。四个季度GDP增长率分别为0.7%、0.1%、0.2%和0.4%，投资增长率分别为0.2%、0.0%、0.8%和1.3%。

食品工业复苏缓慢，走势与宏观经济类似。工业生产方面，法国食品工业生产整体呈下行态势，与制造业整体水平接近。与2016年相比，2017年食品工业略好于上年。2017年1—12月，食品工业生产指数在100左右小幅波动。相比整体制造业，食品工业生产指数均低于整体制造业。具体来说，食品生产情况均接近食品工业整体生产水平，但饮料生产情况则明显好于食品工业整体生产。

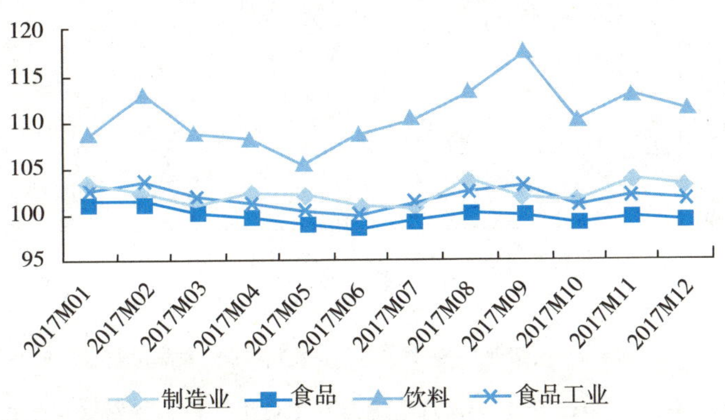

图11－5　2017年1—12月法国食品工业生产指数变化情况

资料来源：Eurostat，2018年2月。

销售收入方面，食品工业销售情况相比于上年略有提高。2017年1—12月，各月食品工业销售收入指数约为115，除3、4、6、7月外，各月销售收入指数均高于上年同期。同样，食品工业销售情况好于整体制造业。从销售区域来看，国外销售情况显著好于国内销售，且好于上年同期。

从价格走势来看，呈现缓慢上升趋势。2017年1—12月，食品价格出厂价格指数在110左右波动，整体呈上行态势。食品行业与饮料行业价格均高于整体制造业。

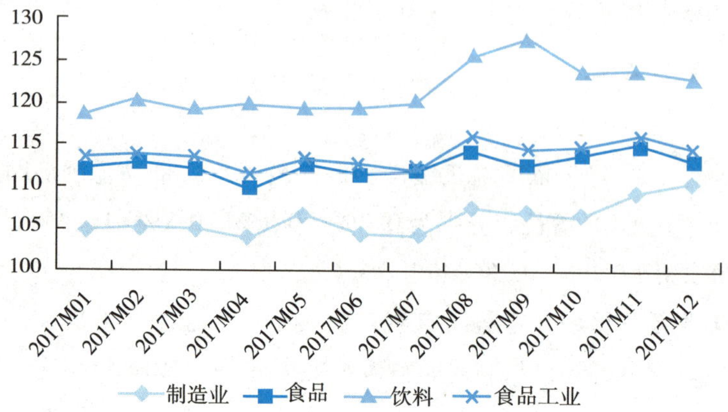

图 11－6　2017 年 1—12 月法国食品工业销售收入指数变化情况

资料来源：Eurostat，2018 年 2 月。

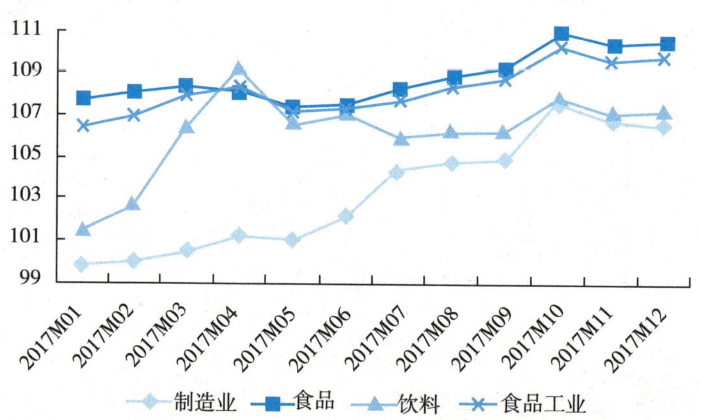

图 11－7　2017 年 1—12 月法国食品工业出厂价格指数变化情况

资料来源：Eurostat，2018 年 2 月。

2. 英国

2017 年，英国经济持续低迷，下半年受制于投资下降，经济存在下行压力。四个季度 GDP 增长率分别为 5.4%、0.5%、6.6% 和 0.9%。

食品工业生产恢复加快，价格呈现持续上行态势。从生产来看，食品工业生产好于上年。2017 年 1—12 月，食品增长显著，各月生产指数均高于制造业，生产指数在 105 左右波动。

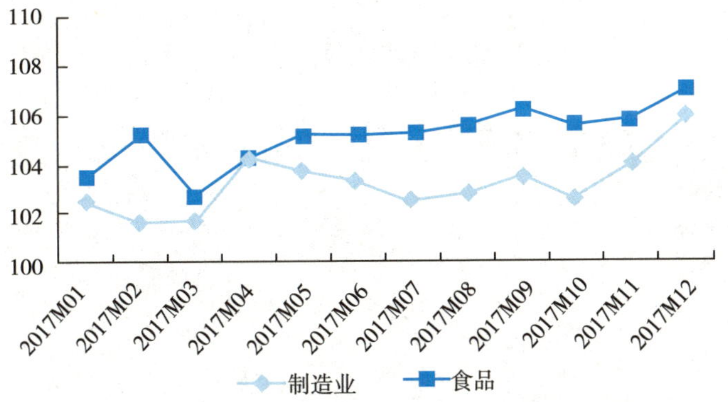

图 11 – 8　2017 年 1—12 月英国食品工业生产指数变化情况

资料来源：Eurostat，2018 年 2 月。

从价格来看，食品价格持续上升。2017 年 1—12 月，食品工业出厂价格指数持续走高，从 106.4 上升到 109.8，而且多个月份均高于上年同期。分产品来看，食品价格扭转了上年下行的趋势，而饮料价格则有一个明显的波动。2017 年 1—12 月，食品出厂价格指数从 107.7 上升到 110.5，饮料出厂价格指数从 101.5 到 107.2。

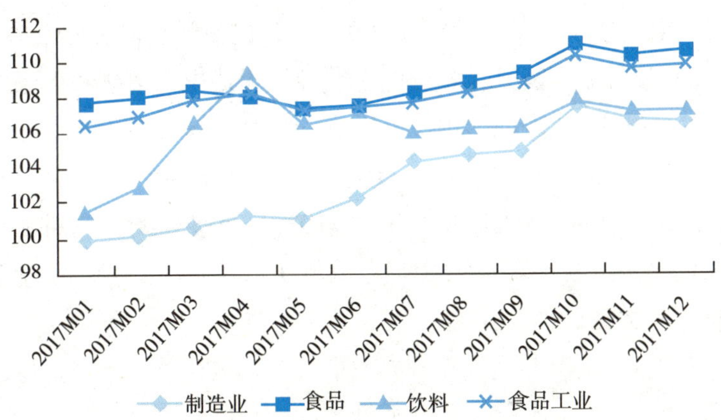

图 11 – 9　2017 年 1—12 月英国食品工业出厂价格指数变化情况

资料来源：Eurostat，2018 年 2 月。

第十二章　电子信息产业

第一节　发展概况

2017 年，受全球经济回暖复苏等利好因素影响，全球电子信息产业宏观环境延续企稳回暖态势，除美国电子市场出货量略有衰退外，其他各国与 2016 年相比均呈现不同程度增势。美国市场计算机及电子产品出货量月均值 26990.82 亿美元，略低于 2016 年的 27003.25 亿美元，但产值方面仍占据电子信息市场规模的主导地位；西欧市场整体保持增长，但英国“脱欧”带来的不确定性犹存，据德国电子技术和电子工业中央协会估算，2017 年德国电子行业生产增长为 1.5%，法国电气和电子设备机械制造指数均保持在 103 左右，相较 2016 年有略有提升；韩国电子元件、无线电、电视机和通信器材制造业指数均值 121.9，远超过 2016 年均值 118.48；印度计算机、电子和光学产品的制造 WPI 均值 109.63，超过 2016 年均值 108.36；日本电子产业月均产值 9828.1920 亿日元，超过 2016 年均值 9354.4517 亿日元。韩国、印度等新兴国家在电子信息领域具备较强实力或较快增速，在全球电子信息产业格局中的地位不断增强。

第二节　重点行业发展情况

一、计算机领域

全球销量降中趋稳，集中度维持高位。2017 年全球个人计算机销售量超过2.625亿台，较2016年的2.7亿台下滑2.8%。行业市场集中度依然保持高位，在全球PC出货量排名前五的厂商中，前四大厂商占据2017年全球PC出货量的64%（与2016年64.4%持平，远远高于2011年的45%），其中位居一、二位的联想和惠普PC销售量均超过5000万台。至2017第四季度，全球PC季度销量已连续13季度呈现下降趋势，也是年出货量出现下滑的第六个年头。

重点区域略有增幅，消费商用需求有异。一、二季度，由于DRAM、SSD和液晶面板等零部件与需求不振等因素，PC出货量比上年同期分别下降2.4%与4.3%，全球前五大供应商中仅惠普与戴尔PC出货量实现增长；至三、四季度，PC出货量降幅分别3.6%与2%，虽然下半年PC在欧洲、日本、拉丁美洲、亚太等关键区域出货量趋于稳定乃至略有增幅，但因美国市场需求疲软，整体仍呈现下滑。消费级需求疲软，但受Windows 10升级等因素驱动，商用PC需求保持稳定，并在不同地区表现出差异化的更新升级日程。

表12-1 2017年全球PC厂商单位出货量估值 （单位：千台）

企业	2017年出货量	2017年市场占有率（%）	2016年出货量	2016年市场占有率（%）	2016—2017年增长率（%）
惠普	55162	21.0	52734	19.5	4.6
联想	54714	20.8	55951	20.7	-2.2
戴尔	39871	15.2	39421	14.6	1.1
苹果	19299	7.4	18546	6.9	4.1
华硕	17967	6.8	20496	7.6	-12.3
宏碁	17088	6.5	18274	6.8	-6.5
其他	58435	22.3	64683	23.9	-9.7
总计	262537	100	270106	100	-2.8

资料来源：Gartner，2018年2月。

注：以上数据包含台式机、笔记本电脑与顶级ultramobile机型，但不包括Chromebook和iPad。所有数值均根据初步研究结果所推算出，最终估计值可能有所变动。本统计数据依据销售至渠道的出货量而得出。部分数值因四舍五入并未计入总数。

二、通信设备领域

国内厂商表现亮眼，印度市场跃居第二。据 Counterpoin 三季度数据，2017 全球智能手机出货量增长 5%—9%，排名前十的厂商贡献了全球四分之三出货量。三星以 21% 出货量稳居第一，苹果以 12% 出货量保持第二，华为以 10% 出货量紧随其后，OPPO、vivo、小米与联想分别位列四至七位。2017 年第二季度，印度智能手机市场迅速复苏，三季度出货量同比增长 23%，经相关市场研究称，印度现在已经超过美国，成为中国以后世界第二大智能手机市场。

产品升级助推盈利释放，强化高端趋势凸显。据 Counterpoin 数据，2017 年三季度苹果在智能机行业的利润份额降到了 60%，而中国品牌智能机利润率占比达到 12%，并首次在利润额上突破 15 亿美元。在三星和国产品牌强劲表现的推动下，2017 年三季度全球智能机利润同比增长 13%。由于制造工艺提升与材料升级，以苹果为代表的智能手机制造成本逐年上涨已成趋势。按 Statista 数据，iPhone X 制造成本已将近 iPhone 4s 制造成本两倍，达 370. 25 美元（合人民币约 2451 元）。随着智能机市场从增量向存量的转变以及行业集中度逐步提升，上调价格、强化高端乃是行业风向所指，追求性价比的时代已然过去。

三、消费电子行业

全年电视出货微有降幅，超高清市场攀岩式增长。由于传统出货旺季叠加面板下修因素，2017 三季度全球液晶电视出货量 5499 万台，季增 16%，年增 4%；而下半年强劲销量仍难根本上扭转全年销量降势，预计全年电视出货量约 2. 1 亿台，降幅 4. 2% 左右。出货排名居首的三星改采弃量保利策略，产品逐步趋向高分辨率与大尺寸等中高端。排名前五的乐金电子与索尼源于在 OLED 高端产品的成功布局，全年出货量有望与 2016 年持平或小幅成长。4K 方面，据 Futuresource Consulting 在《4K 超高清消费者市场追踪》发布的数据，4K 超高清电视占 2017 年全球电视出货量 35%，全球 4K 电视覆盖率已达 8%。

表 12－2　电视品牌 2017 年及 2018 年出货量预估

品牌厂	排名	2017 年出货量（fcst）	排名	2018 年出货量（fcst）	预估增速
三星电子	1	42.95	1	42.50	－1.0%
乐金电子	2	28.30	2	28.50	0.7%
TCL	3	14.34	3	15.30	6.7%
海信	4	12.80	4	14.00	9.4%
索尼	5	12.25	5	12.30	0.4%
夏普	7	9.40	6	12.10	28.7%
其他	90.59		94.10		3.9%
出货总量（百万台）	210.63		218.8		3.9%

资料来源：WitsView，2017 年 12 月。

基础与智能可穿戴均现增势，VR 高端设备成长释放可期。根据 Gartner 数据，2017 年全球可穿戴设备增幅预计将达 16.7%，涵盖智能手表、可穿戴摄像机、头戴式显示设备等。据 IDC 数据，2017 三季度可穿戴设备总出货量达 2630 万台，同比增长 7.3%，基础可穿戴与智能可穿戴设备均呈现增长趋势。以基础可穿戴产品为代表的小米、Fitbit 第三季度出货量以 360 万并列第一。2018 年 CES、Oculus、HTC 均带来升级款 VR 设备，小米和联想也通过 Mirage Solo 和小米 VR 正式加入高端 VR 设备市场。无线通信与智能语音助手助推虚拟现实增强沉浸感，以多领域多维度创新融合提升用户体验。

四、集成电路行业

存储拉高整体市场展望，三星受惠晋阶榜首。Gartner 数据表明，2017 年全球半导体市场增幅为 9.4%，全球半导体销售额涨幅 22.2%，其中存储器市场增势迅猛，营收成长 64%。供需不均引发的价格上涨成为推动存储芯片收入增长的关键动力，2016 年 NAND 闪存芯片价格实现历史上首次同比增长，增幅 17%；DRAM 内存芯片价格增长 44%。IC Insights 发布的 2017 全球半导体厂商营收排行中，三星受惠内存价格上涨，带动营收同步成长，推升市占率攀升，取代英特尔位居第一。由于内存和人工智能势力崛起，联发科被挤出前十名。

集成电路深层动能转变，深度学习物联网芯片瞩目。2017 年，集成电路行业的成长驱动力已经产生根本变化，从以往的主要由智能手机带动的行业增长，转变为人工智能、汽车电子、消费电子、物联网等新领域新应用而驱动的增长动能。据 IC Insights 最新报告预估，2016—2021 年间车用与物联网芯片的销售金额成长将比整体芯片市场要快 70%。在 2016—2021 年间，车用 IC 与物联网 IC 芯片销售额的复合年增率将分别为 13.4% 与 13.2%，同期整体芯片市场的 CAGR 则仅有 7.9%。此外在应用领域，快速崛起的深度学习处理器到 2022 年将成长至 160 亿美元市场规模。

半导体领域创新增速显著，存储器、薄膜及混合电路驱前引领。科睿唯安（Clarivate Analytics）最新发布的《2017 全球创新报告》指出，全球创新活动仍呈现上升趋势，其中半导体等领域创新最为活跃。以半导体材料及工艺、存储器、薄膜及混合电路、集成电路、分立器件这四个子领域的创新活动来看，存储器、薄膜及混合电路增幅最高达到 19%；位于第二位的集成电路创新增幅达到 5%；分立器件与半导体材料及工艺的创新活动增幅分别是 2% 和 1%。

五、新型显示行业

屏幕大尺寸化与高 UHD 占比成为产业发展新动力。全球新型显示电视面板市场稳步增长，屏幕以大尺寸化、高清化为发展趋势。按 HIS 数据，AMOLED 电视面板出货量从 2017 年开始将以 42% 的复合年增长率保持增长，到 2023 年出货量将超过 1000 万片。据群智咨询和 IHS 预测，2017 年和 2018 年全球 4K 液晶电视面板渗透率预计提升至 31% 和 39%。同时根据产品分辨率发展历史来看，4K 超高清显示技术会是未来 6—7 年的主流显示技术。

AMOLED 在中小尺寸产品市场的渗透率快速提升。市场调研机构 IHS 的数据显示，2017 年第三季度全球智能手机 OLED 显示屏的市场规模达 47 亿美元，较上年同期的 36 亿美元增长 30%。虽然第三季度中国品牌调整 AMOLED 的拉货节奏，但是三星显示器（SDC）受益于苹果新机 iPhoneX 的拉货备料，带动三星显示面板出货量约 1.06 亿片，较上年同期增长 6%。随着越来越多的手机使用 OLED 屏幕，2020 年智能手机 OLED 渗透率将达 53%。2017 年，随着 iPhone X 引入 OLED 屏幕，未来 OLED 市场增长速度将继续加快，全球各大厂商也加快 OLED 产业布局。

六、太阳能光伏行业

2017 年全球电力需求仍然强劲，行业从高量产进入高性能阶段。上半年全球光伏产能扩张公告进行了重大修订，调高了计划数值，三季度特点是计划变得更加温和。“硅基组件超级联盟”（SMSL）继续执行此前宣布的计划并根据最新动态做了一些调整。类似土耳其和印度这样的新兴市场保留了宏伟的铭牌产能目标，但是初始量产仍然很少。产业链方面，上中游硅片、电池、组件等生产竞争激烈，下游分布式光伏进入实质发展阶段。成本方面，随着技术发展，光伏系统成本持续下降，未来发电成本接近煤电、核电和燃气轮机联合循环发电。

七、半导体照明（LED）行业

2017 年，由于各领域对节能照明需求量增加、各国节能项目如能源之星（ENERGY STAR certification）、DLC 与 Lighting Design Lab certification 推广效应增强、2018 年足球世界杯等国际事件和基础建设推动等多种因素叠加助推全球 LED 市场景气向好。Techavio 预测，2017—2021 年全球 LED 市场的复合年增长率（CAGR）将大于18%，亚太地区 CAGR 将达20.56%，产值从2016 年185.1 亿美元上升到 2021 年的 431.8 亿美元，2021 年传统照明将占77.37%的市场份额。

第三节　发展特点

一、发达国家政策引导力度恒强，抢滩新领域前瞻布局

出台相关政策与战略规划，新领域部署及配套加速推进。全球发达国家在新领域纷纷加紧部署，并出台相关政策与战略规划助推本国产业发展。例

如无人驾驶领域，2017 年 9 月，美国众议院一致通过了一揽子立法提案，以加速全自动无人驾驶汽车的部署。5 月，日本政府的新经济增长战略明确提出“加快引进卡车的无人驾驶等尖端技术”。6 月，日本警方正式批准无人驾驶远程控制汽车公路试跑试验许可。美国科罗拉多州已开始启用自动驾驶车辆来承担防缓冲车这类危险工作。这些自动驾驶汽车会跟随在装配了高分辨率 GPS 的车辆后面，通过智能算法将其与前车之间的距离误差。与此同时，俄亥俄州等州也纷纷开始兴建与智能汽车相匹配的智能公路，通过传感装置与专用短程通信技术及时向无人驾驶汽车反馈路况信息。

抢滩布局行业标准规范，占据产业发展新高地。日本出台全球首例无人驾驶道路许可标准，适用于无人驾驶的试验车辆在日本公用道路上进行测试的审批，该标准使无人驾驶试验车辆在远程操控、不承载人员的情况下进行路测成为可能。德国发布《自动和联网驾驶》报告，提出全球首套自动驾驶汽车伦理规则。美国计算机协会下设的美国公共政策委员会发布了关于算法透明和可责性的七条原则，分别涵盖主体意识、算法决策、责任制、程序解释、数据来源、可审查性、验证和测试七个方面。欧盟议会通过人工智能与机器人相关决议，决议涵盖监管机构、登记制度、电子人格、责任规则、伦理原则、AI 智力成果的知识产权保护等层面。

二、合作领域深厚优势，行业呈现互利共赢开放局面

全球跨行业投资研发与合作创新频现。自动驾驶领域，日本丰田与通信运营商 NTT 将利用 5G 技术，围绕汽车超高速无线通信展开合作，共同研发 5G 车联网技术与大数据、人工智能等自动驾驶技术，推动自动驾驶安全化实用化。德国西门子公司与荷兰自动驾驶软件公司 Tass International 强强联手研发自动驾驶解决方案，将 Tass 的软件与 Mentor 的 EDA 解决方案相结合，以便承载公司 ADAS 和自动驾驶系统的检验和验证。人工智能领域，百度与高通宣布在人工智能语音方面展开战略合作。双方将在高通骁龙移动平台包括骁龙 845 上，深度支持并联合优化 DuerOS 在手机上的人工智能解决方案。智能物联网领域，美国高通公司携手中科创达在渝设立智能物联网联合创新中心、智能网联汽车协同创新联合实验室，以物联网为主要方向，为符合条件的

“双创”企业提供技术评估、初期研发指导及实验性测试，加快企业在智能终端及物联网相关领域的发展。

各国行业内部企业间合作创新愈加频繁。智能手机领域，高通和小米、OPPO、vivo 在签署了非约束性采购意向备忘录，高通将在今后三年向这三家手机制造商销售零部件，这次合作有利于稳固高通在中国市场的竞争地位与获取高额的利润，对三家手机厂商而言，其新机以后国内首发高通重磅处理器可能性大大增加，这对于其自身产品的发展有很强的促进作用。人脸识别领域，高性能传感器解决方案供应商艾迈斯半导体（ams）宣布与宁波舜宇光电达成合作，双方将针对全球原始设备制造商开发和销售用于移动设备和汽车应用的 3D 传感影像解决方案，共同为 3D 传感应用研发影像解决方案，并提供相关的软件和算法，充分发挥自身领先研发优势共享合作成果。

三、创新浪潮持续涌现，尖端技术加速突破

回望 2017 年，纳米级 LED 突破芯片间传输速率限制、半导体工艺突破 1nm 制程以及全球首款 72 层 3D NAND 问世等系列颠覆性技术层出不穷。集成电路领域，SK 海力士推出世界首款基于 TLC 阵列的 72 层 256Gb 3D NAND 闪存，相比 48 层 3D NAND 芯片，72 层芯片将单元数量提升 1.5 倍，生产效率上浮 30%，运行速度提高一倍，读写性能大幅增加 20%；新型显示领域，石墨烯打造 OLED 电极获重大突破，拥有高画质、柔性超薄、高对比、低能耗特性的石墨烯，被用来打造导电优秀、硬度优良、超级透明、柔性触控的优质触控面板材料，为石墨烯在 OLED 领域的发展奠定基础；汽车电子领域，苹果发布最新专利，通过传感器技术扫描车辆周边环境与数据传输，实现汽车之间的相互通信；5G 领域，高通宣布推出首款面向移动终端的 5G 调制解调器芯片组骁龙 X50NR，支持 28GHz mmWave 毫米波规范，通过多个 100MHz 5G 载波实现每秒千兆下载速度；新材料领域，剑桥与华威大学研究人员将电线缩小到单原子串宽度，成功制造出全球最薄纳米线；量子通信领域，技术迎来重大突破，从首次实现千公里量级的量子纠缠，到世界首条量子保密通信干线正式开通，利用量子加密技术进行洲际保密通信，中国量子通信取得全球瞩目成就。

四、新一轮产业革命加速，全球电子信息制造业布局调整

美国税改可能吸引部分技术密集型制造业回流。由于技术密集型的产业链环节重置成本较低，因此在全球产业链的分工上，美国此次减税更有望吸引类似新能源汽车、人工智能、精密仪器、高级医疗器械等技术密集型制造业流向美国。发展中国家承接产业转移程度出现分化。中国和印度作为新兴后发国家的代表，均具备众多优势区位要素，成为发达国家制造业转移的主要受益方。不同于已在电子信息制造业众多领域站稳脚跟的中国，印度受限于本国条件，多选择承接服务业中下游，2017 年下半年其 PMI 从 6 月的 52.7 暴跌至 7 月的 46。全球贸易复苏呈现活跃加速态势。全球经济回暖与贸易条件改善等因素拉动全球贸易回暖。据 WTO 数据，2017 前三季度，美国出口增速高于 6%，远远高于 2015 年的与 2016 年的 –3.4%，欧盟出口增速升至 7% 以上，外贸以电子信息产品为主要代表的韩国出口同比增长 18.5%，创下同期历年新高。从以上数据可见大部分国家已走出 2016 年进出口形势低迷的外贸局面。

热 点 篇

第十三章　美国退出 TPP，未来走向增添变数

第一节　事件背景

美国新任总统特朗普于 2017 年 1 月 23 日签署了一则行政命令，正式宣布美国将要退出 TPP（“跨太平洋伙伴关系协定”）的决策。特朗普此次签署的这则命令，标志着美国新政府未来将要挖掘更多与他国的双边贸易合作机会，从而进入全新时期。早于 2005 年 7 月，TPP 是由新加坡、智利、文莱和新西兰等四国所签订的 TPSEP（“跨太平洋战略经济伙伴关系协议”）演化而来。特朗普退出 TPP 事件，一是兑现了其在竞选时期的承诺，特朗普在 2016 年美国总统竞选时表示：“经济投降的时代终将结束，美国将再次经济独立。”特朗普认为，TPP 会致使美国的制造业市场向货币操纵国开放，进而造成致命的后果，若是签订 TPP，中国有一天也会“走后门”加入。二是为了“拒绝潜在问题”，奥巴马当初提出加入 TPP 是为了提升美国在亚太地区的地位，当时提出的“重返亚洲”主要经济纲领政策，已留下惊人漏洞。特朗普上任后加大在美国自我建设方面的工作力度，要大力推进“再工业化”、基建、再减负、再就业等，是要坚决排除会造成未来经济、政治问题政策的多边贸易协定。三是为了推行“双边协定”，特朗普在退出 TPP 后表示会继续积极与他国签订其所谓的更趋向公平贸易的双边协定，特朗普认为这种协定将在未来减少多边协定所带来的不必要权衡、妥协。

第二节　事件进展

2009 年 11 月 14 日，美国总统奥巴马在参加亚洲之行的过程中，正式宣布美将参与 TPP 的有关谈判。奥巴马强调其要建立一个高标准、涵盖多领域和范围、体现创新思想的亚太地区一体化合作协定，以此为设定 21 世纪贸易协定标准作出贡献，促进美国经济繁荣和就业增长。同时，亚太地区参与 TPP 谈判的国家也逐步增加，包括越南、秘鲁、澳大利亚三国在内都宣布正式加入谈判。

2010 年 10 月，马来西亚以第九个谈判国的身份正式加入 TPP，谈判进入到了“P9”时期。

2011 年 11 月 12 日，美国宣布 TPP 谈判的“P9”协议纲要文件已完成，拟进行以实现协议法律文本的签订为目的的进一步磋商。

2012 年，墨西哥和加拿大等国决定加入 TPP 谈判。

2013 年 7 月，日本于安倍晋三上台后，积极谋求加入 TPP 并顺利正式参与谈判。

2013 年 9 月 10 日，韩国宣布决定加入 TPP 谈判。

2015 年 10 月 5 日，美、日、澳等首批 12 个国家结束了为期数年的 TPP 谈判，达成 TPP 贸易协定，并于次年 2 月 4 日于新西兰奥克兰参加的签字仪式正式签署 TPP 协定。

2016 年 11 月 10 日，日本国内正式通过 TPP 协议。

2016 年 11 月 11 日，美国 TPP 在美国参议院议长米奇奥康纳的宣布后被参议院决定计划正式搁置。

2017 年 1 月 20 日，美国总统特朗普上任当日的就职演说宣布退出 12 国签订的 TPP 协定。同年 1 月 23 日，特朗普于白宫签订行政命令，标志美正式退出 TPP 协定，新政府将积极与其他国家共创双边贸易机会。

第三节　主要影响

美国执行的退出 TPP 举措有利于提振美国制造业。特朗普兑现了竞选承诺，美国将放弃现有把控亚太贸易一体化的可行手段，为美国的制造业消除了来自亚太区域其他国家制造业劳动力冲击所带来的巨大威胁，尤其是减弱了美国汽车行业的压力。综合来看，退出 TPP 提升了特朗普刚刚就职后的民众形象，提升了民调支持率，是政治生涯“还惠于民”的第一步。而从另一方面来看，从加入“全球贸易”转变为单纯的与他国签订“双边贸易”协定，这一转型的影响将更为广泛，对全球贸易体系产生了明显冲击。在美国国际地位相对下降、财政赤字影响国力和世界经济一体化的经济格局影响其自身经济发展等因素影响下，美国退出 TPP 表面虽兑现了特朗普就职承诺，或将提振美国国内经济，但实际上将连同 2017 年英国“脱欧”、“意大利修宪失败”和“欧洲右翼主义抬头”等事件将“逆全球化”之风吹向世界。特朗普上台所提出的建立美墨边界围墙等诸多政策都激化了不同阶层民众之间的矛盾，“逆全球化”短期内虽见成效，但在成本、效率等多个方面将面临更大挑战。美国简单将国内问题归咎于世界经济一体化，根本无法从根源解决美国国内经济失衡和社会撕裂的危机，反而会丧失与许多国家在国际事务中合作共赢的重要机遇。

第十四章　英国启动“脱欧”程序

第一节　事件背景

英国早前于2016年年中举行了全民公投，最终结果决定英国将脱离欧盟。按欧盟的法律规定，欧洲理事会将利用投票在英国对欧盟正式告知启动“脱欧”程序后，开始进行欧盟对英的“脱欧”谈判，整个“脱欧”协议最终需要欧洲理事会、议会两者投票通过。英国在加入欧盟44年后成为首个“脱欧”成员，其首相特雷莎·梅于2017年3月29日正式通过英国驻欧盟大使向理事会主席正式上交“脱欧”文件。英首相在文件中再次表达了英政府之前所提出的包括控制欧洲移民入英和同欧盟签订自由贸易协定等“脱欧”目标。

英国不仅是欧盟国家，还拥有着非欧元的独立货币——英镑，属于非欧元区国家。这一身份导致英国在欧盟金融事务中难以真正发挥作用，2016年的欧债危机、难民危机等事件让英国发现了多边关系对自身的影响，系列事件冲击使英国自身产生了与欧盟利益的严重分歧，在处理问题上的相左使英国对欧盟产生许多猜疑因素，这致使英国逐渐退出参与欧盟的讨论。欧盟各国也对英国的“消极”行为逐渐不满，在面临危机亟待英国这一欧盟大国身体力行时，英国却反而成了一个怠慢且拖后腿的角色。在相互作用下，国内“脱欧”呼声高涨。所以，在2016年英国首相卡梅伦希望通过“脱欧”能够获得独立党的支持，也希望以“脱欧”为筹码在欧盟获得更多利益。

第二节 事件进展

2016 年英国公投确认“脱欧”，新任首相特雷莎·梅向终于在 2017 年 3 月向欧洲理事会主席正式上交“脱欧”文件，以此迎来“脱欧”的正式启动。英国首相早前于 2017 年 1 月 17 日就已宣布英政府已就做好“脱欧”准备，并阐述了英国“脱欧”的具体方案，即首次明确提出“脱欧”路线图，并发表“脱欧”的主题演说。此次宣布“脱欧”，英政府一方面表示国家将执行不留在欧洲共同市场的“硬脱欧”选择；另一方面，英国首相发出了警告，警示欧盟成员国切勿因“脱欧”事件惩英；但是，欧盟委员会主席容克公开表示英国必须为“脱欧”支付 500 亿至 600 亿欧元的高额账单，不可做出从未加入欧盟的姿态。2017 年 2 月 1 日，英国议会下院通过了政府“脱欧”法案，授权首相启动“脱欧”程序；3 月 13 日，英国议会两院分别批准了由特蕾莎·梅政府提出的“脱欧”法案；3 月 16 日，英国女王批准“脱欧”法案，授权首相启动“脱欧”程序。英国首相于 2017 年 3 月 29 日向欧盟的委员会主席正式上交“脱欧”文件以进入为期 2 年的谈判期，谈判过程中若延长谈判期需得到全部欧盟成员国同意。2017 年 4 月 29 日，27 个欧盟成员国举行了特别峰会，商定更为具体的谈判方针，确定了英国“脱欧”的指导方针。2017 年 11 月 10 日，英公民权利、“脱欧”账单费用和英国与爱尔兰边界等议题并未在结束的为期两天欧盟和英国第六轮“脱欧”谈判结束时取得实质性突破。欧盟已下达“最后通牒”，要求英在两周内就“脱欧”账单费用问题首先作确切答复，否则无法继续第二阶段谈判（具体包括贸易协议等议题）。虽然第六轮“脱欧”谈判无果而终，但双方已经取得一些重要进展。

第三节 主要影响

过去的一年里，英国在几次“脱欧”谈判后与欧盟的合作减少，借助世界经济回暖的东风，对“脱欧”调整国内政策、经济情况的英国有很大的积极影响，但同表现优异的欧盟相比，英国的经济增长率仅 1.8%，低于欧盟 2.5% 的增长率，排在发达经济体的后位，整体形势较 2016 年相比增速放缓。英国在几次谈判中与欧盟不明朗的合作关系对未来英国国内经济发展的趋势造成了不利影响，这种不确定性的关系正在拖累国内经济活动，尽管全球经济增长显著上升，但国内经济活动已经放缓。英国央行行长马克卡尼表示，英国“脱欧”已使英国损失约 100 亿欧元。脱离欧盟所损失经贸合作机会在未来将减少英国的生产效率。虽然英国 2017 年就业率创新高，但这是由于“脱欧”造成的就业回流所导致的，突然激增的就业人群收入远低于物价增加幅度，在未来也将导致国内产生潜在危机。从长远看来，由于失去了欧盟所带来的就业机会，英国国内就业紧张，失业率逐月降低。但实际上，这反而是一种警告信号，过去严重依赖欧盟提供的工厂工人的制造业将面临冲击和上涨的成本。英国将还要损失约 10% 的医院医生和近 6% 的国家卫生服务人员，因为“脱欧”导致的英境内对外务工政策不确定性影响了来自欧盟的求职者。根据食品和饮料联合会的数据，英国有 1/3 的永久工人是来自欧盟的，虽然“脱欧”导致难民入境骤降、移民减少，但酒店、餐馆和俱乐部正缺少欧盟前来的移民，若人数大幅减少，那么这些服务行业每年将面临约 60000 名工人的用工缺口。从长远来看，移民的大幅减少会伤害英国经济。

第十五章　“一带一路”国际合作高峰论坛举行

第一节　事件背景

“一带一路”国际合作高峰论坛是“一带一路”提出3年多来最高规格的论坛活动，主要包括开幕式、圆桌峰会和高级别会议三个部分。第一届“一带一路”国际合作高峰论坛于2017年5月14日至15日在北京举行，是2017年中国重要的主场外交活动，对推动国际和地区合作具有重要意义。29位外国元首、政府首脑及联合国秘书长、红十字国际委员会主席等重要国际组织负责人出席高峰论坛，来自130多个国家的约1500名各界贵宾作为正式代表出席论坛，来自全球的4000余名记者已注册报道此次论坛。2017年5月15日，中华人民共和国主席习近平主持圆桌峰会并宣布中国将于2019年举办第二届“一带一路”国际合作高峰论坛。

第二节　事件进展

习近平主席在2013年秋天提出共建“一带一路”的合作倡议，旨在通过加强国际合作，对接彼此发展战略，实现优势互补，促进共同发展。3年多来，“一带一路”相关合作稳步推进，受到各方普遍欢迎和积极参与。2017年1月17日。习近平主席在举行的达沃斯世界经济论坛年会上宣布，2017年5月中国将在北京主办“一带一路”国际合作高峰论坛，共商合作大计，共建合作平台，共享合作成果，为解决当前世界和区域经济面临的问题寻找方案，为实现联动式发展注入新能量，让“一带一路”建设更好造福各国人民。2017 年 3 月 5 日，李克强总理在十二届全国人大五次会议上作《政府工作报告》时提出，要高质量办好“一带一路”国际合作高峰论坛，同奏合作共赢新乐章。国内和国际社会对高峰论坛十分关注。2017 年 5 月 14—15 日，“一带一路”国际合作高峰论坛在京举行，论坛的主题为“加强国际合作，共建‘一带一路’，实现共赢发展”。论坛主要活动包括开幕式、领导人圆桌峰会和高级别会议三部分。领导人参加的圆桌峰会是本次论坛的重点，分为两个阶段，第一阶段议题是：“加强政策和发展战略对接，深化伙伴关系”；第二阶段议题是：“推进互联互通务实合作，实现联动发展”。会后，习近平主席同与会的 29 国领导人在圆桌峰会上一致通过了联合公报，这是本次高峰论坛重要的政治成果文件。公报是各方经过多轮磋商达成的成果，整个过程开放、公平、透明。公报包含时代背景、合作目标、合作原则、合作举措和愿景展望五个板块，明确了“一带一路”未来合作的方向和重点，发出了提振国际合作、构建开放型世界经济的明确、有力信号。这是“一带一路”框架下首份全面、系统、权威的多边文件，充分反映了各方的合作共识和高峰论坛的重要成果。

本次“一带一路”国际合作高峰论坛的高级别会议受习近平主席之邀的海外嘉宾包含：29 位外国元首和政府首脑、1500 多名中外嘉宾参会，另外，“智库交流”平行主题会议上还邀请了来自 40 多个国家的 200 多位智库负责人、前政要、知名人士以及中国国家高端智库和研究机构的专家。我国提出“一带一路”倡议，致力于与各国携手并进，以开放推动共赢，“一带一路”沿线国家也制定了自身的开放发展战略，与“一带一路”相互支撑、相互补充。本次会议进行了系列主题的充分沟通，专家、学者、政要、知名人士都对共建“一带一路”的重要性和建设性举措凝聚了重要共识，中国与沿线各国签署了一批对接合作协议和行动计划，同 60 多个国家和国际组织共同发出推进“一带一路”贸易畅通的合作倡议。

第三节　事件影响

“一带一路”国际合作高峰论坛的高级别会议上，中国推动“一带一路”战略对接与规划对接、扎实推进“一带一路”国际产能合作、抓好“一带一路”重大关键项目落地生根和携手共建“一带一路”全球智库交流网络。一批重大项目和重大政策的合作协议已达成，中方宣布将执行向丝路基金新增资金1000亿元人民币、进出口银行将分别提供2500亿元和1300亿元等值人民币专项贷款、将在未来5年内安排2500人次青年科学家来华从事短期科研工作、将向“一带一路”沿线发展中国家提供20亿元人民币紧急粮食援助、向南南合作援助基金增资10亿美元，在沿线国家实施100个“幸福家园”、100个“爱心助困”、100个“康复助医”项目等多项举措。这一系列共识、举措将增进亚洲、欧洲及非洲、美洲等“一带一路”沿线国家的国际合作，表现中国建设“一带一路”的决心。未来，中国将为“一带一路”沿线国家带来更多实惠，并赢得更多政治合作、经贸投资、社会文化等方面的互惠机遇。此外，在基础建设作为会议核心主题的前提下，国际合作将进一步深入，将为国际互通提供更多便利。

第十六章　多国公布禁售燃油车时间表

第一节　事件背景

近年来，国际能源结构正在不断升级转型，可再生能源的占用率持续上行，同时各国关注压缩成本来提高利润，纷纷关注新能源产业。在汽车产业领域，受《巴黎协定》中全球减排目标的影响，欧洲部分发达国家不约而同地提出了“禁售燃油车计划”。二十国集团（G20）汉堡峰会，于当地时间2017年7月8日下午闭会，一些参会国家已经明确表示，正在努力推进《巴黎协定》的实现。而其中最引起关注的，则是部分国家宣布将全面禁售燃油车的决议。2017年末，我国环保部发布消息，经专家调查分析，秋冬季天气形势严峻，重污染天气出现频率较高。传统汽车的尾气排放已造成我国的环境污染问题，尾气中的一氧化碳、硫化物等污染物严重危害了空间质量和人体健康，尤其是近几年的雾霾问题也部分归因于此。国际能源结构变化逐渐偏好新能源、可再生能源，推行新能源汽车的市场占用率已不容忽视。目前，全球能源结构正在不断升级转型，可再生能源的市场占有率持续上行，同时可再生能源的成本通过研发深入而逐步下降。另一方面，全球燃油能源使用的两大主要驱动力主要是交通业和工业，尤其是交通占据六成以上。因此，控制燃油车的使用是降低原油损耗最有效、最直接的方式，同时《巴黎协定》中全球减排目标的推出，明确了新能源汽车的发展在全球范围内势不可挡，也是目前各国政府及汽车产业企业不约而同认可的目标。日本学者研究了新能源汽车数量和二氧化碳排放量的相关性，同时发现清洁能源的替代可以大幅度减少二氧化碳的排放，证明了新能源汽车对于生态环保的必要性。

第二节　事件进展

荷兰、挪威宣布2025年禁售燃油车，德国、印度紧随其后，将在2030年禁售燃油车，法国最晚也将在2040年禁售燃油车，多国陆续出台的禁售时间表表明了新能源车代替燃油车的时代正悄然来临。荷兰劳工党公开提案，要求从2025年开始禁止在荷兰本国销售使用汽油和柴油的汽车，从而确保低排放量的汽车市场占有率更高。挪威的四个主要参政政党一致同意从2025年起禁止燃油汽车销售。电动汽车在挪威占汽车销售量的24%，这个数据在全球都首屈一指，所以推行这样的新政策会比其他国家更顺利，而在美国，电动汽车只占汽车销售量的1%不到。新的能源政策如果实现落地，挪威更靠近了禁止化石能源使用的目标。德国联邦参议院也以多数票同意了2030年后禁售传统内燃机汽车的提案。此外，参议院建议德国政府同其他欧盟成员国建议2030年后只允许零排放汽车行驶。印度也提出，2030年只允许出售低排量、新能源汽车，全面禁止燃油车辆的生产销售。法国能源部长尼古拉斯·霍洛（Nicolas Hulot）宣称，法国政府计划从2040年开始，全面禁止出售汽油、柴油为动力的汽车，致力于低碳国家的建设。就2016年的市场表现看，我国的交通能源消耗量和国际标准还有距离，如果我国要在2030年如期达到碳排放峰值，那么按照目前汽车产业的发展速度，达标难度较大。工信部副部长辛国斌于2017年9月9日在中国汽车产业发展（泰达）国际论坛上致辞时表示，中国已经开始研究制定禁售传统燃油汽车时间表。

第三节　未来影响

禁售燃油车对传统油气、汽车生产业产生消极影响。禁售燃油车对处理国内油气产业和传统汽车产业的战略转型的要求很高。燃油车的大规模禁售导致全球范围的原油销售下降，从而影响原油国际价格，油气企业利润下降，传统汽车生产企业直接受到影响，若转型不成功，甚至会造成大范围的破产、失业。同时，禁售燃油车对国际油价产生不利影响，导致国际油价下行的可能性很大。此时，对于消费者而言，政府对购买新能源汽车的补贴政策和低油价相比竞争力不足；对于政府而言，对新能源汽车的研发投入会因为油价持续降低而缺乏动力，政府或许会因为衡量推行新能源汽车带来的环境收益与淘汰燃油车的机会成本而产生动摇。

第十七章　造假丑闻接连不断，“日本制造”走下神坛

第一节　事件背景

二战后，日本的经济、政治、文化等方面百废待兴，而日本人凭借着智慧与踏实肯干的精神，成功地从战败国的阴霾中走出。日本的崛起，制造业的贡献占据了极高的地位。时至今日，日本的全球500强企业也多以制造业为主。一直以来，日本制造是国际上的“精益求精”表率，是“完美工艺”的示范代表。但是，最近几年来来，日本的制造业企业却纷纷卷入造假风波，波及衣食住行等多行业领域。让世界不得不为其感到遗憾，发出“日本制造”是不是已经在质量代表的神坛上逐渐走上下坡路。

第二节　事件进展

2016年5月，日本东亚建设工业公司被曝在羽田机场C跑道的防震地基工程中出现工程问题。同年，日本食品安全也引发消费者的质疑。日本秋田市肥料公司于2015年3月被日本当地媒体爆料利用高价骗取国外旅客超额消费，一是其本土知名烤肉连锁店贩卖食材用市面普通牛肉代替优质松阪牛肉以次充好，二是其旗下“太平物产”伪造了主营有机肥原料产品的比例标示。此外，日本家电大鳄东芝被曝出，从2008年起连续6个财报年度造价，虚报了约133.7亿元人民币的税前利润。2017年10月，日本第三大钢企日本神户制钢承认其质检数据长期造假，约500家企业受波及，日本自卫队的飞机和

制导武器等都使用了问题产品。2017 年 11 月 28 日，日本化工巨头东丽株式会社被曝出，旗下汽车轮胎材料子公司存在财务数据造假行为，且为时长达 8 年。同时期，日本有色金属大鳄三菱综合材料株式会社也被调查出产品数据的造假行为，问题产品涉及了 260 家的企业。这一系列的造假丑闻涉及了日本的食品业、制造业、纺织业等多个领域，日本制造的质量神话在逐破灭。

第三节　事件影响

虽然日本制造出现了一些负面消息，但是判断“日本制造”是否从此将在质量上失去消费者的信任，还是未知数。一方面，“日本制造”的匠人工艺仍然存在，消费者印象也一时间难以转变；另一方面，随着社会舆论的讨论，企业也会进行补救和反思，如果能够重新激活企业的质量至上理念，日本反而可能在质量上更上一层楼。“中国制造”目前正积极进入全球制造业中高端梯队，此次事件对中国有两方面好处：一方面，提高“中国制造”的国际竞争力。“中国制造”此次能打破传统价格优势，建立自己的质量品牌口碑，大幅提升竞争力；另一方面，是扩大了“中国制造”的国际市场份额。此次事件将在一定时期内影响“日本制造”的市场口碑，降低消费者信任程度，世界各国将会大范围降低进口日本商品的需求，“中国制造”有了进一步在国际舞台扩展市场的机会。“中国制造”可利用“日本制造”负面事件加速产业结构优化，加快企业战略升级，从低端制造领域转向高端制造领域升级。同时，“中国制造”能够更深层次地加入全球制造业发展的大潮之中，正面争取加入更多的中高端合作中去，跨国企业间的创新合作在经济全球化、技术进步两者的驱动下已成制造业跨国企业新特征，在很多产业中都是各国通力合作才能生产出顶级的产品，未来这一趋势更是势不可挡。“中国制造”必将调整企业战略，采取更积极、正面的态度迎接国际合作的新挑战。

第十八章　美国通过30年来最大规模减税法案

第一节　事件背景

近年来，随着全球经济结构性调整不断加快，发达国家逐渐退出了量化宽松的货币政策，转而通过结构性减税来进一步刺激经济增长。自美国总统特朗普上台以来，总体上奉行了“美国利益优先”的准则，在贸易、税收、货币、投资等方面相继出台相关政策。美国特朗普政府把大规模降低税收作为重要手段，希望通过改革境内和境外所得税制，全面减轻企业和中产阶级税负，推动企业从“离岸发展模式”转变为“美国发展模式”，促进制造业回流，重振美国制造业，真正实现“买美国货、雇美国人”。

第二节　事件进展

2016年8月，美国总统特朗普提出，“美国优先”经济政策的核心就是全面减税，他将启动自上世纪80年代罗纳德·里根执政以来最大规模的税改，将联邦个人收入所得税简化为12%、25%和35%。2017年9月27日，特朗普在印第安纳州发表了税改演说，白宫网站随后公布新税改框架全文。11月17日，众议院通过了共和党版本的《减税和就业法案》。12月2日，美国国会参议院最终投票通过了共和党税改法案。12月22日，美国总统特朗普签署自1986年以来美国最大规模的减税法案，法案将从2018年1月开始生效。这是特朗普推行“美国优先”政策的又一具体行动。该税改法案涉及个人所得税、企业所得税、跨境所得税和遗产税等众多税制改革。《减税与就业法案》中与国际税收有关的规定主要体现在以下三个方面。一是将企业所得税税率从35%下调至20%。之前美国是公司税税率最高的OECD成员国，而此次税改使得美国的公司税率更接近OECD国家的平均水平。据统计，2017年，不包括美国在内的OECD国家的平均公司税率是23.75%。二是将参股豁免制度引入到境外收入征税制度中。《减税与就业法案》规定，满足10%的持股比例要求的美国公司，就其取得的境外子公司分配的股息，可以享受100%的所得税豁免。参股豁免仅适用于国内公司从参股10%的外国公司收取的股息中来源于国外的部分。此外，该法案规定，对于适用参股豁免的股息，该美国公司不能够主张境外税收扣除或者抵免。此前，美国是典型的实行全球征税制的国家，即对其居民的海内外所得征税，同时采用抵免法以消除双重征税。相比之下，参股豁免制度给予美国企业取得的境外子公司分配的股息以免税待遇，可以认为，美国开始从全球征税制转向有限属地税制。三是通过延迟纳税吸引跨国企业海外利润回流。税改法案将对境外递延收益征收一次性的视同汇回税，即对以非流动资产方式持有的未分配利润征收8%的税，对以现金及现金等价物方式持有的未分配利润征收15.5%的税，纳税人可以选择在8年内履行由此产生的纳税义务。据美国国会联合税收委员会预计，新方案将在未来10年新增1.46万亿美元的联邦赤字。

第三节　未来影响

美国税改政策是一个全面系统的综合性制度改革，涉及面广、幅度大，影响深远，对全球经济和跨国资本流动产生了一定的冲击。从宏观层面而言，美国税改可能引发新一轮的全球减税浪潮和税收竞争，一些国家正在追随美国的步伐，加入新一轮减税浪潮。英国、法国提出将进一步降低企业所得税。近期，德国也提出了降低消费税的计划。从微观层面来看，美国大幅削减企业所得税税率以及引入参股豁免制度，有利于提高其税制竞争力，吸引境外投资，同时鼓励美国企业海外利润的汇回，进而推动美国制造业的复苏。对我国而言，美国税改方案带来了多方面的影响。首先，美国税改对我国吸引外国直接投资产生一定的负面影响。新税改方案一旦落地，美国吸引外资的能力将大幅提升，直接削弱我国制造业吸引外资的能力。但是，我国作为全球新兴市场，税收只是影响跨国投资的众多因素之一，美国税改不会改变中美在外商投资领域的基本格局。其次，对我国税收改革产生了新的压力。我国税制结构与美国差异大，美国以直接税为主体，我国一直强调直接税和间接税“双主体”。具有累进特点的所得税比重过低，造成我国税制结构在调节收入分配等方面的作用弱化。针对当前我国面临的产业结构不合理、企业创新动力不足、知识产权保护不力、资源环境压力加大等问题，应该加快调整税制结构，吸引全球科技、人才、资本等资源的集聚。最后，人民币面临短期贬值压力。特朗普政府将企业税降至20%，已接近众多国家的最低税率水平，对企业的吸引力将上升，其他国家特别是国内制造业企业可能会加大对美国的投资力度，中国需着重应对资金流出以及随之带来的人民币贬值和国内资产价格下行的压力。

第十九章　厦门会晤"金砖+"为全球发展注入新活力

第一节　事件背景

2001 年，英国前财政部商务大臣吉姆·奥尼尔提出了金砖的概念。随着欧美国家在世界上影响力下降，金砖国家的影响力日益增长。目前，以中国、印度、俄罗斯、巴西、南非为代表的金砖国家是世界最大的新兴经济体，它们的人口总和占世界的 40%。从 2009 年到 2017 年，金砖五国经济总量在世界经济中的比重从 16% 上升到 23%，对世界经济增长贡献率达 45%。第一次金砖国家峰会于 2009 年 6 月 16 日在俄罗斯叶卡捷琳堡召开。俄罗斯、中国、巴西和印度四个国家的元首出席了本次会议。到目前为止，金砖国家领导人已经举行了九次会晤，开辟了新兴经济体对话合作的成功范例。金砖合作从无到有，由浅入深，对全球经济持续复苏发挥了重要的稳定作用。

第二节　事件进展

金砖国家领导人第九次会晤于 2017 年 9 月 3 日到 5 日在厦门举行。习近平主席出席并主持金砖国家领导人第九次会晤，出席金砖国家工商论坛开幕式。本次会晤在贸易投资、金融合作、互联互通等领域成果丰硕，围绕"深化金砖伙伴关系，开辟更加光明未来"主题进行了充分讨论，推动金砖国家合作迈入又一个"黄金十年"。金砖国家领导人协商通过了《金砖国家领导人厦门宣言》，涵盖 71 项成果，其中，明确提出，致力于工业领域合作，包括产能和产业政策、新型工业基础设施与标准、中小微企业等，共同抓住新工业革命带来的机遇，加速金砖国家工业化进程。同时，金砖国家将在物联网、云计算、大数据、数据分析、纳米技术、人工智能、5G及其创新应用等信息通信技术的联合研发和创新，提升五国信息通信技术基础设施建设和互联互通水平。本次会晤还提出“金砖+”模式，成为金砖合作机制一个重要创新。中国创造性地举办了新兴市场国家与发展中国家对话会，习近平主席等金砖国家领导人同埃及、几内亚、墨西哥、塔吉克斯坦、泰国5国领导人进行了深入对话。习近平主席发布了重要讲话，对于扩大中国与新兴市场国家与发展中国家合作阐述了中国主张，得到了与会代表的高度认可。

第三节　未来影响

此次金砖国家峰会增强了金砖国家未来十年的发展与合作的信心，进一步强化了金砖五国在世界上的影响力。特别是中国提出“金砖+”合作模式，创造性地推动新兴市场国家与发展中国家的对话交流，提到了“一带一路”建设合作愿景与联合国2030年可持续发展议程的高度契合，对各国进一步参与“一带一路”建设，加强政策沟通、设施联通、贸易畅通、资金融通、民心相通产生了重要促进作用。从产业合作角度而言，在当前新一轮科技革命和产业变革的推动下，全球制造业竞争日趋加剧，发达国家对新兴经济体的围堵和打压力度不断加大。此次金砖国家会晤将加强新兴经济体之间的政策对接，进一步推动金砖国家以及新兴市场国家与发展中国家之间的投资和贸易，在先进制造业、数字经济以及信息通信基础设施互联互通等方面开展更多实质性合作，加快推动金砖国家工业化和现代化步伐，实现互利共赢发展。

第二十章　中俄国际商用飞机有限责任公司在上海成立

第一节　事件背景

俄罗斯是航空制造老牌强国，拥有丰富的技术积累，也有过宽体客机的研制经历。上世纪 80 年代，苏联就研制了一款名伊尔－96 的四发大型喷气式客机，在指标上接近空客 A340 和波音 777，但是性能上、经济性上仍有较大差距。2000 年普京任俄罗斯总统后，积极推进航空强国复兴计划。2006 年 2 月 20 日，俄罗斯总统普京下令成立联合航空制造集团，但是因为缺乏经费，在大型喷气式客机上一直处于停顿状态。近年来，随着大飞机、“两机”等重大专项的实施，中国航空工业发展取得了迅猛发展，技术水平明显提升，特别是 AG600、C919 成功首飞实现了多年来大型飞机研制零的突破。C919 是窄体单通道客机，中国此前研制运十、代工建造麦道系列客机，已经为单通道客机的研制积累了不少经验。但宽体客机是一个全新的领域，中国此前从未涉足，缺乏技术经验。在中俄全面战略协作伙伴关系深入发展背景下，中俄两国企业在航空领域开展务实合作，共同打造具有国际先进水平的远程宽体客机成为重大战略性选择。

第二节　事件进展

2016 年 6 月 25 日，在习近平主席与普京总统共同见证下，中国商飞公司与俄罗斯联合航空制造集团签署了项目合资合同，中俄远程宽体客机项目正式启动。2017 年 5 月 22 日，中俄国际商用飞机有限责任公司在上海挂牌成立。该公司由中国商飞公司与俄罗斯联合航空制造集团对等出资组建，负责中俄远程宽体客机项目研制的组织、管理，注册地在中国上海自贸区。中俄国际商用飞机有限责任公司按照现代企业治理结构组建，首任董事长由俄罗斯联合航空制造集团委派，总经理由中国商飞集团委派，飞机总装线建在上海，在莫斯科设立工程中心，在上海设立工程分中心。双方企业按照对等合作、优势互补、互利共赢、追求卓越的发展原则，坚持联合研制、国际合作、国际标准的技术路线，已经在相关领域合作研发方面取得了积极进展。

第三节　未来影响

目前，中俄远程宽体客机项目已经确立了系列化发展方案，完成了飞机级指标初步定义，明确了基本型航程 12000 公里、座级 280 座，近期将转入初步设计阶段。中俄联合研制远程宽体客机是两国重大战略合作项目，双方开展战略合作有利于发挥各自优势，早日研发出一款具有国际先进水平的远程宽体客机，打破波音、空客在这一领域的垄断地位，满足两国以及国际市场对远程宽体客机的需求，带动两国经济和科技发展。对全球航空市场而言，中俄宽体飞机的研制将进一步推动大型飞机成本的降低，为全球消费者提供了新的选择，对目前的全球航空市场格局调整产生明显影响。对我国而言，虽然大飞机研制取得了初步成效，但是相比欧美的技术领先优势，中国还有很大的差距，需要进一步通过跨国合作来积累研制经验。中俄远程宽体客机项目的成功实施有利于我国大型客机研制水平的提升，对加快建设航空强国意义重大。

第二十一章　IBM研制出50位量子比特的计算机

第一节　事件背景

在X86与大型机之后，超级计算机和亿级计算一度成为各国关注的焦点。量子计算机是一种全新的基于量子理论的计算机，遵循量子力学规律进行高速数学和逻辑运算、存储及处理量子信息。上世纪90年代以来，随着量子质因子分解算法对于RSA加密算法可以构成威胁之后，量子计算机变成了热门的话题，很多学者开始了量子计算机的研发工作。虽然目前量子计算机距离商用较远，但由于量子计算不同于现有的0与1的计算方式，能够同时处理多个任务，各国均投入大量资源在量子计算研发上，试图抢占未来计算科学的竞争制高点。2009年，耶鲁大学的科学家制造了首个固态量子处理器。2009年11月15日，世界首台可编程的通用量子计算机正式在美国诞生。2017年5月3日，中国科学技术大学潘建伟教授宣布，研究团队在2016年首次实现十光子纠缠操纵的基础上，利用高品质量子点单光子源构建了世界首台超越早期经典计算机的单光子量子计算机。虽然科技界的专家进行了艰苦的探索和研发，但是迄今为止，世界上还没有真正意义上的量子计算机。

第二节　事件进展

IBM从2016年开始以云平台向用户提供量子计算服务，最开始的IBM Q样机只有5个量子比特，2017年5月升级到16个量子比特。2017年11月10

日，IBM 在美国电气与电子工程师协会（IEEE）的工业峰会上宣布，成功开发出了世界首台 50 位量子比特的原型机，并把相干时间从之前的 50 微秒提升到目前的 90 微秒，居业界首位，而且允许高保真的量子运算。业内人士认为，量子计算机如果拥有 50 位量子比特，将超越传统超级计算机的计算能力，量子计算机将进入“量子霸权”时代，未来可在化学、医药研发和材料科学等领域开展实际应用，模拟亚原子级别的化学反应以及优化供应链等。除硬件之外，IBM 还致力于创建量子计算“生态系统”，即提供一种软件处理工具包，其中的视频化工具等可以帮助研究人员开发量子计算机应用软件。

第三节　未来影响

此次 50 位量子比特新型机的问世意味着量子计算机开启了商业化的道路，未来的影响无可限量。一是促进各国研究机构和企业加大对量子计算机的研发投入。为加速进入量子计算机阵营，各国政府纷纷加大投入。欧盟在 2016 年宣布投入 10 亿欧元支持量子计算研究，美国仅政府的投资即达每年 3.5 亿美元，中国也在大力投入。以谷歌为代表的一些大型跨国企业也积极开展研发活动。此次 IBM 取得的重要进展将进一步刺激各国加强量子计算机研制的热情，推动量子计算机研发取得新的进展。二是进一步强化 IBM 在超级计算机领域的领先地位。作为“蓝色巨人”的 IBM 在计算机领域积累了雄厚的技术实力。IBM 曾宣称要推出全球第一个商业化量子计算云服务 IBM Q，这也是全球第一个收费的量子计算云服务系统。在应用小规模通用量子计算系统解决问题方面，IBM 已经迈出了一大步，为在不远的未来实现实际运用和商业推广奠定了重要基础。

第二十二章　勒索病毒攻击事件冲击全球网络安全

第一节　事件背景

近年来，随着互联网、大数据、云计算等新一代信息技术的广泛推广应用，网络空间已成为继陆、海、空、天之外的“第五疆域”，网络安全问题愈加引起了人民的高度重视。没有网络安全就没有国家安全基本成为国际共识。据相关报告称，仅2017年上半年发生了918起安全入侵事件，影响到了19亿个数据记录，受影响的数据记录数量较上年同期增长了164%。特别是一些全球性黑客攻击活动引发了多起网络安全事件，对多个国家的公共基础设施造成了冲击，严重威胁了人民的利益和安全。加强网络安全防控，不断提升网络安全保障能力已经成为互联网时代的必然选择。

第二节　事件进展

2017年5月12日，全球爆发了大规模的勒索病毒攻击事件，包括英国、俄罗斯、中国、美国等在内的150个国家超过30万台电脑受到勒索病毒攻击，对能源、电力、交通、医疗等领域的关键信息基础设施造成严重影响，损失总计高达500多亿元人民币。截至2017年5月13日20时，仅我国就有29372家机构组织的数十万台机器被感染，其中，教育科研机构达到4000多家。本次的勒索病毒是一种蠕虫病毒，也被称为WannaCry。与其他勒索病毒的变种一样，WannaCry通过计算机相互传播，并阻止用户访问计算机或文件，以付费作为解锁条件。此次爆发的 Wanna Cry 勒索病毒来自“永恒之蓝”（Eternal Blue），主要利用微软 Windows 操作系统的 MS17 – 010 漏洞进行自动传播，利用 Windows 操作系统在 445 端口的安全漏洞潜入电脑对多种文件类型加密。

第三节　未来影响

勒索病毒事件是近年来比较突出的网络安全案例，凸显了数字经济时代网络信息安全的重要性，给我们以警示。互联网、移动互联网、云计算、大数据等新一代信息技术加速向经济社会各领域融合渗透，在让人们享受便利、增加人类福祉的同时，也带来了前所未有的网络安全挑战。多份安全趋势预测报告都把勒索病毒作为 2018 年的主要安全威胁之一。虽然主要国家采取了一系列应急措施，通过鼓励加装补丁的方式，加强网络安全防护。但是，也应该看到，勒索病毒会产生新的变种，变种病毒传播速度可能会更快，有可能对全球关键基础设施发起新的攻击。对我国而言，需要深刻总结这次网络安全事件处置的经验，加快贯彻落实《网络安全法》，进一步加强日常监测，加强技术手段建设，做好用户的安全提示，不断提升网络安全保障水平，才能在未来日益频发的网络安全事件中将受到的冲击降到最小。

展 望 篇

第二十三章 主要机构对世界工业的预测综述

2017 年，世界经济进入相对强势复苏轨道，发达经济体经济数据普遍好转，以中国为代表的部分亚洲经济体依然保持稳定的增长态势。国际金融危机以来，经过长达十年的持续低迷，全球经济复苏迎来了新的拐点，进入了渐次复苏的新阶段。根据国外相关机构对经济形势的预测，2018 年全球经济仍将保持稳健复苏态势，世界工业生产将持续扩大，有望保持低速增长态势。

2017 年 10 月，国际货币基金组织（IMF）发布了《世界经济展望》，提出 2018 年的经济增速为 3.7%，相比 2017 年 4 月的预测，进一步上调了 0.1 个百分点。2017 年 12 月，联合国发布《2018 世界经济形势与展望》，指出，2017 年全球经济增长速度达到 3%，这是自 2011 年以来的最快增长。全球约有 2/3 的国家 2017 年的增长速度高于上一年，这种改善是一种普遍现象。全球 2018 年和 2019 年经济增长预期也将稳定在 3% 左右。报告认为，虽然东亚和南亚地区仍然是全球经济最具活力的地区，但是近期经济增长的加速主要是因为若干发达经济体增长较为强劲。同时，在不同国家和地区经济表现仍然呈现不均衡状态。2017 年 12 月，美银美林发布报告指出，预计 2018 年全球经济增速将达到 3.8%，高于 2017 年的 3.7%。欧元区明后两年增速接近 2%。中国经济增速将保持在 6.6%。美国经济将加速增长，预计 2018 年美国经济将增长 2.4%，高于 2017 年的 2.2%。2017 年 12 月，中国社科院发布了 2018 年《世界经济黄皮书》，对 2017 年世界经济增长回升的因素进行了分析，并对 2018 年世界经济前景进行了预测，预计 2018 年世界经济的增长率约为 3.5%。社科院世经政所的预测增速低于 IMF 和其他国际组织的预测，主要反映了对世界经济回暖基础不稳固等问题的担忧。各主要经济体方面，黄皮书认为美国经济增长率 2018 年略有下降，可能到 2% 左右。欧盟经济增长率预计为 1.8% 至 2.0%，欧元区则为 1.7% 至 1.9%。预计 2018 年日本经济增长率将低于2017年，实际GDP增长率约为1.0%。此外，亚太经济在2018年的增速预计将与2017年持平，约为5.5%。2017年11月，经济合作与发展组织（OECD）对未来经济增长发布了展望报告，提出2018年和2019年全球经济增速分别为3.7%和3.6%。其中，2018年美国经济增速预计将从2017年的2.2%提升至2.5%。该报告还提出，自2017年9月以来，全球经济出现小幅改善，但是长期增长动力仍然令人担忧。

表23－1　部分权威机构对2018年全球经济增长的预测

	IMF	OECD	UN	中国社科院	美银美林
发布时间	2017年10月	2017年11月	2017年12月	2017年12月	2017年12月
预测增长率	3.7%	3.7%	3%左右	3.5%	3.8%

随着经济稳步复苏，全球制造业发展呈现出现良好局面。联合国工业发展组织2017年9月发布的报告显示，随着全球经济复苏步伐不断加快，全球制造业预计2017年将增长3.2%，为过去6年来最高。与此同时，随着新工业革命的加快推动，先进制造业将在全球稳步扩张，高技术制造将持续保持较高增长速度。摩根大通的全球制造业采购经理人指数在12月份再次上升了0.4个点，达到54.5，创造了两年来的新高，为全球制造业进入新的一年描绘了非常乐观的前景。总体而言，考虑到全球经济增长日益稳固，特别是发达国家工业生产持续扩大，在不发生大的贸易冲突的背景下，各主要机构对2018年世界工业增长保持谨慎乐观，预计2018年世界工业仍将延续较快增长态势。

第二十四章　世界工业发展面临的形势

第一节　多国加息预期可能产生新的债务危机

随着全球经济形势不断向好，以美国缩表升息为标志，全球性量化宽松货币政策基本结束，世界经济缓慢进入一轮升息减债去杠杆的周期。国际金融危机以来，美国为提振经济，相继实施了四轮量化宽松政策，通过购买国债、机构债等方式，增加基础货币供给、降低利率、扩大美联储资产负债表规模。日本、欧洲及其他经济体也相继跟进实施量化宽松政策，投放了大量流动性。在短期内，量化宽松政策对经济增长具有较强的刺激作用，但如果长期执行会损害经济增长的基础。2017 年以来，随着美国经济的好转，美联储升息步伐提速，并正式提出缩减资产负债表（“缩表”）计划。受此影响，全球各经济体的货币政策也先后开始转向，回归正常化的趋势越发明显。欧元区和日本的量宽政策在经济增速提升的形势下显现出转向迹象。巴西、墨西哥等新兴经济体也先后决定加息。随着主要发达经济体货币政策持续收紧，在带动跨境资本向发达经济体回流的同时，对全球高企的资产价格形成了威胁。一旦美国资产泡沫破裂，刚刚有所复苏的世界经济，可能再次陷入低迷之中。此外，货币政策收缩对那些外债水平较高、经济增长乏力、外汇储备不足的国家而言，可能会酝酿出新的债务危机，冲击有关国家和周边区域经济复苏，对全球工业生产带来不利影响。

第二节 结构性矛盾突出仍然制约世界工业产能提升

近年来，虽然各国采取积极手段化解低端产能过剩问题，但是由于结构性的原因，全球煤炭、石油、钢铁、铝、水泥、玻璃等仍然存在着不同程度的产能过剩问题，部分产能产品仍在持续增长。随着各国加速推动结构调整，以光伏、锂电池等为代表的新兴产业也面临着潜在的过剩危机。目前，全球能源总体过剩 8%—14%，钢铁过剩 18%—24%，铁矿石过剩 12%—18%，电解铝过剩 15%—20%。新兴产业虽然取得了快速增长，但是由于产业规模有限，在短期内还不足以替代传统产业在全球工业中的主导地位。特别是一些国家为选举的需要而存在进一步补贴或扶持低端产能的现象，导致全球市场扭曲进一步加重，导致了资源要素的浪费，不利于全球先进制造能力的提升。

第三节 新一轮工业革命重塑全球制造业竞争格局

随着物联网、人工智能、云计算、大数据等新一代信息技术加速与实体经济深度融合，推动新技术新业态新模式不断涌现，智能社会即将到来，工业的数字化转型步伐正在加快。为应对新一轮工业革命带来的挑战，主要国家纷纷出台加快工业转型的战略计划。美国、德国等发达国家试图凭借技术优势，进一步抢占先机制造业的竞争制高点。而中国、印度等国家也加快了制造业转型升级步伐。随着全球工业生产模式从规模化批量生产向定制化服务转变，制造企业将寻求更加高效、智能、可持续化的生产经营模式。这些变化的广度和深度将重塑全球制造业竞争格局，推动全球工业生产体系的彻底重构。而新兴经济体和发达经济体的竞争将日趋激烈。

第四节　全球大宗商品价格渐趋稳定，有利于扩大生产

过去一段时间以来，大宗商品价格持续波动，对俄罗斯、巴西为代表的一些新兴经济体经济国家工业生产产生了很大的负面影响。同时，也对全球金融市场造成了很大的冲击。随着全球经济的企稳回升，在需求上升的影响下，以石油为代表的全球大宗商品价格呈现持续回升态势。这一方面与美国页岩气革命密切相关，另一方面也取决于 OPEC 国家积极限产稳定价格。全球大宗商品价格的稳定，避免了大幅波动对全球金融市场的影响，有利于一些新兴经济体财政收入增长和经济稳定复苏，进而恢复和扩大工业生产能力。但是，也应该看到，特朗普政策实施效果和全球主要经济体货币政策的不确定性以及由于潜在地缘局势动荡，支撑大宗商品价格持续上涨的动力仍然不够稳固。

第五节　“逆全球化”阻碍全球贸易复苏进程

近年来，面对经济困境，发达国家采取了各种形式的贸易保护主义，人才、商品、资本自由流动壁垒越发明显。特别是美国总统特朗普上台以来，坚持“美国优先”，退出 TPP 谈判，加大对发展中国家的贸易救济调查，导致全球贸易壁垒不断增多。据世贸组织统计，2016 年 10 月中旬至 2017 年 5 月中旬，世贸成员共计发起 174 起贸易救济调查，月均数量与近 5 年持平，远超同期终止的贸易救济措施数量——71 起。以美国为例，2017 年除“双反”调查之外，还发起多起针对中国的 201 调查、232 调查、301 调查等，部分工业品面临较大的出口压力。“逆全球化”不仅影响各国经济的深入发展与合作，也导致全球贸易增长受到了越来越大的阻力，在全球贸易形势好转的背景下，对全球经济复苏和工业生产产生了明显的负面冲击。

第二十五章　世界工业发展趋势特点

第一节　世界工业增长明显加速，制造业扩张动能有所增强

受全球经济复苏和需求带动影响，全球工业生产正处于国际金融危机以来的最好水平，制造业面临的形势明显好转。摩根大通全球制造业采购人经理指数（PMI）连续上涨，已经创近两年新高，预示着制造业扩张动力的持续增强。在各国日益重视制造业，纷纷采取有力举措加快推动产业转型升级的背景下，世界工业生产有望持续好转。但是，世界工业生产仍面临着金融市场波动、贸易保护主义加剧、地缘政治风险以及结构性矛盾等问题，不确定性依然较多，向好的基础尚不牢固，很难实现持续高速增长。预计在2018年世界工业仍将维持稳中向好态势，全球制造业PMI将保持在50以上，制造业扩张动能有所增强。

第二节　主要经济体工业生产普遍好转，分化态势有所缓解

美国工业生产将稳步提升。在美国减税效应的带动下，企业成本负担将有所降低，美国制造业投资将明显增长，工业产能将进一步提升。美国供应管理协会（ISM）数据显示，美国2017年12月份ISM制造业PMI为59.7，环比上升1.5个点。其中，新订单指数为69.4，环比上升5.4个点；产出指数为65.8，环比上升1.9个点。美国制造业虽然呈现良好增长态势，但是长

期增长态势取决于特朗普政府的政策效果。由于通胀持续走低、财政政策效应仍不确定、自身经济结构失衡等因素仍存在，美国工业生产实现强劲复苏仍面临诸多困难，预计2018年美国工业生产有望稳步扩大，但增速不会大幅提升。

日本工业生产将小幅增长。受出口形势好转的影响，日本工业生产新订单增长加快，工业生产明显改善。据Markit数据，日本2017年12月制造业PMI初值为54.2，较前值高出0.6点，创2014年2月以来46个月最高。2017年12月，日本政府通过了规模达2万亿日元的新一轮经济刺激方案，进一步加大对企业的减税力度，激发市场主体活力。预计在新一轮刺激政策的作用下，2018年日本工业生产将小幅增长。

欧盟工业生产将加速增长。虽然欧盟各国受到了英国“脱欧”和大选的冲击，但是欧盟主要国家的工业生产表现呈现良好态势。Markit数据显示，受工业产出、新订单和就业人数增加的推动，欧元区2017年12月的PMI终值为60.6，为1997年中以来的最高值。其中，欧盟两大火车头德国和法国工业生产表现较好，制造业PMI均创新高，奥地利、荷兰和爱尔兰工业生产强劲，西班牙和希腊相关数据恢复到了国际金融危机前的水平。随着各国进一步加大对机器设备的投入力度，工业生产将持续复苏，预计2018年欧盟工业生产将加速增长。

金砖国家制造业呈现复苏态势。过去的一年，在印度央行废除大钞及开征商品服务税等影响下，印度制造业发展出现了一定的波动，严重挫伤了产出和需求。2017年12月制造业采购经理人指数（PMI）达到54.7，创下5年新高。反映印度制造业虽然经历央行废除大钞及开征商品服务税（GST）等经改挑战后，终于重返成长轨道。中国工业运行呈现稳中向好态势，2017年规模以上工业增加值为6.6%，增速明显加快，在改革开放持续深入和新一届政府深化供给侧结构性改革的推动下，工业增加值增速有望保持稳定增长。俄罗斯2017年12月制造业采购经理人指数（PMI）连升两个月，创5个月高，由11月的51.5续升至52，且连续第17个月处于扩张水平，预计2018年俄罗斯工业生产将处于扩张态势。受大宗商品价格波动的影响，巴西工业生产一度处于十分艰难的境地。但由于国内外消费者对于产品数量以及多样化的需求在不断增长，2017年第四季度巴西的工业部门采购经理人指数平均值为52.3，是2013年以来该指数在巴西达到的最高值。随着企业投资和市场需求的增长，预计2018年巴西工业生产将持续复苏。

东盟国家工业加速扩张。凭借较低的劳动力成本、灵活的制造能力和日益扩大的市场，以印尼、泰国、马来西亚为代表的东盟国家成为新的产业承接地，东盟国家的制造业正在加速崛起。2017年11月，东盟各国制造业采购经理人指数（PMI）平均值为50.8，菲律宾、马来西亚的制造业扩张动能较强。随着“一带一路”建设的持续推进，中国与东盟国家的产业合作日益深入，有利于东盟国家制造业的持续扩张，预计2018年东盟工业生产将保持快速增长。

第三节　智能化转型推动全球先进制造业加快发展

随着德国的“工业4.0”、美国的“先进制造业伙伴”计划和“中国制造2025”的不断推进，人工智能、大数据、物联网加快与制造业融合发展，极大地提升了工业设备、生产过程、产品和用户数据的感知、传输、交互和智能分析的能力，全球制造业加速智能化转型，新技术新业态新模式蓬勃兴起。特别是各国政府和工业企业加快部署工业互联网，积极抢占数字化时代全球制造业竞争新优势。以GE的Predix和西门子的Mindsphere为代表的工业互联网平台通过对工业设备、网络设备的管控及工业数据的感知、集成和分析，为工业企业提供数字化、智能化解决方案。随着个性化定制、服务型制造、网络化协同等生产领域的模式日渐丰富。预计2018年，制造业数字化转型趋势不断加快，主要国家先进制造业发展速度有所加快。

第四节　全球直接投资将略有增长，“一带一路”沿线国家成为新的投资热土

联合国贸发会议（UNCTAD）发布的全球投资趋势监测报告显示，2017年全球外国直接投资（FDI）下降了16%，从2016年的1.81万亿美元下降至

约1.52万亿美元。这与全球GDP及贸易增长显著改善形成了鲜明对比。发达国家FDI流量下降27%是全球FDI减少的主要原因。美国仍是最大的FDI流入国，吸引外资估计达3110亿美元。中国是全球第二大外资流入国。2017年流入新兴经济体的FDI保持稳定，估计达6530亿美元，同比增长2%。发展中亚洲国家以及拉丁美洲和加勒比地区的外资流入略有上升，非洲保持平稳。在“一带一路”倡议的推动下，亚洲新兴经济体成为全球吸引外资增长最快的地区。2017年，中国企业对“一带一路”沿线的59个国家新增投资合计143.6亿美元。随着全球主要经济体经济逐步回升，重点行业利润前景好转，跨国企业的投资信心明显增强。预计2018年全球外国直接投资仍保持小幅度增长，“一带一路”沿线国家吸引FDI增速将持续加快。

第五节　多边贸易体制面临冲击，全球贸易不确定性增加

近年来，受经济增长乏力影响，全球贸易持续低迷。但是2017年受主要经济体经济回升的带动，全球贸易形势明显好转，出现了近几年前所未有的拐点。据WTO数据，2017年世界贸易增速有望达到3.6%，而预计2018年的全球贸易增长可能放缓至3.2%左右。随着发达国家需求上升和大宗商品价格趋于稳定，2018年全球贸易有望维持低速增长态势。与此同时，全球多边贸易体系面临着更多冲击，新一轮全球贸易格局重塑有望加速。自美国在退出TPP谈判的同时，不断采取贸易保护主义措施，对WTO现有多边贸易框架产生了明显冲击。发达国家为了获取更大利益和附加值，对其制定的技术标准和知识产权保护等贸易摩擦手段更加依赖，相对灵活的区域贸易协定将占据未来贸易秩序发展的主导地位。预计，更高标准的区域贸易协定将成为发达经济体应对新兴经济体贸易竞争力增强的重要选择。随着美国贸易保护主义趋向愈加明显，全球贸易形势更加复杂，贸易摩擦和争端可能进一步加剧，贸易格局在新的一年可能加速重构。

第六节　跨国并购重组加速，全球制造业梯队转移日益明显

随着发达国家经济的持续复苏，跨国企业不断加快战略调整步伐，全球企业并购正以创历史新高的速度加速推进。根据 PitchBook 的数据，2017 年，北美和欧洲并购交易总额达到 2.93 万亿美元，连续第四年超过 2.9 万亿美元，而欧洲地区的跨国并购活动成为重要趋势。随着新兴经济体竞争实力的增强，企业对外投资规模也不断提升。特别是中国企业对外并购活动日益增多，一大批老牌跨国企业被并购重组。预计 2018 年，随着新兴经济体企业竞争实力的增强，一批高成长型企业特别是 IT 企业的跨国并购活动将持续活跃。但是受到欧美国家日益严格的安全审查和隐形壁垒限制，企业跨国并购的风险在不断增加。另外，面对发达国家大力振兴先进制造业和新兴经济体消费升级需求，一些跨国企业正在加快调整全球生产能力布局，推动高端制造业向发达国家回流，低端制造业向东南亚和非洲等地区分流，全球工业生产正在呈现梯次转移的态势。

后　记

《2017—2018 年世界工业发展蓝皮书》由中国电子信息产业发展研究院赛迪智库世界工业研究所编撰完成，旨在梳理世界主要经济体工业发展概况及最新发展动态，探讨、展望全球产业新格局与新趋势。

本书由宋显珠担任主编，秦海林担任副主编，分前言、综合篇、区域篇、行业篇、企业篇、热点篇和展望篇等七部分内容，各篇章供稿人分工如下：综合篇：任宇、区域篇：朱帅、苍岚、丁悦、郝文娇、王子健、李鑫、赛西娅、热点篇：陈永广、王子健、展望篇：陈永广。同时，本书在研究和编写过程中得到了工业和信息化部各级领导及行业协会和企业专家的大力支持与指导，在此表示衷心的感谢。

当前，全球经济正处于复苏增长阶段，全球范围内新的生产方式、产业形态、商业模式和经济增长点正在形成。我国经济发展也步入由高速增长阶段转向高质量发展的阶段。强化创新驱动、改革推动、融合带动，推动质量变革、效率变革、动力变革，改造提升传统动能，加快培育壮大新动能，是当前及今后一段时期内我国工业发展的重要内容。在此，希望我们的研究能够为探索中国特色新型工业化道路提供一些国际视角的思考。但由于研究能力有限，本书在编写过程中的疏漏和不足之处在所难免，诚恳希望得到来自政府领导、行业专家和企业的批评与指正。